"十四五"职业教育国家规划教材

| 高职高专公共基础课系列教材 |

职业素质与就业能力训练

李俊琦　主编

熊春燕　温君慧　副主编

第2版

清华大学出版社

北京

内 容 简 介

本书遵循高职教育基本规律,以学生职业准备为主线,以知识学习和技能训练相结合的方式系统介绍了职业生涯发展理论,并提供了配套的训练项目。全书主要对学生的职业生涯规划、求职就业技能和综合素质养成等方面进行指导和训练,为大学生就业创业实践提出了有针对性的解决方案和行动建议。本书主要内容包括职业环境认知、自我认知、职业生涯规划、大学生毕业去向与就业创业政策法规、就业信息收集与使用、求职材料准备、应聘面试策略与技巧、职业素质养成、职场适应与职业发展。

本书可以作为高职院校的职业发展与就业指导教材,也可以供职场人士阅读借鉴。

图书在版编目(CIP)数据

职业素质与就业能力训练/李俊琦主编.—2版.—北京:清华大学出版社,2021.8(2024.9重印)
高职高专公共基础课系列教材
ISBN 978-7-302-58210-6

Ⅰ.①职… Ⅱ.①李… Ⅲ.①大学生-职业选择-高等职业教育-教材 Ⅳ.①G647.38

中国版本图书馆 CIP 数据核字(2021)第 096259 号

责任编辑:刘翰鹏
封面设计:傅瑞学
责任校对:袁 芳
责任印制:刘海龙

出版发行:清华大学出版社
    网 址:https://www.tup.com.cn,https://www.wqxuetang.com
    地 址:北京清华大学学研大厦 A 座   邮 编:100084
    社 总 机:010-62770175   邮 购:010-62786544
    投稿与读者服务:010-62776969,c-service@tup.tsinghua.edu.cn
    质量反馈:010-62772015,zhiliang@tup.tsinghua.edu.cn
    课件下载:https://www.tup.com.cn,010-83470410
印 装 者:三河市春园印刷有限公司
经 销:全国新华书店
开 本:185mm×260mm   印 张:17   字 数:352 千字
版 次:2009 年 5 月第 1 版 2021 年 8 月第 2 版 印 次:2024 年 9 月第 5 次印刷
定 价:49.90 元

产品编号:090540-02

前　言

党的二十大报告指出，"青年强，则国家强。当代中国青年生逢其时，施展才干的舞台无比广阔，实现梦想的前景无比光明。"

新时代对高职大学生的职业素养和就业能力提出新要求。随着社会科技创新发展，以大数据、云计算、物联网、区块链、人工智能为代表的数字经济深深影响了社会产业变革，以新经济为代表的社会职业门类快速改变。另外，高等职业教育作为类型教育，得到了党和政府的高度重视，并对高等职业教育提出了提升新时代职业教育现代化水平的新要求。同时，与互联网发展一起成长起来的"00后"大学生对社会职业的认知更加多元化，在求职择业方面表现出更多元化的需要。为深入贯彻落实二十大精神，帮助大学生树立自觉服务社会的职业理想，增强职业素质，提升就业能力，我们编写了本书，以配合开展大学生职业发展与就业指导教育。本书是在李俊琦主编的北京市高等教育精品立项教材《职业素质与就业能力训练》（清华大学出版社2009年出版）基础上重新修订编写而成。该书使用期间，得到了广大师生的欢迎。我们根据新时代高职教育的发展变化和课程教育改革的新要求，对本书的章节内容和体例进行了调整。

在第1版的基础上，第2版做了如下改进：第一，重新梳理了章节顺序，优化了内容结构；第二，增加了职业指导的最新知识，更新了案例；第三，更加重视职业素养提升，增加了职业礼仪、时间管理和目标管理等内容；第四，体例编写更符合教学规律，方便学生学习和教师教学使用。本书具体内容由职业生涯规划（第一章至第三章）、就业创业指导（第四章至第七章）和职业素养提升（第八章和第九章）三部分组成。

新版教材继承了原教材的技能训练性和实用性，更突出体现了以下特点。

一是突出以学生为中心的育人理念。内容紧紧围绕大学生现实职业发展需要，引入大量大学生求职就业中的真实案例，并对此进行深入浅出的分析，启发学生理解与吸收。内容编写上力图把职业生涯发展的专业性要求与大学生职业发展的现实需要紧密结合，更加贴合学生的求职就业需求。

二是体现学训一体的教学模式。以行动导向为根本，让学生向实践学习、向社会学习、向同伴学习，在技能训练中理解和吸收知识，既提升学生学习的兴趣，又方便教师组织教学，同时也便于开展课程效果评价。

三是强调课程思政和文化创新。本书贯彻落实党的二十大精神，以习近平新时代中国特色社会主义思想为指导，培育和践行社会主义核心价值观，致力于激发和增强学生的社会责任感，树立科学的职业价值观。编写案例体现了对中华优秀传统文化的继承与创新，使学生在案例中深刻领悟中国力量，不断增强文化自信，坚定职业理想。

本书主要由北京财贸职业学院就业创业教育教学团队编写。北京财贸职业学院创建于 1958 年,先后荣获国家示范性高等职业院校、全国职业教育先进单位、全国毕业生就业典型经验高校、全国创新创业典型经验高校、教育部深化创新创业教育改革示范高校、黄炎培职业教育奖"优秀学校奖""亚太职业院校影响力 50 强"、中国特色高水平高职学校(简称"双高校")和北京市特色高水平职业院校(简称"特高校")建设单位。该课程作为学校基础素质教育内容于 2005 年纳入人才培养方案,课程建设经历了 16 年的教学实践和改革探索。在此期间,学校毕业生就业率连续 10 年保持在99％以上;学校就业创业教育成果《基于"人人是胜者"的"三阶式"创新创业教育体系构建与实践》获得 2018 年国家级教育教学成果奖二等奖;就业创业教育教学团队完成了多项市级、校级课程教学改革课题,为我国职业教育的就业创业教育工作做出了重要贡献。

本书由李俊琦担任主编,负责教材总体设计和全书统稿,她长期从事就业、创业指导课程教学,并主编、参编多本就业、创业教育类教材;由熊春燕和温君慧担任副主编,她们主要负责课程设计和整理汇总工作。各章编者分工:第一章、第三章由李俊琦编写,第二章由杨莹编写,第四章、第八章由熊春燕编写,第五章由许朝雪、段兴中编写,第六章由王文丽、李京(北京电子科技职业学院)编写,第七章由温君慧编写,第九章由段兴中编写。

在教材使用上,各章由知识学习和技能训练两部分构成,既重视知识学习,又凸显实践能力训练和综合素质提升,从而促进大学生全面发展。教材附件部分作为活页作业,可以剪裁下来,方便教学结果收集和教学评价。为方便广大读者拓展知识面,可以阅读《大学生职业生涯发展与指导》(清华大学出版社)、《大学生职业核心能力训练(第二版)》(高等教育出版社)等书籍,以便提升文化素质。也可以通过参加社会实习实践,主动融入社会经济活动,拓展实践技能。还可以树立职业榜样,向榜样学习,获取人生智慧等。

本书在编写过程中得到了同行专家的悉心指导,借鉴了众多专家、学者的研究成果,吸收了原版教材的部分内容,在此对所有支持者和贡献者一并表示衷心的感谢。由于编者水平有限,如有不足和疏漏之处,欢迎同仁、专家和读者提出宝贵的意见和建议,以便修订和完善。

编 者
2021 年 1 月

目　录

第一章

职业环境认知

【知识目标】

1. 了解职业活动的基本内容及其特点，了解社会职业门类与新职业对从业者的新要求；
2. 了解劳动分工与从业者的职业资格要求；
3. 理解学业、专业与职业之间的关系；
4. 理解工作岗位的基本规范。

【技能目标】

完成社会职业调查；分析不同职业的社会声望；明确本专业相关职业资格证书。

【训练项目】

1. 社会职业从业情况调查报告；
2. 我国现阶段不同职业的社会声望调查与分析；
3. 收集整理所学专业相关的职业资格证书信息。

【案例导入】

就业之路通向何方?

北小贸是高职院校电子商务专业的学生，毕业后进入一家电子商务公司做酒店预订工作。然而，她最初对这份工作产生过困惑。下面是她在学校校友座谈会上分享自己求职过程和上岗后的一些感受。

高考填报志愿的时候，我觉得电子商务应该是个热门专业，入学以后才发现很多同学也是这么想的。三年里我们学习了很多专业课程，转眼就要毕业了，我对自己的就业去向却仍然十分困惑：毕业了，我能干什么呢？那个时候我已经没有太多的心思听老师讲课了，人坐在教室里满脑子都是找工作的事情，看似平静，其实内心在着急，就这样茫茫然到了三月。其间也有不少单位招聘，可总觉得没有适合自己的，有的是专业不对口，有的是只招男生不招女生。班里的同学陆续去实习了，每走一个人我心里就多一分焦躁不安。"我怎么办？"这个问题困扰着我，有时竟然到了夜不能寐的地步。最后，宿舍里只有我一个人了。说句心里话，长这么大，我还从没有这样孤独过，夜里看着窗外，眼泪都会情不自禁地流出来。

后来我决定，凡是社会上和学校里举行的招聘活动我都参加。其实也没有什么目标，看看这个觉得自己能干，看看那个也觉得自己能干，递出去了多少简历也没有数过。功夫不负有心人，终于有一家公司向我招手了，还是一家电子商务公司，我感觉自己要飞起来了。面试的那天我兴冲冲地去了，结果那是一家通过网络作酒店预订的公司，我的工作就是接听预订电话，客人入住酒店就算完成一次业务。收入是基本工资加业务提成，没有固定休息日。我真搞不明白，它为什么要自称电子商务公司呢？这算是电子商务吗？但是我打算继续干下去，因为这毕竟是我的第一份工作，毕竟能给我提供一份收入。

日子一天天过去，我对自己的工作越来越熟悉，做事也越来越踏实仔细。公司也为我和其他新员工提供了很好的发展机会。半年后，我被聘为部门业务主管。好像一切都自然而然地发生，我内心原来的困惑也不知不觉地淡忘了。但我知道在这个过程中我改变了许多。

在这里我要告诉亲爱的学弟学妹们，学习期间一定要珍惜时间，尽量充实自己，全面地提高自己的素质。其次，要明确自己的职业方向。对我们这些初出校门的学生来讲，能不能尽早确定自己的职业发展方向，尽早找到适合自己的工作岗位，是影响着我们能否顺利实现从学生到"职业人"顺利转变的重要因素。

案例分析：北小贸同学经历的求职困惑带有普遍性。很多同学在高考期间选择专业的时候，往往会"望文生义"地想当然，或者听凭家长的安排。进入学校后，学校一般会安排专业认知教育，也会安排职业指导和就业指导课程，帮助同学们了解专业、了解职业，了解职业生涯规划与就业，并建立起明确的职业目标等。目的就是使同学们尽早做好就业准备，在求职择业中减少困惑，顺利找到理想的职业。

当前高职大学生求职就业状况提示我们，求职就业并不是简单的"找一份工作"，它是一个经过长期职业准备，在具备岗位所需的基本职业素质与专业能力的基础上，个人与组织双向选择的过程。个人要寻找适合自身发展需要的工作岗位，组织也在寻找适合工作岗位的最佳人选。作为求职者，一方面必须了解自己的职业愿景；另一方面必须了解职业要求，做到知己知彼，才能合理确立自己的职业目标，并用最少的时间代价寻找到合适的工作，尽早地开始自己的职业生涯。所以，了解自己，了解职业，应该是我们高职学生在求职就业之前必做的重要功课。

第一节　职业认知

人的一生中最重要的阶段是在职业中度过的。职业不仅为人们提供了赖以生存的物质基础,也提供了参与社会活动,承担社会义务、获得社会权利的重要条件。学习有关职业的知识,可以帮助同学们树立正确的职业价值观和理性的就业择业观,使自身的职业发展道路更加顺畅。

一、职业的内涵

职业不仅对于个人的生存和发展起着至关重要的作用,同时对于整个社会的和谐发展也有重要影响。

社会学强调职业是社会分工体系中的一种社会位置,一般不是继承性的,而是获得性的。"职业"就是劳动者获得的社会角色,是与劳动分工体系中某环节产生联系的劳动者获得的社会角色,是劳动者的社会标志。职业可以解释为一套成为模式的、与特殊工作经验有关的人群关系。

经济学意义上的职业强调同劳动的精细分工紧密相连,认为劳动者相对稳定地担当某项具体的社会劳动分工,或者较稳定地从事某类专门的社会工作,并从中获取收入,这种社会工作便是劳动者的职业。

对于职业的科学内涵,从不同的角度出发有不同的观点。从词义学的角度来看,所谓"职",是指职位、职责、权利和义务;"业"是指行业、事业、业务。在《现代汉语词典》中的释义为:职业是个人在社会中所从事的作为主要生活来源的工作。个体通过职业活动对社会的存在和发展做出贡献。

职业是参与社会分工,利用专门的知识和技能,为社会创造物质财富和精神财富,获取合理报酬,作为物质生活来源,并满足精神需求的工作。目前国内普遍采用此定义,其主要包括四方面的含义。

第一,与人类的需求和职业结构相关,强调社会分工。

第二,与职业的内在属性相关,强调利用专门的知识和技能。

第三,与社会伦理相关,强调创造物质财富和精神财富,获得合理报酬。

第四,与个人生活相关,强调物质生活来源,并满足精神生活。

二、职业的特点

各种职业都是社会生产力发展到一定阶段的产物,是社会分工体系的一个环节。所以各种职业之间相互联系,并且存在着一些共同特性。职业特点主要包括社会性、经济性、时代性、专业性和相对稳定性。

1. 社会性

职业是社会分工的产物,每一种职业都体现了社会分工的细化,不同的社会成员必须在一定社会构成的不同职业岗位上工作或劳动。不同的职业承担着不同的社会责任,从业者应当了解自己承担的职业角色,完成自己的职业使命。比如,交通警察的责任是维护交通秩序,保证道路运行通畅;医生的责任是救死扶伤,为患者排忧解难;消防员的职责是救火,保证人们的生产生活安全。

2. 经济性

职业的经济性也称职业的功利性,职业活动的最基本目的是获得谋生的经济来源。劳动是人们谋生的手段,人们必须从事一定的职业活动以获取生存必需的物质资料。职业直接关系到人们的生存需要。通过获得报酬,劳动者不仅可以满足基本生存需求,还可以进一步满足自己及家人在教育、休闲、娱乐等方面的需求。大学生毕业之后的就业意味着独立生存的开始,从事职业活动为独立生存提供必需的经济基础。

3. 时代性

职业随着时代的变化而变化,在不同时代和社会发展阶段,其种类、数量、活动内容、活动方式和内部分工也不同。生产力的不断发展决定了职业的发展变化,表现为:新的职业不断产生,一些不能适应时代需求的职业逐渐消失,或被彻底改造,或因时代需要而获得新的内涵;职业的活动方式也在不断发生改变;职业的内部分工也发生了巨大变化。每个时代的热门职业也有不同,这反映了不同时代政治、经济、社会等方面的特点。

4. 专业性

职业是社会分工的结果和体现,随着生产力的发展和科技的进步,社会分工越来越细致,劳动专业化程度越来越高,职业的专业性也就越来越强。职业的专业性既包括知识性、技术性,也包括规范性。职业的知识性和技术性是指每一种职业都需要一定的知识含量和技术要求,从事某种职业的人员在职业活动中必须掌握或具备特定的知识和技术。职业的规范性包含两层含义,一是指职业内部的规范操作要求;二是指职业道德的规范性。

5. 相对稳定性

职业的稳定性是相对的。职业在生命周期内是稳定的,但是随着社会的发展,会不断诞生新的职业,淘汰旧的职业。不同的职业尽管存在历史长短不同,但它们在一定阶段内不会消亡,具有相对的稳定性。因此,劳动者从事某种职业是连续的、相对稳定的。职业的相对稳定性有利于人们学习掌握相关的劳动知识和技能,提高劳动熟练程度,从而提高劳动生产率。

三、职业分类与变迁

(一) 职业分类

职业分类就是按照不同职业的性质和活动方式、技术要求及管理方法进行系统划分和归类,以达到劳动力素质与职业要求相适应的活动过程。职业分类有助于了解社会现有职业状况,更清晰地认识职业,为开展职业研究提供了基础。

由于经济社会的不断发展,我国社会职业构成发生了很大变化。为适应发展需要,2010年年底,人力资源和社会保障部会同国家质检总局、国家统计局牵头成立了国家职业分类大典修订工作委员会及专家委员会,启动修订工作,2015年形成了会议审议通过的新版《中华人民共和国职业分类大典》。2021年我国启动修订《中华人民共和国职业分类大典》。职业分类结构为8个大类、75个中类、434个小类、1481个细类(职业),见表1-1。

表 1-1　我国职业分类

类别号	类别名称	中类	小类	细类(职业)
第一大类	党的机关、国家机关、群众团体和社会组织、企事业单位负责人	6	15	23
第二大类	专业技术人员	11	120	451
第三大类	办事人员和有关人员	3	9	25
第四大类	社会生产服务和生活服务人员	15	50	81
第五大类	农、林、牧、渔业生产及辅助人员	6	24	52
第六大类	生产制造及有关人员	32	171	650
第七大类	军人	1	1	1+0
第八大类	不便分类的其他从业人员	1	1	1+0

(二)职业变迁

职业与生活密切相关,它作为一种社会现象并非一开始就有,而是人类社会生产力发展到一定阶段的产物,是随着社会分工的出现而产生的。职业的发展与社会分工的发展密切相关,由于社会分工和科技发展是渐进的,因此职业的演变也是渐进的。

1. 改革开放以来我国职业发展的态势

影响职业变化发展的因素包括社会及管理的变革、技术变革、经济发展、产业及行业的演变等。我国职业发展的态势主要有以下六种表现。

(1)由单一、基础型向跨专业、复合型转化。职业岗位的要求和劳动方式逐步由简单向复杂转化,职业内涵不断丰富,单一技能难以胜任工作要求,更需要跨专业和复合型人才。比如工业领域从机械化到机电一体化再到数字智能化,技术进步对从业者提出了新的时代要求。

(2)由封闭型向信息化、开放型转化。职业岗位工作的范围和面向的服务对象越来越广泛,人与人之间联络、沟通、信息咨询、协作大幅加强。例如网络经济成为以网络技术为核心的新经济形态,互联网成为必备的工作环境,网络沟通成为重要工作内容。

(3)由传统工艺型向智能型转化。职业岗位科技含金量增加,技术更新速度加快,劳动组织和生产手段不断改善,工作内容不断更新。例如做饭时,通常要有开燃气灶、开油烟机两个步骤。现在智能家电发展起来后,燃气灶开启时,油烟机受感应即自动开启。

（4）由继承型向创新创造型转化。知识经济的到来,要求社会成员不断树立创新意识,在自己的岗位上进行创造性劳动,创新创造能力成为岗位重要能力。

（5）服务型职业由普通低端向个性化、知识型转化。社会生产力的提高解放了劳动力,人们越来越多地需要社会服务行业提供个性化服务。服务业对从业人员素质的要求也在不断提高,产生了知识服务型职业。

（6）职业活动趋向绿色、低碳、可持续。当前,全球经济正在向绿色、低碳、可持续发展升级,职业活动也相应发生了变化。职业发展是人的职业心理与职业行为逐步变化、走向成熟的过程。

2. 新时代我国职业发展的新变化

我国近年来的职业变迁,体现了这样两个特点:首先,职业分类越来越细,越来越专业,比如银行职员这个职业有了进一步的划分,更加专业化,出现了资金交易员、资金结算员、清算人员等新职业;其次,职业的标准化程度提高,与国际职业发展接轨,比如把以前的供销员改为市场营销员,企业和公司负责人也不再笼统地称为厂长或经理,而演变出不同层级的职业,如董事长、总经理（总裁）、部门经理、项目经理等。

互联网等新经济行业的快速发展,既对就业市场中传统职业造成一定冲击,同时也为新兴职业的产生提供了良好的市场环境,创造了新的生机和活力。未来职业发展的新趋势,主要表现在以下几个方面。

（1）高新技术行业优势领先,知识型劳动者比例直线攀升。信息科技时代,未来企业将朝着通信技术、人工智能、新材料领域等高技术产品的产业群发展,这些行业具有知识技术密集、资源能耗较少以及产值贡献率高等特点,是推动经济繁荣和增长的重要引擎。高新技术产业的发展,需要较高的研发投入和庞大的研究人员团队,将凭借智能性、创新性、战略性和环保性等优势,吸引海内外知识型人才不断涌入,这对社会和经济的发展具有重要的意义。

（2）传统职业逐渐更替,新兴职业技术含量不断提高。技术的不断进步,给传统职业带来了巨大冲击,同时也延伸出了许多新的工艺、服务和产品。这些新技术的开发及应用,必然导致部分职业的新旧更替。例如,互联网通信技术的发展,导致传统的电话接线、打字员等职业将不复存在,但电子商务、网络设计、在线教育培训等新职业纷纷涌现,提高了对从业人员的技能要求。即未来脑力劳动职业将越来越多,体力劳动职业将越来越少,新兴职业技术含量不断提高。

（3）职业更新速度逐步加快,职业发展边界逐渐趋于模糊。随着网络设施不断完善、海量数据快速产生以及信息处理技术不断提高,带来了社会经济结构质的飞跃,加速了新旧职业的替代和更新。同时,社会对未来人才知识的综合性结构提出了更高的要求,职业发展的边界在逐渐模糊,劳动者不仅要成为本专业领域技能人才,而且要能够顺应环境变化转换职业角色,成为掌握多种知识和技能的高素质复合型人才。

3. 新职业的产生

我国的新职业正以惊人的速度产生。新涌现出来的大批新职业,主要集中在第

一、第二产业的高新技术领域和蓬勃发展的第三产业。新职业主要分为两种情况：一是全新职业，就是随社会经济发展和技术进步而形成的新的社会群体性工作；二是更新职业，是指原有职业内涵因技术更新产生较大变化，从业方式与原有职业相比已发生质的变化，比如说过去只有传统的车工，随着数字技术在制造业中的广泛应用，又出现了数控车工。

2019年国家管理部门正式向社会发布了13个新职业：数字化管理师、人工智能工程技术人员、物联网工程技术人员、大数据工程技术人员、云计算工程技术人员、建筑信息模型技术员、电子竞技运营师、电子竞技员、无人机驾驶员、农业经理人、物联网安装调试员、工业机器人系统操作员、工业机器人系统运维员等。

2020年国家管理部门再次向社会发布了16个新职业：智能制造工程技术人员、工业互联网工程技术人员、虚拟现实工程技术人员、连锁经营管理师、供应链管理师、网约配送员、人工智能训练师、电气电子产品环保检测员、全媒体运营师、健康照护师、呼吸治疗师、出生缺陷防控咨询师、康复辅助技术咨询师、无人机装调检修工、铁路综合维修工和装配式建筑施工员等。

新职业主要集中在高新技术领域，具有以下几个特点。

（1）产业结构的升级催生高端专业技术类新职业。近几年，随着我国人工智能、物联网、大数据和云计算的广泛运用，与此相关的高新技术产业成为我国经济新的增长点。对从业人员的需求大幅增长，形成相对稳定的从业人群。人工智能工程技术人员、物联网工程技术人员、大数据工程技术人员和云计算工程技术人员4个专业技术类新职业应运而生。这些新职业属于高新技术产业，以较高的专业技术知识和能力为支撑，从业人员普遍具有较高学历。

（2）科技提升引发传统职业变迁。随着新兴技术的采用，传统的第一、第二产业越来越智能化。工业机器人替代生产流水线上简单劳动力的做法在部分地区得到推广，与机器人相关的生产、服务和培训企业蓬勃发展。工业机器人的大量使用，对工业机器人系统操作员和系统运维员的需求剧增，使其成为现代工业生产一线的新兴职业。随着无人机技术的成熟，利用无人机完成一些人类难以完成的高难险和有毒有害工作成为可能，通过无人机可以进行植保、测绘、摄影、高压线缆和农林巡视，无人机在物流等领域也拥有广阔的应用空间。大量无人机的使用，使无人机驾驶员成为名副其实的新兴职业。

（3）信息化的广泛应用衍生新职业。信息化如同催化剂，使传统职业的职业活动内容发生变革，从而衍生出新职业，如：数字化管理师、建筑信息模型技术员。随着物联网在办公、住宅等领域得到广泛应用，信息化与现代制造业深度结合，物联网安装调试从业人员需求量激增。近几年，在国际赛事的推动下，基于计算机的竞技项目发展迅猛，电子竞技已成为巨大的新兴产业，电子竞技运营师和电子竞技员职业化势在必行。在农业领域，农民专业合作社等农业经济合作组织发展迅猛，从事农业生产组织、设备作业、技术支持、产品加工与销售等管理服务的人员需求旺盛，农业经理人应运而生。

新职业信息的发布，使国家职业分类体系更加科学完善，更好地服务于国民经济信息统计、人力资源开发管理、职业教育培训和人才评价工作，为国家制定相关产业发展政策、开展就业人口结构变化和劳动力供求状况研究分析、制定人力资源市场政策提供了科学依据。对用人单位和从业人员的影响主要体现在：规范了用人单位的岗位设置、人员招录、员工培训等工作，使从业人员的职业发展规划更加明晰，有利于促进其提升职业能力和素养。

新职业吸引了大量就业人群，成为广大青年学生实现自身职业理想的新战场。了解新职业，为同学们今后的职业发展方向提供更多选择性。

四、行业门类划分

行业与职业分类紧密相关。行业是指从事国民经济中同性质的生产、服务或其他经济社会的经营单位或者个体的组织结构体系。1984 年我国首次颁布了《国民经济行业分类和代码》国家标准，分别于 1994 年、2002 年、2011 年、2017 年进行修订。目前执行标准（GB/T 4754—2017），新版行业分类共有 20 个门类、97 个大类、473 个中类、1380 个小类（见表 1-2）。

表 1-2　国民经济行业分类（2017 年）

序号	门　　类	大类	中类	小类
1	A 农、林、牧、渔业	5	24	72
2	B 采矿业	7	19	39
3	C 制造业	31	179	608
4	D 电力、热力、燃气及水生产和供应业	3	9	18
5	E 建筑业	4	18	44
6	F 批发和零售业	2	18	128
7	G 交通运输、仓储和邮政业	8	27	67
8	H 住宿和餐饮业	2	10	16
9	I 信息传输、软件和信息技术服务业	3	17	34
10	J 金融业	4	26	48
11	K 房地产业	1	5	5
12	L 租赁和商务服务业	2	12	58
13	M 科学研究和技术服务业	3	19	48
14	N 水利、环境和公共设施管理业	4	18	33
15	O 居民服务、修理和其他服务业	3	16	32
16	P 教育	1	6	17
17	Q 卫生和社会工作	2	6	30
18	R 文化、体育和娱乐业	5	27	48
19	S 公共管理、社会保障和社会组织	6	16	34
20	T 国际组织	1	1	1
合计	20	97	473	1380

五、产业、行业、职业之间的关系

产业、行业、职业三者之间既有相同点,联系密切,又有区别。产业、行业、职业都是社会分工的产物,是社会生产力不断发展的必然结果。这是它们在本质上的共同点。在社会发展中,随着新技术的出现,产生了新产品及相应职业的从业人员。随着新产品的生产及相应从业人员数量的不断增多,新的行业逐渐形成。当新行业发展到一定规模时,就会与其他相关行业进行整合,依据发挥作用的程度并入或形成新的产业。

产业的着眼点是生产力布局的宏观领域,体现的是以产业为单位的生产力布局上的社会分工,产业由行业组成。行业的着眼点是企业或组织生产产品的微观领域,体现的是以行业为单位的产品生产上的社会分工,行业由企业或组织组成。职业的着眼点是组织内工作人员的具体工种,体现的是以人为单位的劳动技能上的社会分工。产业(行业)的分类依据是经济活动的同质性,而职业分类的依据是工作性质的同一性,前者属于生产活动领域,后者属于人力资源开发领域。

职业分类从不同的角度对各个职业做出了规定和界定,每种职业都有其特定的内涵。例如,我国颁布的职业分类大典依据的是人们所从事工作的性质的同一性,也就是每类职业在工作性质上具有共同的特征;而美国学者霍兰的分类方法依据的是人的个性以及职业对人的个性要求。不同职业对从业人员提出了不同的素质要求。

了解职业分类,有利于我们认识和把握不同职业的特性,有利于我们在高职学习阶段有意识、有针对性地做好职业准备,为毕业时求职就业奠定基础。

第二节　劳动分工与职业资格证书

马丽是北京一所高职学院财会专业的毕业生,她毕业前考取了会计资格证书,这使得她找工作过程颇为顺利。在面试一家民营企业时,凭着她出色的表现和这本会计资格证书,她被录用了。两年后她成为这家单位财务部门的年轻骨干。王瑞是高职学院金融专业的毕业生,在校期间考取了证券从业资格证书,还考取了会计资格证书,在毕业找工作过程中,深受企业欢迎,最终被一家银行录用。职业资格证书是许多专业技术岗位的入门门槛,高职院校的毕业生可以通过考取多个职业资格证书,为自己求职就业创造了更多机会。

一、劳动分工

劳动分工是指人们社会经济活动的划分和独立化、专门化。具体地说,分工是人们在经济活动过程中技术上的联合方式,即劳动的联合方式,简称劳动方式。马克思称之为生产方式或生产技术方式,它属于生产力范畴。

劳动分工按其本身的形成过程和内在属性,可以分为自然分工和社会分工。自然分工即在人类社会初期以人自身的生理条件差异为基础而自然形成的分工，在自然分工体系中，不同的生产者个体分别担负不同的劳动或生产职能。社会分工是指随着生产力的发展，人们以社会经济活动被划分为不同的生产功能和劳动方式为基础的分工。

对劳动方式的理解可以分为广义的和狭义的两个方面。

从广义上来说，劳动方式是指劳动者在生产过程中所采取的劳动组织形式，具体包括劳动组织者之间和劳动组织内部的分工和专业化协作形式、劳动成员之间的关系，以及劳动组织的规模与状态等。

从狭义上来说，劳动方式是指劳动者个体进行生产活动时的行为方式或"操作"方式。更具体地来说，按协作的水平不同划分，可以有简单协作和复杂协作的劳动方式等；按劳动组织的规模不同划分，可以有个体劳动方式和集体劳动方式等；按劳动者之间的分工协作关系划分，可以有内部劳动方式和企业之间或社会内部劳动方式，等等。如果考虑到上述按不同标准划分的各种劳动方式之间的多种组合，则劳动方式将更加纷繁多样。尽管如此，劳动方式这一范畴的外延无非涉及两个方面，一方面是单个生产组织内部，另一方面是各个生产组织之间或社会内部。

在企业内部，如果每个人只对生产活动的一部分负责，而不是参加所有的活动来完成该产品的生产，就说该企业内部存在着劳动分工。分工程度受生产技术性质制约。在给定的技术条件下，有相当的伸缩余地。

（一）社会分工的积极作用

（1）专业化分工可提高劳动熟练程度、节约劳动转换时间、节约培训成本

因为反复操作可以精于某项技巧，减少工作转换次数；分工使人专于一行，可避免反复支出培训费用。

（2）减少劳动监督成本

分工程度较高时，个人责任清楚，工作内容简单，易监督，监督成本相应较低。相反，分工程度低，单个工人从事劳动内容复杂，监督难度加大，监督成本上升。

（二）社会分工的消极作用

（1）对劳动环境的影响

高度分工使工作变得单调，工作易疲劳，易导致工作效率下降，职工还会对工作环境、企业产生厌恶和敌对的情绪，合作意愿下降。与丰富有趣的工作相比，单调的工作意味着较恶化的工作环境，职工为同等劳动付出的代价相应增加。

（2）对劳动成本的影响

对工人和企业应变能力产生不利影响。高度分工降低了工人对整个生产过程之间关系的了解，应变和自动协调能力下降。这样有两个坏处：一是损失工作时间；二是增加管理人员。高度分工影响个人应变能力，也会导致企业整体应变能力下降。

二、劳动组织

劳动组织的含义有两种，一种是广义上使用的劳动组织概念，另一种是狭义的劳

动组织概念,我们在这里只使用狭义概念。

狭义的劳动组织基本上是生产力的概念。在生产力各个基本因素中,劳动资料和劳动对象对于劳动者来说是客体,唯有劳动者自己是主体。而劳动组织就是研究如何把劳动主体的力量合理地组织起来,更好地发挥其作用。由于在生产力的结构中,劳动者是能动的因素,其他生产力要素都是由劳动者来运用和推动的,因而劳动者因素如何很好地组织成为一个整体,对于生产力的影响无疑是很大的。

(一)现代的劳动组织

现代的劳动组织概念侧重于强调其组织性,认为劳动组织是一种集生产和管理于一体的有机体。我们认为劳动组织就是在合理的劳动分工的基础上,保证在安全生产和文明生产的条件下,使所有人员能协调地工作,有效地利用人力和物力资源以及工作时间,是一个以劳动者为主体的包括劳动者、劳动资料和劳动环境三项要素组成的有机系统。所谓科学劳动组织即运用科学的方法组织生产活动,达到"人、机、环境"的最佳结合,既要提高企业劳动效率和经济效益,又要为劳动者身心健康和体力智力全面发展创造条件,包括劳动组织形式、轮班形式、劳动组合等方面。

(二)企业基层班组

1. 班组的地位和作用

企业是一个典型的组织。我们参加工作,走进企业,实际上走进了一个组织,其中第一站就是班组。现代企业管理结构一般都是三角形样式,基本上可以分为三层:高层、中层、基层。高层"动脑",属于决策层;中层"动口",属于管理层;基层"动手",属于操作层。班组就是企业的基层组织。企业的生产活动都在班组中进行,班组工作的好坏直接关系着企业经营的成败。具体分析,班组在企业中的地位和作用如下。

(1)生产经营活动的基本单位。企业生存的目的和意义在于追求利润。班组是最基本的生产单位,它直接创造利润。所以企业要降低成本、提高劳动生产率,首先就要从班组抓起。

(2)企业的最基层管理单位。管理是否深入到基层是衡量管理水平的指标之一。班组是企业最基层的管理单位,直接面对每一个员工,企业的文化、规章制度和精神风貌最终是要通过班组贯彻到每个员工,然后通过员工的工作业绩反映出来。因此企业只有将管理深入到班组这一个层次,才能焕发生机。

(3)提高职工素质的基本场所。企业通常都会把培养人才当作自身的使命。培养人才是为了创造更大的价值。如果没有一支认真负责、精益求精的员工队伍,想创精品、树名牌,就很难。而企业人才培养的最主要场所就是在现场、在班组、在一线。所以从效益角度来看,班组培训比高级人员培训更直接、见效更明显。

(4)生产流程的衔接要素。在企业的生产经营活动中,每一个班组都是其中的一个环节。很多现场的问题都比较简单,只需要依一定的原则在班组间进行沟通协调就可以解决,只有解决问题才能激发出创造力的团队。

2. 企业班组的特点

企业班组具有结构小、管理全、工作细、任务实、群众性等特点。

- 结构小：班组为企业最基层单位，结构最小，不能再分。
- 管理全：管理生产、安全、质量、劳动纪律等，麻雀虽小，五脏俱全。
- 工作细：班组工作非常具体，需要耐心、细致。
- 任务实：企业所有管理内容最终都要落实到班组。
- 群众性：班组成员是企业最基层的员工，班组活动是群众性很强的活动。

三、职业资格证书与职业技能等级证书

职业资格证书是表明劳动者从事某一职业所必备的学识和技能的证明。《中华人民共和国职业教育法》《中华人民共和国劳动法》规定实行学历证书和职业资格证书并重制度，相关部门逐步将过去的职业等级考核改变为职业技能等级鉴定，逐步在全社会推行国家职业资格证书制度。

（一）职业资格

我们所说的职业资格是对准备从事某一职业的劳动者必备的学识、技术和能力的基本要求。职业资格包括从业资格和执业资格。

从业资格是指从事某一专业的学识、技术和能力的起点标准；执业资格是指政府对某些责任较大、社会通用性强、关系社会公共利益的专业实行准入制度，是依法独立开业或从事某一特定专业的学识、技术和能力的必备标准。从数量上来看，规定从业资格的职业要多于规定执业资格的职业；从对从业人员的素质要求上来看，规定执业资格的职业要高于规定从业资格的职业。我们高职学生通常可以考取和获得的是从业资格。

目前我国共对一百多个职业做出了从业资格标准，颁布了相应的职业标准。

执业资格证书是国家要求注册类证书（危害公共安全的）。例如：医师资格证、建造师、驾照、造价师等，是国家硬性文件强制执行的，各行业内的一张上岗必备证书，如果没有相应的执业资格证书上岗的话就相当于违法操作。

（二）职业资格证书

职业资格证书是劳动者求职、任职、开业的资格凭证，是用人单位招聘、录用劳动者的主要依据，也是境外就业、对外劳务合作人员办理技能水平公证的有效证件。职业资格证书与职业劳动活动密切相联，反映特定职业的实际工作标准和规范。

职业资格证书是劳动就业制度的一项重要内容，也是一种特殊形式的国家考试制度。它是指按照国家制定的职业技能标准或任职资格条件，通过政府认定的考核鉴定机构，对劳动者的技能水平或职业资格进行客观公正、科学规范的评价和鉴定，对合格者授予相应的国家职业资格证书。

2017年9月，人力资源社会保障部印发《关于公布国家职业资格目录的通知》，公

布国家职业资格目录,共计 140 项。

职业资格证书包括从业资格证书和执业资格证书。

劳动者取得从业资格证书必须以从业资格认定为基础。从业资格的认定由政府劳动、人事及其他相关主管部门组织实施,由政府批准的考核鉴定机构通过学历认定、资格审查或考试、专家评定、职业技能鉴定等方式进行。经认定和考核合格者,可取得相应证书。

目前我们常见的从业资格证书包括营业员、推销员、调酒师、美容师、美发师、前厅服务员、餐厅服务员、导游、出版物发行员、客房服务员、摄影师、汽车驾驶员等共有一百多种。

劳动者取得执业资格必须参加执业资格考试,合格者可取得证书。取得证书并经过注册登记者,可依法独立执业。

目前我国已有几十个专业建立了执业资格制度并对考核合格者颁发证书,其中只实行考试制度的包括医师、药师、中药师、教师、统计员、法律顾问、价格鉴定师、珠宝玉石质量检验室等;需要持证者注册的包括注册会计师、注册建筑师、注册律师、注册资产评估师、注册地产评估师、注册拍卖师、注册税务师、监理工程师等。

(三)职业资格证书制度改革职业技能等级

我国对职业制定并颁布《职业标准》,对从业者资格做出限定,并规定职业技能等级。

我国的职业标准一般把职业技能分为五个等级,即从一级到五级,一级为最高级别,五级为最低级别。五个等级也称为初级、中级、高级、技师、高级技师。不同的技术等级对从业者提出了不同的要求,主要包括学历和知识水平、工作年限、工作业绩、培训经历等。

劳动者参加的从业资格考试称为职业技能鉴定。职业技能鉴定由政府批准成立的职业技能鉴定机构负责组织实施。目前我国共有职业技能鉴定机构 7000 个,在 1000 多个职业范围内开展职业技能鉴定工作,每年有 400 多万人参加各种职业技能鉴定。高等职业院校与政府劳动主管部门和职业技能鉴定机构不断加强联系,在高等职业教育中引入职业技能鉴定,使越来越多的高职学生参加职业技能鉴定,取得职业资格证书。

职业技能鉴定的内容包括职业知识、操作技能、职业道德三个部分。鉴定形式一般包括知识考试、技能考核两个部分。

1. 职业资格管理

职业资格是对从事某一职业所必备的学识、技术和能力的基本要求,反映了劳动者为适应职业劳动需要而运用特定的知识、技术和技能的能力。

我国实行职业资格证书制度,按照国家制定的职业技能标准或任职资格条件,通过政府认定的考核鉴定机构,对劳动者的技能水平或职业资格进行客观公正、科学规范的评价和鉴定,对合格者授予相应的国家职业资格证书。

2. 职业资格证书的考核与等级

对于国家职业资格目录内的技能人员职业资格,采取职业技能鉴定的方式来对申报人员的能力水平进行认定。职业技能鉴定分为知识要求考试和操作技能考核两部分。知识要求考试一般采用笔试形式,操作技能考核一般采用现场操作加工典型工件、完成生产作业项目、模拟操作等方式进行。

根据职业活动范围、工作内容、技术含量、工作责任及数量和质量要求等要素,我国将职业资格划分为不同的等级。我国的国家职业资格证书制度的等级设置,分为五个级别,即国家职业资格五级、国家职业资格四级、国家职业资格三级、国家职业资格二级和国家职业资格一级。国家职业资格五级、国家职业资格四级、国家职业资格三级分别对应技术等级的初、中、高级;国家职业资格二级和国家职业资格一级分别对应技师和高级技师,如图 1-1 所示。

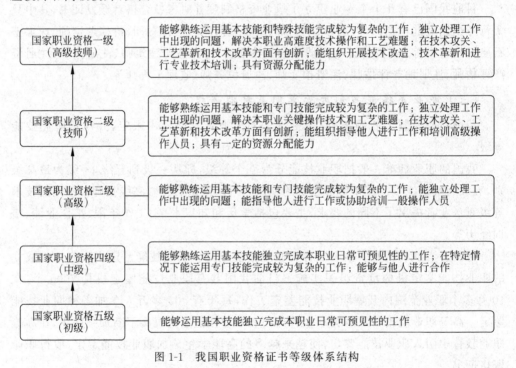

图 1-1　我国职业资格证书等级体系结构

因此,任何一个进入高职院校的学生,都必须首先要对自己的专业有详细的了解,熟悉本行业发展趋势,明确专业课对应的就业岗位,以及岗位的职业要求。所学专业和相关职业资格有关联的,应争取在校期间就参加职业技能鉴定,获取相应的国家职业资格证书。

四、职业教育 1+X 证书试点

职业教育推行的学历证书+若干职业技能等级证书制度(简称 1+X 证书制度)。"1"为学历证书,"X"为若干职业技能等级证书。学历证书全面反映学校教育的人才培养质量,在国家人力资源开发中起着不可或缺的基础性作用。职业技能等级证书是毕业生、社会成员职业技能水平的凭证,反映职业活动和个人职业生涯发展所需要的综合能力。

1+X 证书制度试点工作自 2019 年开始,重点围绕服务国家需要、市场需求、学生就业能力提升,从 10 个左右领域做起,启动 1+X 证书制度试点工作。落实"放管服"改革要求,以社会化机制招募职业教育培训评价组织(以下简称培训评价组织),开发若干职业技能等级标准和证书。

(一)试点内容

一是培育培训评价组织。

二是开发职业技能等级证书。

三是融入专业人才培养。

四是实施高质量职业培训。

五是严格职业技能等级考核与证书发放。

六是探索建立职业教育国家"学分银行"。

七是建立健全管理、监督与服务机制。

(二)1+X 证书制度试点的范围

一是试点职业技能领域。面向现代农业、先进制造业、现代服务业、战略性新兴产业等 20 个技能人才紧缺领域,率先从 10 个左右职业技能领域做起。

二是试点院校。试点院校以高等职业学校、中等职业学校(不含技工学校)为主,本科层次职业教育试点学校、应用型本科高校及国家开放大学等积极参与,省级及以上示范(骨干、优质)高等职业学校和"中国特色高水平高职学校和专业建设计划"入选学校要发挥带头作用。

五、其他证书

目前,除去政府劳动、人事和其他主管部门颁发的从业资格和执业资格证书外,还有行业协会组织颁发的证书以及国外机构经我国主管部门批准在我国境内颁发的证书,包括职业资格证书和技术等级证书等,如微软工程师、IBM 工程师、C&G 证书等。它们在不同的领域和程度上得到用人单位的认可。取得这类证书要通过这些机构组织的考试和考核。

六、理性看待各类证书的作用

高等职业教育推行"学历文凭证书和职业资格证书并举",高职学生经过在校学习要取得"双证书",这样做的意义如下。

(1)通过参加职业技能培训,可以初步地掌握相关职业知识和技能、建立职业意识、养成职业行为规范,为毕业阶段求职就业打下坚实的基础。这也是高等职业教育的本质所在，是高等职业教育区别于普通教育的关键。

1997年，联合国教科文组织颁布了修订的《国际教育标准分类法》，其中将大学教育在教育体系中列为5级，分为学术性为主的教育（5A）和技术性为主的教育（5B）。并分别做出了如下界定性描述。

学术性为主的教育："课程在很大程度上是理论性的，目的是为进入高级研究课程和从事工程要求的职业作充分的准备"。

技术性为主的教育："课程内容是面向实际的，是分具体职业的，主要目的是让学生获得从事某个职业或行业、某类职业或行业所需的实际技能和知识，完成这一级学业的学生一般具备进入劳务市场所需的能力和资格"。

（2）通过参加职业技能培训，可以发现和稳定个人的职业兴趣，修炼和完善个人性格，使个性发展与职业生涯尽早地结合起来，为自己职业生涯的长期发展奠定良好的基础。很多情况表明，高职学生越早地发现和养成个人的职业兴趣，就越有利于完善个人的性格，越有利于早做职业规划，从而使学习的方向更明确，学习的动力更足。

（3）通过参加职业技能培训，可以拓展个人能力领域，提升个人在未来职场的竞争能力。为了更好地及时就业，高职学生有必要在自己和家庭力所能及的范围内掌握更多方面技能，取得多项证书。对于高职毕业生来说，就业可以在专业范围内，也可以在专业范围外跨专业就业。后一种情况目前十分普遍。这一方面是由于目前大学生就业市场竞争激烈，并不是所有的人都能做到专业范围内就业，跨专业就业也是很多人的选择；另一方面是由于有些同学在几年的高职学习生活中发现了自己新的职业兴趣、形成了个人新的职业志向，跨专业就业是这些同学的主动选择。再有，从学生就业后的表现来看，跨专业就业的学生往往表现出更大的职业适应性，眼界更开阔，思维更敏捷，进步更快。所以，在学校学习期间尽可能取得多项证书，对就业和未来的职业发展是非常有益的。

第三节　认知学业、专业与岗位

一、认知学业

（一）高等职业教育基本知识

1. 高等职业教育的概念

高等职业教育是高等教育发展中的一个类型，完整体系包括高职专科、高职本科、专业硕士、专业博士等，肩负着培养面向生产、建设、服务和管理第一线需要的高素质的技术应用型和职业技能型高等专业人才的使命。坚持"以服务为宗旨，以就业为导向，走产学结合发展道路"，强调对职业的针对性和职业技能培养。

2. 高等职业教育的特征

近年来，高等职业教育不仅为广大中职毕业生构建了进入高等学校接受高等教育的"立交桥",更是在发展中已逐步形成了"专科—本科—研究生"的职业高等人才培养接续体系,成为与普通高等教育并行的系统。

（1）培养目标的职业定向性。高等职业教育以社会需求为目标、以培养技术应用能力为主线设计培养方案,培养目标具有服务于特定职业岗位群或技术领域的强烈针对性。一是使学生获得就业谋生所必需的岗位技术能力与职业素质；二是使学生具备一生职业发展与迁移所必需的相对完整的某一专业技术领域的知识、能力与素质结构；三是尽可能在人文素质、思维方法及终身学习能力等方面,为学生成就其人生的事业打好一定的基础。

（2）紧贴行业需要,服务社会需求。高等职业教育主动适应国家加快经济发展方式转变、产业结构调整和优化升级、主体功能区定位的要求,坚持以服务为宗旨、以就业为导向,立足区域办学校,围绕行业办专业,结合所在地区的经济社会发展情况和行业岗位需求开设专业,服务经济社会发展。

（3）实行"工学结合"和"校企合作"。高等职业教育以培养学生的技术应用能力为实践教学目标,在专业技术、技能课教学中,讲练结合,理实一体,实行"工学结合",将课堂搬到模拟实验室、车间职业发展与就业指导等工作环境中,实行"现场教学",使学生的动手能力和应用技能得到较大提升。

（4）产教融合,校企"双元"育人。高职院校人才培养借鉴"双元制"等模式,总结现代学徒制和企业新型学徒制试点经验,校企共同研究制定人才培养方案,及时将新技术、新工艺、新规范纳入教学标准和教学内容,强化学生实习实训。

（5）以"社会化"和"市场化"评价体系为标准。高职教育面向社会办学、面向就业市场培养人才,教育效果的优劣主要由社会和用人单位来评价和判断。其中最重要的评价指标包括毕业生的就业率、毕业生从事岗位工作的社会认可度等。

3. 高等职业本科教育

"高等职业本科"是教育部为了适应我国高级技能人才紧缺的国情,结合国际职业教育发展的总趋势提出的一个新的教育体系。高等职业本科（高职本科）是全日制本科学历教育的一种,培养目标就是培养基础理论扎实的高素质的技术应用型和职业技能型高级专业人才,学位为专业学士。

"高等职业教育硕士、高等职业教育博士"等层次目前尚在理论探讨、个别试点阶段。本书以下所提到的"高职",都特指的是"高职专科"层次。

（二）高职生学业规划

高职生学业规划的三个阶段如下。

（1）第一阶段——大学一年级。适应新环境,正确评估自己,为后续阶段打下坚实基础。学生在教师和辅导员的指导帮助下全面分析自己,确定学习目标。学生在这个阶段要尽快熟悉环境,结交朋友,认识教师,建立新的人际关系,积极参加各种社团活动,提高人际沟通能力,提高文明素养。同时培养自主学习能力,养成以创造性学习为主导、接受型学习与创造型学习相结合的学习习惯。

（2）第二阶段——大学二年级。认真学习专业知识，培养实践能力和创新能力。学校在这个阶段会开设主要的专业技能课，同学们应注重专业知识的学习，培养专业技能；通过校内外各种实践活动全面锻炼自己，发现自己的优势与劣势，分析成功的原因，保持优势；找出失败的原因，不断改进。

在这个阶段，同学们应注重培养自己的创新能力、组织管理与社会活动能力、沟通能力及团队协作精神，尽可能全方位地展示自己的才能。

（3）第三阶段——大学三年级。积极完成实习任务与毕业设计，培养就业能力和创业能力。同学们在大学三年级要到企业生产岗位进行体验性的实习和顶岗锻炼。在实习期间，应认真接受学校指导教师的辅导和实习单位经验丰富的技术人员与工人师傅的现场指导，从而完成实习计划，为毕业后迅速适应工作打下基础。在这个时期，同学们要重视培养就业能力与技巧。通过实习，从宏观上了解企业的运作模式、工作流程；从微观上明确个人的岗位职责与规范。

二、认知专业

（一）高职培养目标及专业设置

高等职业教育培养目标是培养技术应用型人才，强调的技术应用教育，突出对学生技术应用学习和操作能力的培养。坚持以就业为导向，以技术应用为主，培养生产一线岗位需要的管理和技术应用人员，突出学生的就业能力和敬业精神教育，使高职毕业生"技术用得上，人才留得住"。

高等职业教育和本科教育专业划分的最大不同是专业划分原则。一般来说，本科专业是学科型的，讲究的是知识的系统性、完整性。高等职业教育则不同，高职教育是以适应职业为教育目的，它的专业划分原则是以职业岗位群为主，以学科型为辅。

人的职业化是职业教育的目标。以就业为导向设置专业是目前最典型、最适合我国高职专业设置改革的一种模式，也最有利于学生自身的发展。

随着就业市场对毕业生市场调控能力的增强，如果高职专业教育基础薄弱，就会限制学生将来的发展。所以，高等职业院校既注重学生的职业素质，也在追求"厚基础，强能力"的人才培养能力，让高职毕业生在本专业上仍有继续生长的能力和学习能力。

社会对人才的需求是多方面多层次的，除了语言、文化、逻辑和技术等智能外，还有人际交往的智能、身体的智能、音乐的智能、空间的智能等其他智能，它们都是人成长发展、满足社会需求所必要的智能。高等职业教育就是培养人的这些智能。

（二）专业认知

高职大学生从填报志愿开始就为自己选择了一个专业，步入职业教育的同时，对自己所要学习的专业及将要从事的工作有了初步的了解。入学后，同学们在真正专业学习过程中，还要不断了解专业与将要从事的职业，增强专业学习的目的性和针对性，为就业做好心理、知识和能力等各方面的准备。

由于专业规格人才的要求不同，大学生不可避免地被贴上专业标签，这种标签是进入某些职业的有效通行证,作为一名大学生,只有完成专业教学计划规定的学习任务,才是一个符合该专业培养规格的合格毕业生。因此,在大学期间,大学生必须首先达到主修专业合格毕业生的基本要求,在此基础上才能进一步辅修其他专业,拓展专业技能。那么,学生怎样了解专业,加强专业认知呢?

首先,了解与专业相关的职业有哪些,要得到较清楚的信息,可以做些调查分析。如同本专业的若干同学组成一个调查小组,调查以下相关信息。

（1）本专业往届毕业生的就业行业及职业情况。

（2）与专业教师交流,请教专业就业情况。

（3）了解各院校专业招生简章的培养目标。

（4）向从事本专业的专业人士咨询。

（5）与你感兴趣职位的实际工作者交流。

通过访谈、调查、咨询、交流,能比较清楚地把专业相关的职业和行业领域一一罗列出来,对将来的工作就比较清晰了。

其次,通过了解本专业学习时期内所开设课程的不同学习目的,划分出专业培养规格与学科主要特征。表1-3给出了高职计算机网络专业知识和技能课的分类及达到的要求,同学们可以对照本专业的课程设置填写本表,帮助你们提高对本专业培养目标的认识。

表 1-3　专业课程及达到的基本技能

专业课程		基本知识和技能要求
知识	专业基础课程名称	计算机网络技术基础	掌握局域网络基本原理和流行网络协议,全面掌握局域网技术、以太网技术原理,认识广域网
		网络操作系统应用	掌握网络操作系统基本概念原理,熟练完成网络操作系统的规划和基本安装,掌握服务器配置
		数据库基础与应用	掌握数据库基础知识、基本技能,利用数据库系统进行数据处理的能力
技能	实验、实训课程	网络互联与维护技术	熟练掌握以太网组网方法,网络设备交换机的安装、测试及各层网络设备的互联
		网络邮件系统设计与实施	熟练掌握邮件服务器的网络结构和服务器的基本搭建,实现服务器端的客户管理系统的建立与维护
		综合布线工程基础与实践	掌握布线工程材料特性;正确使用基本布线工具及相关检测设备。实现独立的基本布线规划与实施
		网络操作系统维护	熟练掌握基于域环境下组策略应用和对域用户安全策略规划与实施,实现网络客户机综合管理与维护

（三）正确处理专业与社会职业的关系

专业学习为就业和职业发展做了知识和技能的准备,而职业发展需要的知识和技能很多,各专业的人才培养规格和学科特征提供了一系列的知识和技能的组合。在有限的学习时间内,专业学习和技能对职业发展相互补充。专业针对性越强,适应性越小,适应性增强,专业深度就会降低。

专业学习和职业发展并不一定吻合,有人认为 80% 的职业知识是在工作中获得的,大学并不只是学习具体知识,更重要的是学习获得知识的方法,专业意味着掌握了一定的专业知识和技能,而工作无论是否对口都是一个新的起点。

大学期间除了专业学习,你是否掌握了足够的通用知识与技能?比如计算机基础操作与应用,比如英语会话与写作,比如逻辑思维与人际交流能力等,这些能力一方面可以帮助你胜任许多专业性不强的工作,同时也将成为你再学习的得力助手。毕竟,不对口只是意味着与过去所学的专业不对口,倘若要真正在工作中有所作为,就必须通过再学习把自己这个外行变成专业人士。此时,务必要关注身边的再学习或再培训。

要牢记,永远对自己充满信心。当面对不协调因素时,应该对自己有充分的认识,把主观愿望和客观条件结合起来,要相信自己的能力,对自己抱有合理而坚定的信心。要正视职业现实,对于已经发生的现实我们不可以改变,但是我们可以适应,适应是一个人成长过程中不可或缺的因素,适应会带来各种成长的可能。

三、认知岗位

袁隆平是我国研究与发展杂交水稻的开创者。他于 1964 年率先开展水稻杂种优势利用研究,先后取得了一系列科研成果。作为我国杂交水稻研究的总设计师和最主要的学术带头人,袁隆平为我国粮食安全做出了重大贡献,先后获得迄今唯一的国家特等发明奖、首届国家最高科学技术奖,以及联合国教科文组织"科学奖"、2004 年度世界粮食奖等十多项国际奖、2020 年度提名为国家科技进步奖一等奖。袁隆平之所以能为人民、国家、社会乃至世界做出如此大的贡献,就是因为他清楚自己的工作岗位职责,并用自己的切身实际努力践行。他忘我地工作,永攀科学高峰孜孜以求的精神值得我们每一个人学习。

岗位是职业的载体,职业活动通过岗位分工实施。组织可以根据业务需要设置工作岗位,工作岗位确定了工作的具体内容。

(一)岗 位

岗位是组织要求个体完成的一项或多项责任以及赋予个体的权利的总和。职位通常是由某项任务、职责、责任构成,而一个岗位则是指由一个人来从事的工作。

岗位是企事业单位管理和人力资源配置的重要依据。一般而言,企事业单位岗位设置按照业务类型进行划分,企业的岗位分类如表 1-4 所示。

表 1-4　企业岗位类型分类表

岗位类型	岗 位 内 容
企业管理	指经公司发文聘任的副主任级及以上管理岗位
国内业务	指产品国内销售、服务等岗位
国际业务	指产品海外销售、服务等岗位
人力资源	指人力资源招聘、培训、绩效、考勤、薪酬、福利、员工关系等岗位

续表

岗位类型	岗 位 内 容
行政管理	指行政、文秘、接待、公关等岗位
企划管理	指品牌推广、策划、企业文化管理等岗位
商务管理	指营销策划、支持、标书制作、商务报价、应收款管理、销售合同管理、风险管控等岗位
供应管理	指物资采购、供应商管理、报关、外协等岗位
法律事务	指法律风险预防与控制、法律纠纷处理等岗位
投资管理	指资本运作、项目投资、股权管理、证券期货等岗位
生产工程	指非生产一线的工业工程、生产安全管理等岗位
网络信息	指 IT 网络及硬件维护、软件开发及维护等岗位
基建工程	指基建招标管理、施工管理、工程质量管理、基建审计等岗位
财务管理	指出纳、会计核算、总账、成本管理、税务筹划、资金管理等岗位
审计考核	指内部审计、经营考核等岗位
生产支持	指生产、技术、质量、设备等部门的内勤岗位及非生产一线的生产调度、统计、ERP 录入等岗位
技术研发	指新产品开发、设计岗位
技术工艺	指产品开发中工艺改进、开发等岗位
生产工艺	指生产过程中的工艺改进、开发等岗位
质量工程	指产品非一线的质量过程控制等岗位
体系管理	指质量体系管理与维护等岗位
机械工程	指机械设计、机械设备开发与改进等岗位
电气工程	指设备电气设计、开发、改进等岗位

（二）岗位探索

岗位探索就是对岗位本身和影响岗位发展的因素的初步调研。岗位是自己的阵地,当个人要占领一片阵地时,一定要对阵地有全面、准确的了解,而这种了解的方式就是探索、调研。

1. 岗位描述

岗位描述包括岗位的定义、工作内容及要具备的素质,这是岗位的基本内容,是了解一个岗位最直观的方法。

2. 岗位晋升通路

岗位是在职能的基础上根据具体需要分化产生的,所以同一部门、同一职能一般有多个类似岗位,了解这些岗位能为自己的岗位轮换、工作转换、升职等带来方便。因此,求职者需要了解的内容包括两个方面:与该岗位相关的岗位是什么(发展方向,为轮岗、转换工作做准备)和该岗位的职业发展通路是什么(岗位晋升方向)。

3. 不同背景下的岗位要求

岗位的通用要求加上不同背景下的岗位理解构成了一个岗位的最终描述。要特别考虑以下三个方面因素。

- 不同行业对这个岗位的理解是什么（行业背景下的岗位要求）。
- 不同类型企业及企业所处发展阶段对这个岗位的理解是什么（企业背景下的岗位要求）。
- 不同领导和上司对这个岗位的理解和要求是什么（人为背景下的岗位要求）。

4. 个人与岗位的差距

当综合了解岗位要求后，就可以进行差距量化和差距补充了。全面、准确地了解自己是量化与岗位差距的前提和基础。差距是可以量化的，如英语口语等级差距等。这种量化可以使行动方向更明确，知识补充更有针对性。

（三）岗位研究

1. 概念

岗位研究，是对组织中某个特定工作岗位的性质、任务或者职责、权力、隶属关系、工作条件、任职资格等相关信息进行收集与分析，以便对该岗位的工作做出明确的规定，并确定完成该工作所需要的行为、条件和人员的过程。

岗位研究主要包括工作说明和工作规范两方面内容。

（1）工作说明。工作说明是确定职位的基本信息和工作的具体特征，如对工作的目标、范围、任务、内容、责任、考核标准、方法和工作环境等的详细描述。

（2）工作规范。工作规范是指完成某项工作所需要的知识、技能以及职责、程序的具体说明，它是工作分析结果的一个组成部分。工作规范可以让员工更详细地了解其工作的内容和要求，以便顺利地进行工作。

2. 岗位说明书

岗位说明书是表明企业期望员工做些什么、规定员工应该做些什么、应该怎么做和在什么样的情况下履行职责的总汇。岗位说明书应该包括以下主要内容。

（1）岗位基本资料。包括岗位名称、岗位工作编号、汇报关系、直属主管、所属部门、工资等级、工资标准、所辖人数、工作性质、工作地点、岗位分析日期、岗位分析人等。

（2）岗位分析日期。目的是为了避免使用过期的岗位说明书。

（3）岗位工作概述。简要说明岗位工作的内容，并逐项说明岗位工作活动的内容，以及各活动内容所占时间百分比、活动内容的权限、执行的依据等。

（4）岗位工作责任。包括直接责任与领导责任，要逐项列出任职者的工作职责。

（5）岗位工作资格。即从事该项岗位工作所必须具备的基本资格条件，主要有学历、个性特点、体力要求以及其他方面的要求，包括必备资格和理想资格。

（6）岗位发展方向。部分企业的岗位说明书中还会加上岗位发展方向的内容，希望通过岗位发展方向不仅明确企业内部不同岗位间的相互关系，而且还有利于员工明确发展目标，将自己的职业生涯规划与企业的发展结合在一起。

我们一起通过表1-5来了解一下公司销售经理的岗位说明书。

表 1-5 销售经理岗位说明书

岗位名称	销售经理	所属部门	销售部
直属上级	部门经理	直接下级	销售代表

一、岗位概述

在部门经理的领导下,负责制订并执行相关销售计划,管理公司的销售工作,带领销售队伍完成公司的销售计划和目标。

二、工作职责与内容

1. 销售计划的制订:根据公司年度计划以及对公司市场需求的分析研究,制订本部门年度销售总计划。

2. 督促实施销售计划:组织部门人员分析并制订销售人员具体的销售目标。督促、检查销售计划完成情况,出现偏差及时纠正,以确保公司销售目标的完成及超额完成。

3. 市场信息采集:研究行业市场竞争环境,及时掌握市场信息及需求动态,对销售计划的完成提出合理化建议。

4. 客户关系管理:负责定期拜访公司重要客户及经销商。监督、检查销售人员客户拜访情况。对客户信息和交易记录进行整理,随时了解客户需求动态。及时处理客户异议和投诉等,提高客户满意度,与客户建立并保持长久合作关系。

5. 销售经费的合理使用:组织销售部严格按照公司销售预算开展工作,节约销售费用支出。审核销售人员接待费报销单。

6. 销售回款:指导销售人员提高销售回款技巧,及时收回公司销售款项,保证年度销售目标的实现。

7. 销售团队建设:根据公司发展需求,制订销售部门人员招聘计划,协助进行销售部人员招聘、培训、考核等工作。

8. 完成领导交办的其他临时性工作及遵守公司规章制度,认真贯彻执行公司销售管理规定和实施细则,努力提高自身推销业务水平。做到以公司利益为重,不索取回扣,馈赠钱物上交公司,遵守国家法律,不构成经济犯罪。

三、权力与责任

权力:

1. 制订销售部门销售策略的权力。

2. 对销售部门进行管理的权力。

3. 自主开发客户的权力。

4. 给客户报价的权力。

5. 客户跟进、签订合同的权力。

6. 有对上级领导提出合理化建议和意见的权力。

责任:

1. 代表公司树立诚信、敬业、专业、负责的客户印象。

2. 带领团队完成公司设定的 KPI 考核指标与关键任务。

四、工作沟通关系

内部沟通	部门经理或销售总监/频繁,直接下级/频繁
外部沟通	客户、经销商、代理商、合作方/经常

续表

五、职务描述及要求
1. 教育背景：市场营销或工商管理相关专业，专科及以上学历。 2. 经验：3年以上销售岗位工作经验，1年以上销售团队管理经验。 3. 技能技巧： 　　具备较强的人际沟通能力、市场拓展和商务谈判能力、客户关系建立和维护能力； 　　掌握一定的财务管理、经济法、合同法方面的知识； 　　熟练使用 Office 办公软件。 4. 态度： 　　具有积极向上的激情与热情，工作努力，责任心强； 　　具有较强的人际交往能力，能良好的团队合作； 　　较强的观察力和应变能力； 　　具有较强的管理能力； 　　具备相应的谈判能力。

六、职涯规划	
晋升途径	销售总监、销售部经理、公司业务副总经理

正所谓，无规矩不成方圆。每一份岗位工作都有明确的规范和要求，从事岗位工作的人只有按照规范和要求进行操作，才能保证工作流程完整，确保工作质量达标，避免工作安全隐患。高品质、高质量地完成工作建立在遵守岗位规范的基础上，产品的口碑和信誉也依赖于高标准、严要求。对于职场新人和准职业人来说，需要尽快熟悉岗位说明，了解岗位应知、应会、应做，这也是用人单位对个人工作业绩和成效考察的最低标准。

 【技能训练】

训练项目1　社会职业情况调查

训练目的：通过对社会职业人群的访谈，增强对社会职业的认识，加深对社会职业的理解。

训练内容：进行一次社会职业调查，调查5名社会就业对象，了解社会不同职业的工作内容、职业技能要求、职业优势、劣势分析及事业发展前景。

训练形式：课后个人调查采访。通过社会职业情况调查，谈谈个人对职业的重新认识。填写社会职业情况调查表（详见附件1）。

训练结果：填写社会职业情况调查表，并完成一份500～800字调查感受。

训练项目2　我国现阶段职业分类调查

训练目的：了解我国现阶段职业分类状态，对本专业所对应的职业（群）进行初步认知。

训练内容：收集以下职业分类相关信息。

(1)《中华人民共和国职业分类大典》所描述的职业分类状态。

（2）2000 年以后我国新增加的职业分类。

（3）国际上的主要职业分类标准；对本专业所对应的职业（群）做出描述。

训练形式： 该项训练在课下进行。以学生个人或分小组方式进行。主要通过网络收集相关信息，做出书面整理。

训练过程：

（1）教师课堂对训练进行布置和说明。

（2）学生个人或小组利用课余时间通过网络来收集相关信息，并做出书面整理。

（3）学生将整理好的书面文字交给教师。

（4）教师在课堂上进行讲评和总结。

训练结果： 关于我国现阶段职业分类的调查报告。

训练项目3　国家职业资格证书资料收集

训练目的： 了解我国职业资格证书制度，了解职业资格证书的作用，对职业做出进一步的认知。

训练内容： 收集职业资格证书制度相关信息，对职业资格证书的作用进行初步认知。具体内容包括如下。

（1）我国职业资格证书的分类。

（2）我国职业资格证书的颁发与取得。

（3）职业资格证书再就业中的作用。

训练形式： 学生课下自我进行。以学生个人或分小组方式，收集相关信息，做出书面整理。具体包括：网络信息收集、报刊信息收集、走访学校老师、走访校友和熟人等。

训练过程：

（1）教师课堂上对该项训练进行布置和说明。

（2）学生确定收集信息的渠道和方式。

（3）学生收集信息。

（4）学生对收集到的信息进行书面整理。

（5）学生将书面文字交给教师。

（6）教师在课堂上对学生的书面文字进行讲评和总结。

训练结果： 完成一份关于职业资格证书的调查报告。

训练项目4　设计我的未来职业岗位

训练目的： 规划自己预设的工作岗位规范，了解掌握岗位规范具体要求。

训练内容：

（1）请根据自己预设的目标岗位认真填写岗位规范表（详见附件2）。

（2）查询资料，比较各类相近职业岗位规范的不同规定。

（3）总结评价。填好表后，认真思考自己预设的目标岗位是否符合自己的客观实际情况。思考如何努力实现这一目标。

本 章 小 结

　　本章通过学习职业认知使同学们对职业有一个整体上的初步认识，了解了职业的性质、特点、作用以及职业的发展和演变；结合高等职业教育的性质和目标，介绍了职业分类以及行业、专业和岗位的区别，介绍了职业资格及有关职业资格证书，以及未来职业的发展变化。本章的重点是明确职业资格要求，希望同学们通过学习这一部分内容，能够建立起职业准备的基本意识，并把这种意识纳入到个人职业生涯规划之中。这种意识建立得越早，个人职业生涯规划开始得越早，对同学们个人今后的发展就会越有利。

第二章

自 我 认 知

🖈 【知识目标】

1. 了解自己的气质、性格、兴趣和能力特点；
2. 结合自己的专业探索职业价值观，树立职业理想。

🖈 【技能目标】

通过多种类型的个性测试帮助学生了解自我个性特征，进一步认识个体差异；帮助学生在分析社会环境和专业学习特点的基础上，寻求更适合个性特点的职业方向；帮助学生明确大学学习目的，明确职业发展方向。

🖈 【训练项目】

1. 气质测量及职业分析；
2. 职业兴趣测试；
3. 职业能力分析；
4. 工作价值观"拍卖会"。

🖈 【案例导入】

适合自己的就是最好的

陈梅是高职金融管理专业的学生，她性格开朗，爱好广泛，在校期间曾担任学院文艺部部长，热心组织院系文艺活动。陈梅不但多才多艺、组织能力强、善于沟通，而且学习成绩也很突出，各门功课都很好，特别是英语，以较高的成绩通过了 A 级考试。面临就业，许多同学犹豫不决，到底做销售还是做文员、什么样的工作才是好工作。这时，一家银行来学校招聘理财经理助理，陈梅觉得销售工作虽然辛苦，有一定压力，但是能学习到很多与金融相关的专业知识，接触到各种类型的客户，特别锻炼人，与人沟通交流多的工作特点也很适合她的性格。在入职一年多的时间,陈梅凭借她高度的工作热情和出色的工作表现已经成为企业的重点培养对象,还有希望转正。大批同届毕业生还在左顾右盼变动工作的时候,她的职业成长路径已经打开了。

案例分析:我们身边有各种各样性格的人,他们从事着技术、营销、管理、服务等千差万别的工作,性格对于职业道路的选择,着实有着深远影响。性格活泼的人,适合有挑战性的工作;性格内向的人,适合稳定的工作;有的人适合与物打交道,有的则擅长与人打交道。同学们性格各不相同,陈梅对自己的性格认识清晰,最终找到自己最合适的工作。

在日常交流中,人们经常喜欢谈论他人的性格特征和行为方式,很少有人花时间来审视自己的个性特征。人们经常强调自身所处的外在环境,很少关注自己对于做好某件事真正做出了哪些努力。我们也经常发现,一些人始终兴趣盎然地做着那些在另一些人看来很无聊无趣的事情,并取得了骄人的成功;一些人不停更换工作,到头来一事无成。人们认识到社会经济的发展使得性格对个体职业成长产生越来越重要的作用,关注人的个性特征是社会职业丰富化发展的必然,认识自我的人格,能力,兴趣,职业倾向特征,职业价值观可以对今后的职业发展提供更具针对性的帮助。

自我认知,也称自我探索,是指个人关于自己的反省与识别,是关于自己是个怎样的人、应该有怎样的行为以及他人会对自己如何评价的认识。自我认知包括自我感觉、自我观察、自我印象、自我分析、自我评价等。从职业生涯规划范畴来讲,自我认知就是从个人职业发展角度对自我进行分析、研究,明确个人的职业发展方向,获得自我价值认同。它是个体进行职业决策的重要前提,可以从兴趣、人格、能力、价值观等几个维度进行探索。性格决定一个人最自然的行为,兴趣决定自己喜欢做什么,能力决定一个人能够做什么,价值观决定一个人愿意做什么。

具体而言,大学生应明确以下几点。

(1) 我喜欢什么? 主要包括自己的兴趣、爱好、特长等。

(2) 我适合做什么? 主要是指自己的性格是否与工作的需求是否吻合。

(3) 我能够做什么? 主要指自己所掌握的专业知识、专业技能和工作经验以及个人综合素质、潜能等。

(4) 我注重什么? 主要指探索自己的职业价值观,之所以选择这份工作,是看重工作带来的社会地位、经济利益、休闲时间等因素,这些都与个人的价值观相关。

(5) 我应做什么? 这是自我分析的最后一步,也是职业生涯规划的关键一步,既是确定一个人在特定时间、特定地域能干什么、不能干什么,应在什么行业、领域从事什么样的职业或工作的职业定位,也是人职匹配、人岗匹配从而获取职业成功的关键。

第一节 职业心理

职业心理是人们在职业活动中表现出的认识、情感、意志等相对稳定的心理倾向或个性特征,做出职业选择时需要了解自己的气质、性格、兴趣和能力特点。如果不清楚自己的个性特征而导致做了一份不合适、不喜欢的工作,那将影响个人职业道路的进程,如果等到你发现目前的工作不适合、不喜欢,再图跳槽大计,那就走了一大段弯路。可见,了解自我,明晰职业人格,确定兴趣方向,有助于我们成功就业。

一、气质、性格与职业

(一)气质的概念与类型

1. 气质的概念

在日常生活中,同学们会注意到每个人在处理问题的方式方法上表现出迥然不同的特点。有的人感情产生得很快,转变得也很快,有的人平静沉着,不易动感情,这些特征就是各种不同气质特征的表现。

所谓气质是指人的情感和活动发生的速度、快慢、强弱,以及动作的敏捷或迟钝等方面的心理特征。气质的特点一般通过人的相互交往显示出来,气质使人的个性充满色彩。

气质有时和所谓的脾气或性格有相近之处,又与性格不完全相同,气质往往指人们先天的禀赋,是先天的因素,先天的气质受后天作用从而形成一种特定的性格。

2. 气质的类型

不同的气质特征构成不同的类型。最早研究气质现象的古希腊著名医生希波克利特,根据日常观察和人体内四种体液中血液、黏液、黄胆汁、黑胆汁,各人多寡不同的假设,把气质分为四种类型:胆汁质、多血质、黏液质和抑郁质。这四种基本气质对应类型的人在行为方式上的典型表现如下。

(1)胆汁质。胆汁质的人属于战斗型。直率热情,精力旺盛,情绪冲动,行动敏捷,心境变化剧烈,具有外倾性,称之为热情而急躁的人,气质上叫作胆汁质。

(2)多血质。多血质的人属于敏捷好动型。活泼好动,敏感,反应迅速,极易适应环境、与人交往,但兴趣易变,缺乏恒心,称为活泼而易变的人,气质上叫作多血质。

(3)黏液质。黏液质的人属于缄默沉静型。安静稳重,反应缓慢,沉默寡言,情绪不易外露,注意力集中不易转移,善忍耐,具有内向性,称为沉着而稳定的人。气质上叫作黏液质。

(4)抑郁质。抑郁质的人属于呆板羞涩型。情绪体验深刻,柔弱易倦、孤僻、行动迟缓,注意细节,机智敏感,多疑多虑,具有严重内倾,因而情绪体验强烈而深沉,易受挫折,称之为情感深厚而沉默的人。气质上叫作抑郁质。

气质本身无好坏之分,并不能决定一个人活动的社会价值和成就高低。每种气质都存在某种积极或消极方向发展的可能性。胆汁质可以发展到爽朗勇敢有进取心,但也可能出现粗心暴躁。多血质可以是活泼机敏,但也可能发展到轻浮不踏实。黏液质可以养成稳重、坚毅的个性,但也可能变得冷漠、固执。抑郁质可以表现工作细心,守纪律,情感深刻,但也可能发展成缺乏自信、遇事优柔寡断的性格。

(二)气质与职业选择

气质体现了个体差异,不同气质对事业的成功有相当大的影响。理解不同气质的长处与短处,对职业选择、修炼性格、提高学习与工作效率、处理人际关系、了解对方、了解自己等都有重大意义。表 2-1 列出了不同气质特点与职业选择的关系,仅供同学们参考。

表 2-1　气质类型与适合职业表

类别	多血质	胆汁质	黏液质	抑郁质
特征	活泼好动、敏感	热情、直率、外露、急躁	稳重、自制、内向	安静,情绪不易外露,办事认真
优点	举止敏捷、姿态活泼;情绪色彩鲜明,有较大的可塑性和外向性;语言表达和感染能力强,善于交际	积极热情、精力旺盛,坚忍不拔;语言明确,富于表情。性情直率,处理问题迅速而果断	心平气和、不易激动;遇事谨慎,善于克制忍让;工作认真,有耐久力,注意力不易转移	感受性强,易相处,人缘好;工作细心谨慎、稳妥可靠
缺点	粗心浮躁,办事多凭兴趣,缺乏耐力和毅力	易急躁,热情忽高忽低,办事粗心,有时刚愎自用、傲慢不恭	不够灵活,容易固执拘谨,一旦激动会变得强烈稳固而深刻	遇事缺乏果断与信心,适应能力差,容易产生悲观情绪
适合职业	政府及企业管理人员、外事人员、公关人员、驾驶员、医生、律师、运动员、公安、服务员等	导游、推销员、勘探工、作者、节目主持人、外事接待人员、演员等	外科医生、法官、财务人员、统计员、播音员	机要员、秘书、人事编辑、档案管理员、化验员、保管员

（三）性格与职业

请同学们放下手中的物品,进行一个简单有趣的测试:把双手放在胸前,将十指交叉握在一起。观察左拇指在上方还是右拇指在上方。

如果左拇指在上方,那么他属于"感性"或"艺术型"的性格,大脑右半球功能比较占优势,富于情感,想象力丰富,多愁善感,具有文学家,艺术家气质。你会发现他说话是非常感性的,思维具有发散性,适合去做一些有创意性的工作。

如果右拇指在上方,那么他属于"理性"或"思维型"性格,大脑左半球功能占优势,富于理智,善于思考,逻辑性强,这种人具有思想家,政治家、科学家的气质。他说话严谨,适合去做一些研发性的工作。

1. 性格的概念

观察一下日常生活中的人群,你会发现千差万别的性格特征,有的人诚实、正直、谦逊;有的人活泼好动、善于交际;有的人悲观、孤僻。在人际交往过程中有内向的,也有外向的;在情绪上有稳定的,也有偏激的。在适应工作上有积极进取的,也有消极被动的;在意志上有果断勇敢的,也有优柔寡断的。

这些差异表现出了人们不同的性格特征。什么是性格呢? 性格是人们对现实的一种相对稳定的态度以及与之相适应的习惯行为方式。它不仅表现在对人、对自己的态度上,同时也表现在对职业的选择和态度上。

2. 性格与职业选择

有人说："性格决定命运。"性格对人的职业生涯成败起着举足轻重的影响。如果你从事的职业与你的性格相适应，你的工作就会得心应手，心情舒畅，也容易取得成就。如果你的性格特点与你从事的职业不相适应，这种性格就会阻碍工作任务的完成，使你感到被动，缺乏兴趣并难以胜任，即使能够完成工作任务，经常也会感到疲倦或力不从心，精神紧张。

在十指交叉测试中，你的测试结果与通常的印象一致吗？殊不知很多习以为常的习惯影响着我们的行为方式，我们却对此不以为然，关注性格差异对职业选择的影响能帮助你选择自己的职业发展方向。职业分工越细，对个体性格特征的差异越受到企业人力资源部门的关注。目前，一些企业开始引入性格测试，把性格测试作选择为某些岗位员工的必备程序，今后采用性格测试作为参考，招聘员工的企业会越来越多。

二、兴趣与职业

兴趣是指以特定活动，特定事物为对象，个人在积极选择的爱好倾向上产生的情绪紧张状态，它是个人积极探索某种事物或进行某种活动的倾向，它标志着个人在某方面的积极性。兴趣是力求认识、掌握某种事物，并经常参与该种活动的心理倾向；或者说，兴趣是积极探究某种事物的认识倾向。兴趣是一种无形的力量，可以培养，也可以改变。

（一）兴趣的分类及作用

兴趣可分为物质的兴趣、精神的兴趣和社会的兴趣。物质的兴趣与你的需要相关联，表现为对物质的迷恋和追求，例如收藏的兴趣。精神的兴趣主要是指对文化、科学、艺术的迷恋和追求，例如写作、绘画、书法、摄影、发明创造等兴趣。社会的兴趣主要是指对社会工作和组织活动等。

兴趣又可分为直接兴趣和间接兴趣。你喜欢跳舞、打球，可能是因为这些活动本身对你有吸引力，通过这些活动你会获得愉快和满足，这种对活动本身的兴趣就是直接兴趣。你可能感到学外语是一件很枯燥的事情，但对它仍然兴致很浓，这并不是学外语本身会给你带来轻松愉快，而是学外语可以继续攻读学位，可以直接了解国外最新专业信息，可以找到称心的工作，可以出国学习或交流等，是这些结果在吸引你学习，这种对活动结果的兴趣就是间接兴趣。直接兴趣和间接兴趣可以互相转化，也可以相互结合，从而更有效地调动你的积极性。获得诺贝尔物理奖的华人科学家丁肇中说过："兴趣比天才重要。"名人及成功人士的经历告诉我们，兴趣在职业选择及将来的事业发展中发挥了关键作用。兴趣是成功的一个重要的推动力，它能将你的潜能最大限度地调动起来，使你长期专注于某一方向，做出艰苦的努力，取得令人瞩目的成绩。你对某种职业感兴趣，就会对该种职业活动表现出肯定的态度，并积极思考、探索和追求。

无独有偶，欧洲最成功的流行歌手之一勒比·鲍曼，艺名 D. J. 波波，在《家庭杂志》的一次采访中，记者问："您对那些希望像您一样取得事业成功的年轻人有何建议？"他就职业选择问题发表了自己的看法："不要去寻求成功！必须让兴趣成为自己奋斗的内在动力。也就是说，要让自己的爱好成为职业。没有兴趣根本就不会成功。"

兴趣是可以培养的。高职大学生在选择职业时，不仅需要知道自己有能力从事什么样的工作，也需要知道自己对哪类工作更感兴趣，并能满足自己的职业愿望。只有将能力和兴趣结合起来考虑，才更有可能取得职业生涯成功。

（二）兴趣的发展阶段

从时间纵轴上来看，兴趣的发生和发展一般要经历这样一个过程：有趣→乐趣→志趣。

有趣是兴趣过程的第一个阶段，也是兴趣发展的低级阶段，它往往短暂易逝，非常不稳定。处于这一阶段的兴趣常常与你对某一事物的新奇感相联系，随着这种新奇感的消失，兴趣也会自然地逝去。

乐趣是兴趣过程的第二个阶段，它是在有趣定向发展的基础上形成的，是兴趣发展的中级阶段。在这一阶段中，学生的兴趣变得专一、深入起来，如喜爱文学的学生很可能会整天沉溺于文学作品中。

志趣是兴趣发展过程的第三个阶段，当乐趣同你的社会责任感、理想、奋斗目标结合起来时，乐趣便变成了志趣。志趣是你取得成就的根本动力，是成功的重要保证。

（三）兴趣的多样性与职业影响

兴趣是在一定需要基础上，在社会实践中所形成的，兴趣实际上是人的需要的延伸。关于需要的理论，心理学家也有许多论述，其中较为著名的是美国心理学家马斯洛的需要层次论，他把人的需要分成生理需要、安全需要、社会需要、尊重需要和自我实现需要五个层次，并广泛地流传开来。

1. 兴趣的多样性

由于你的需要是复杂多样的，从而决定了你的兴趣也是多种多样的。有的人好动手，有的人好动脑；有的人喜欢与人打交道，有的人喜欢与物打交道；有的喜欢独自钻研，有的喜欢集体协作……这些兴趣、爱好会直接影响到你的职业选择。

2. 兴趣对职业的影响

兴趣是你职业选择的一个基本方面，可以为职业选择提供有效的信息。兴趣可以用来预测你的工作满意感和工作稳定性，工作满意是职业适应的一大标志。

兴趣不代表能力，你对某一特定职业有兴趣并不意味着你能干好这个职业；同样，如果你具有从事某项工作的能力但缺乏兴趣，那么你在该职业生涯上成功的可能性也是非常小的。你只有对某一种职业感兴趣，并且具有该职业所要求的能力才能做好这项工作。

具体来说，兴趣对职业的影响主要表现在以下三个方面。

（1）兴趣是职业选择的重要依据。正像你在日常生活中喜欢从事自己感兴趣的活动一样,具有一定兴趣类型的你更倾向于寻找与此有关的职业(类型),特别是在外界环境限制较小时,你更倾向于选择自己感兴趣的职业。因此,对你的兴趣或兴趣类型有了正确的评估后,就可以预测或帮助你的职业生涯选择。

(2)兴趣可以增强职业适应性。兴趣是最好的老师,有了兴趣就有了做好工作的热情,工作热情又可以促进你能力的发挥,兴趣和能力的合理结合又会大幅提高工作效率。曾有人进行过研究:如果你从事自己感兴趣的职业,则能发挥你的全部才能的 80%~90%,而且长时间保持高效率而不感到疲劳;而对所从事工作没有兴趣,只能发挥你全部才能的 20%~30%。

(3)兴趣影响工作稳定性。兴趣影响工作的稳定,是由兴趣的本质所决定的。兴趣影响你的工作满意度和稳定性,在某些情况下(如不考虑经济因素)甚至具有决定性作用。一般来说,从事自己不感兴趣的职业很难让你感到满意,并由此导致工作的不稳定。

(四)职业兴趣

职业兴趣则是指一个人是否喜爱某种职业,是一种职业选择与态度方面的倾向。

一般情况下,如果个人兴趣类型与岗位对从业者的能力素质要求(职业环境)是一致的,我们就称为有职业兴趣。比如一个善于表达的人从事教师职业,或者一个善于教学研究的人从事计算机软件开发工作等。如果人们对所从事的工作有职业兴趣,就会充分调动和发挥自己的主观能动性,充分开发智力和潜能,即使很枯燥的工作也会变得丰富多彩,趣味无穷,从而增强职业的适应性,而工作满意度也会提高,职业稳定性也会加强,工作绩效也会变好。

反之,如果对所从事的工作没有"职业兴趣",比如一个喜欢与人交往的人,却天天与机器打交道,一个不喜欢与人交往的人,却从事市场销售的工作,这往往导致自身难以做出优秀的工作业绩,必然会降低对工作的热情和积极性,工作满意度也会随之下降,从而产生困惑和迷茫,甚至会对人们的工作和生活质量产生比较严重的影响。

(五)霍兰德的人格—职业匹配论

个性不同,所从事工作的效率、效果也会有差异。美国著名职业指导专家霍兰德教授通过长期从事职业咨询工作实践,对职业生涯进行了深入研究,探讨了人格与职业的匹配,提出了"人职互择理论"。

人格—职业匹配理论的基础是人格特性理论,人格在一定意义上是对社会刺激的反应,是人与环境、与社会互动的反映。人格类型的划分及其理论,比人格特性理论简明方便,是人们进行职业选择及职业定向时常用的理论。

人格—职业匹配理论是将人格与职业均划分为不同的大类,当属于某一类型的人选择了相应类型的职业时,即达到了匹配。社会对个人的指导,也就是达到人格类型与职业类型的匹配。人格与职业的匹配可以是多方面进行,可以扩展到气质与职业匹配、兴趣与职业匹配、能力与职业匹配、价值观与职业匹配等方面。

霍兰德提出的人格—职业匹配理论一直被公认为有效的重要理论和方法。霍兰德从心理学价值观理论出发，经过大量的职业咨询指导的实例积累，提出了职业活动意义上的人格分类，包括现实型、研究型、艺术型、社会型、企业型、传统型六种基本类型，并把社会职业划分成相应的六种类型。

霍兰德的人格—职业匹配论内容见表2-2。

表2-2　霍兰德的人格—职业匹配论内容

类　型	个性特点	适合的职业
现实型（R）——偏好需要技能、力量、协调性的体力活动	害羞、真诚、持久、稳定、顺从、实际	机械师、操作工、厨师、农技师
研究型（I）——偏好需要思考、组织和理解的活动	分析、创造、好奇、独立	生物学家、经济学家、数学家、新闻记者
社会型（S）——偏好能够帮助和提高别人的活动	社会、友好、合作、理解	社会工作者、教师、议员、临床心理学家
常规型（C）——偏好规范、有序、清楚的活动	顺从、高效、实际、缺乏想象力、缺乏灵活性	会计、业务经理、银行出纳员、档案管理员
管理型（E）——偏好那些能够影响他人和获得权力的活动	自信、进取、精力充沛、盛气凌人	法官、房地产经纪人、公共关系专家、小企业主
艺术型（A）——偏好需要创造性表达的模糊，且无规则可循的活动	富于想象力、无序、杂乱、理想、情绪化、不实际	画家、音乐家、作家、室内装潢家

每一种类型的人都有自己的特点和长处，也有一定的不足，无所谓哪一种好些，哪一种差些，而只是与职业类型是否协调、匹配的问题。社会中的人是复杂的，往往不能用一种类型来简单概括，而是兼有多种性格特征。

三、能力与职业

（一）能力简述

高职大学生对事业充满信心。当你面对一份渴望得到的工作时，你可能会毫不迟疑地回答："我行，我一定能胜任这份工作。"你对自己的能力给予充分的肯定，非常愿意通过一些机会来证明自己的能力。

能力是指人们顺利完成某种活动所必须具备的心理特征。能力可分为一般能力和特殊能力。一般能力是指在很多种基本活动中表现出来的共同能力，如观察力、记忆力、抽象概括能力等，通常意义上的一般能力主要是指人的智力能力。特殊能力是指出现在某些专业活动中所必需的多种能力有机结合的能力，如数学能力，音乐能力等。

心理学家在对人的心理特征进行研究的过程中，试图通过量化的方法把抽象化的意识表示出来。美国心理学家桑代克通过因素分析发现了语文、数学、空间、知觉速度、字词流畅性、记忆、推理这七种主要的心理能力之后，以此为基础综合出言语意义理解、数字敏锐度、知觉速度、推理和空间关系识别五类能力倾向，形成了基本心理能力测验量表。

能力倾向测验种类繁多,都可用于职业指导,但与兴趣测验结合起来使用最多的还是多项能力倾向测验,对兴趣测验与能力倾向测验表结合起来应用于职业指导中起到了很好的推动作用。

(二)高职大学生的能力特点

高等职业教育的培养目标是培养面向基层、面向生产和服务一线的应用型、技能型人才。高等职业教育在专业设置上不同于一般本科院校,它是按社会职业或技术岗位需要培养技术应用型人才,强调的是技术应用教育,突出的是学生技术应用和操作能力培养。高职教学课程设置上体现了这一特点,理论课与实操课课程设置应当各占1/2,并通过实训基地建设,加强学生的动手能力训练,增强学生的职业适应能力。高职大学生正处在不断增强各种能力的学习阶段。根据高等职业教育自身的特性,高职大学生应具有以下能力特点。

1. 动手能力强

高等职业教育重在培养技术性人才,在高职教育模式下培养出的学生能够掌握相关的职业新知识、新工艺、新设备、新技术,并具备较强的动手能力和分析、处理、指导、解决一线生产实际问题的能力,学生在校期间基本完成了岗前知识和能力的各种准备。

2. 岗位适应能力强

高等职业教育以就业为导向,根据社会需求确定人才培养目标,针对相应的职业岗位培养人才,高职大学生能很快适应职业岗位。

3. 社会能力强

社会能力是指从事职业活动和社会活动所需的行为能力,包括人际关系、职业道德、语言与文字能力等,是在开放的社会生活中每个人必备的基本素质。高等职业教育是以职业能力为核心的教育,职业院校重视学生社会能力的培养,通过参与社会活动或第二课堂活动注重培养学生的社会能力。一般而言,高职大学生进入社会后,处理事情会表现得比较冷静、沉着,应对环境变化的能力强。

4. 职业意识强

高等职业教育是以就业为导向的教育,专业设置与社会职业岗位相对应,职业定位清晰,学生职业定向明确。学习的目的性、针对性强,学生就业意识强。

(三)能力与职业的匹配

每个人具备的能力不同,选择的职业就会有差异。从能力差异的角度来看,在选择职业时应遵循下列原则。

1. 能力类型要与职业相吻合

研究表明,职业可以根据工作的性质、内容和环境划分为不同的类型,并且对人的能力也有不同的要求。

首先，要注意能力水平与职业类型基本一致。对一种职业或职业类型来说，由于所承担的责任不同，可分为不同层次，对人的能力有不同要求。因此，在根据能力类型确定了职业类型后，还应根据自己所达到或可能达到的能力水平来确定相吻合的职业层次。

其次，要充分发挥能力倾向原则。能力倾向指的是一个人的潜能，即其能力的发展前景和未来可能的潜在成就。它包括人的身体条件、智能、性格、兴趣等是否适合某个方面的职业领域。大学生在进行职业生涯规划时，更应该注重自己的能力倾向。可以通过能力倾向测评准确地掌握自己的能力倾向，更好地确定自己的职业发展方向，使自己得到充分的发展。

每个人都具有一个由多种能力组成的能力系统，在这个系统中，每个人各方面能力的发展是不平衡的，常常是某方面的能力占优势，而另一些能力则不太突出，选择职业时应选择最能运用优势能力的职业。

2. 一般能力要与职业相吻合

一般能力即智力能力，包括注意力、观察力、记忆力、思维能力和想象力等。不同的职业对人的一般能力的要求是不同的，有些职业对从业者的智力水平有绝对要求，如大学教师、科研人员、律师等都要求有较高的智商。智力在很大程度上决定着人们所从事的职业类型。

3. 特殊能力要与职业相吻合

特殊能力又称专业能力，也称特长，是指从事某项专业活动的能力。要顺利完成某项工作，除要具有一般能力外，还要具有该项工作所要求的特殊能力。例如，数学研究需要具有计算能力、逻辑思维能力和空间想象能力；画家需要具备较强的颜色识别能力等。一般认为，计算能力、音乐能力、绘画能力、写作能力、动作协调能力、空间想象能力等都是特殊能力。

顺便指出，心理学实践证明，人的特殊能力与智力的关系很小。个人具有较强的智力水平，可能会有一些特殊的才能，但也可能缺乏某些如音乐、美术的特殊能力；而那些有美术、音乐才能的人，其聪慧性既可能在平均水平之上，也可能在平均水平之下。智障人周舟的智商只相当于3岁儿童，但他却能担当专业乐团的指挥。所以，不能从一个人的能力倾向来推测他的智力，同样也不能从他的智力水平来推测他的特殊能力。

（四）职业能力的培养

1. 分析个人职业能力

分析总结过去的成就事件，对自己的能力排序，澄清自己所具备的职业能力，常用的有"成就故事清单"等方法。

练习：成就故事清单

请写下生活中令你有成功感的具体事件，然后对其进行分析，看看你在其中使用了哪些技能,尤其是可迁移技能。这些"成就事件"不一定是工作或学习上的,也可以是课外活动或家庭生活中发生的,比如同学聚会、一次美好而难忘的旅游等等。不必是惊天动地的大事,只要符合以下两条标准,就可以被视为"成就":①你喜欢做这件事情时体验到的感受;②你为完成它所带来的结果感到自豪。如果同时你还获得了他人的认可和表扬那就更好了。

在撰写成就故事时,每一个故事都应当包含以下要素。

(1) 你想要达到的目的,即需要完成的事情。

(2) 你面临的障碍、限制或困难。

(3) 你的具体行动步骤,即你是如何一步一步克服障碍、达成目标的。

(4) 对结果的描述,即你取得了什么成就。最好能够量化评估(用某种方法衡量或以数据说明)。

(5) 至少写出七个故事(越多越好)。如果有条件,请和两三个同伴一起逐一进行分析讨论,在其中你都使用了一些什么样的能力。最后看看在这些故事中是否有重复出现的技能,它们就是你喜爱施展也擅长的能力,将这些能力按优先次序进行排列。

2. 提升职业能力和就业竞争力

职业教育是就业教育。高等职业教育在课程设置上重视职业能力的培养,高职大学生的职业能力是靠学习过程中不懈的努力换来的。最终是否具备较强的职业能力,要依靠个人不懈的奋斗,要始终把学习的目标放在职业能力的提高和发展上。

(1) 始终注重行为养成习惯的培养,形成健全的职业人格。

(2) 重视专业知识和技能的学习,用扎实的专业能力叩开职业之门。

(3) 始终重视培养团队合作精神,通过实现职业活动目标实现人生价值。

(4) 始终重视责任感培养,不担责任不能胜任职业。

【案例】

分析你的成就

张磊是一名高职院校二年级的学生,当朋友们需要策划一件事时都愿意向他请教。在张磊小的时候,是个出了名的淘气包,一直惹上不少麻烦。当他长大后,他开始从涉及小把戏转为做策划。张磊做起策划来驾轻就熟,而且自认为没有什么特殊才能,可他的朋友认为他是一个天才。

张磊在大学期间担任学生会副主席,有一次负责迎新系列活动,他把文艺部的成员们分成若干个小组,分别负责宣传、节目、布置等。最后迎新活动极其成功。

在职业生涯规划课上,张磊需要分析成就故事,他采用这次迎新活动为例子,描述了他的最初策划,怎样组织和分配工作,怎样列出一项工作检查清单,怎样与每个人保持沟通。从老师给大家的一份能力清单中,张磊发现自己具备领导力、创造力、沟通能力、决心、组织力、相信他人、依靠他人、关注细节等能力,正是这些能力使他圆满完成了一个迎新活动。

在毕业之后，张磊认真分析自己的性格特点和自身能力，果断开始创业，成立文化策划公司。半年后就成立了自己的营销策划公司，业务规模逐渐扩大。

思考题：

（1）还有哪些职业需要张磊所拥有的能力？

（2）是否有些人天生就拥有组织能力？如果不是，那么人们怎样才能开发这类能力？

（3）列出一些你曾经完成的活动或课程，指出其中涉及的你已经习以为常的能力。

大学期间如何做好职业生涯规划呢？第一，要树立正确的职业理想。大学生一旦确定自己的理想职业，就会依据职业目标规划自己的学习和实践，并为获得理想的职业积极准备相关事宜。第二，正确进行自我分析和职业分析。自我分析即通过科学认知的方法和手段，对自己的兴趣、气质、性格和能力等进行全面分析，认识自己的优势与特长、劣势与不足。职业分析是指在进行职业生涯规划时，充分考虑职业的区域性、行业性和岗位性等特性，比如职业所在的行业现状和发展前景，职业岗位对求职者要求的自身素质和能力的要求等。第三，构建合理的知识结构。要根据职业和社会发展的具体要求，将已有知识科学地重组，构建合理的知识结构，最大限度的发挥知识的整体效能。第四，培养职业需要的是能力。除了构建合理的知识结构外，还需具备从事本行业岗位的基本能力和专业能力。

四、个人角色重塑

社会学家说过，如果我们以某种共同的眼光去看待一个人，认为他会成为什么样的人，他就能成为什么样的人。其实就是讲了对一个人角色定位的问题，体现了要怎样对待这个人，经过教育培养能塑造成何等人才。中共中央、国务院颁布《关于深化教育改革全面推进素质教育的决定》精神，要培养学生创新精神和实践能力。在培养过程中，学生不能处于被动塑造的地位，而要主动实现自我重塑。

作为成长在新时代、求职在新时代、发展在新时代的一代人，大学生更应该把握时代大势，树立生涯发展自信、锻造核心竞争力，重塑个人角色，成长为自己最希望变成的样子。

（一）转换学习理念

未来社会，人与人之间的竞争将是综合素质的竞争，而人的综合素质中，除了与生俱来的天赋外，所有的能力都是通过后天的努力得来的。因此学习能力就成为未来社会人的核心竞争力。

传统的学习是按照学校教学大纲的学分要求，完成基础课程和专业课程的学习，这种方式忽视了课程的扩展和知识的交叉融合，因此作为职业院校的学生必须结合自己的兴趣和职业定向，在实践中学习、思考，不断探索学习新的知识领域。积极主动，紧跟时代，主动接受新鲜的知识。

作为大学生应珍惜时间。古人说："一寸光阴一寸金，寸金难买寸光阴"。学习过程不仅是对智力的考验，更是对个人毅力的检验。大学生必须确立学习目标，目标明确才会产生学习的动力。当然,适当的社交、旅游等活动是增进沟通与交流的必要途径,但应牢记"业精于勤而荒于嬉"的道理。

学习过程中要克服认识上的片面性。高校现有的专业及课程设置,都是为大学生适应社会需求、提高综合素质以及专业能力而设立的。选修课的设置,更为大学生搭建了一个扩大知识领域的平台,重专业课轻公共课及选修课的片面认识要彻底纠正。

通过参与团队协作来提升自学能力。在大学期间,会有各种各样的社团或者组织,也经常有各种比赛和项目,如果我们能够参与到一个项目的创作制作中,对于提高我们的自学能力是非常有帮助的。在一个团队中,每个成员都有自己的职责,在项目的推进中,肯定会遇到阻力和困难,遇到自己尚未掌握的知识,那么来自团队中的责任会驱使你去学习新的东西,以帮助团队项目的顺利完成。

应培养终身学习的意识。在科技发展日新月异的今天,大学生应把学习当作一种责任、一种追求、一种境界。将来要在社会上发展,就不能停止学习和进步。如果没有了丰富的知识储备,也就失去了智慧的源头。

要培养信念坚定、意志顽强、锲而不舍的精神。古人把读书称作"寒窗苦读",意为读书的确是很辛苦的事情。大学生要耐得住寂寞,经得住烦躁。当学习倦怠时,品读王国维《人间词话》中的"治学三境界":①昨夜西风凋碧树,独上高楼,望尽天涯路;②衣带渐宽终不悔,为伊消得人憔悴;③众里寻她千百度,蓦然回首,却在灯火阑珊处。只要读出了其中的意味,就会增强毅力和信心。

(二)提升应对能力

未来世界的工作生活必然比现在的智能程度高。如果不能与智能社会同步发展,就像今天还不会上网一样,肯定是落伍的。

为了应对未来的人工智能时代和多变的社会,我们应该提升应对新时代的能力。

第一种能力是与人工智能相处的能力,是围绕人工智能发展产生的需求,这一个领域要求人能理解人工智能,改进或发展人工智能,或者至少能够与人工智能工具和谐相处,并利用工具做事,正如今天我们可以借助移动互联网发展自己的事业版图。

未来围绕人工智能会有一系列衍生职业,甚至行业,即使不懂得人工智能背后的技术原理,只要能充分理解它的应用场景,也仍然可以最大限度利用人工智能工具,改善生活和社会。例如利用人工智能完成营销和客户服务,借助人工智能进行市场数据分析,将人工智能用于改善物流或者系统功耗,以达到更高效率、更方便快捷的社会生活。

第二种能力是与人相处的能力,是人际沟通领域的需求。在未来很长一段时间,人与人沟通交流仍然是不可取代的一方面。即使人工智能进一步大力发展,它们离理解人类世界和人类心思仍然有较大差距,因而不可能完全替代人际沟通。尤其人工智能接管大量基础单一型工作之后,人与人沟通会是需求更广的领域,剩下的绝大多数职位和需求可能都集中在需要人与人大量沟通协作的领域。

第三种能力是超越人工智能的能力,也就是做那些人工智能难以做好的事情,给人工智能指引方向。第一种能力只是围绕人工智能工具做现有的事，而第三种能力是去开拓人工智能仍然难以做到的事。在这个领域，我们需要了解，有什么是人工智能仍然做不到的。这些专属于人类心智上的皇冠，一定是未来需求最强烈的能力。这些能力包括常识、抽象思维、跨学科认知、感知他人心思和情感、元认知、对不确定价值目标进行抉择等，要有跨专业的创造力。

（三）修炼未来人格

修炼未来人格，成为未来职业准备的重中之重。

未来的人格，需要做以下修炼。

（1）明辨是非，道德高尚。职场竞争，往往是重复博弈，如果一个人有足够好的品行，即使能力有限，也容易获得机会。反之，大家就会对其有所防范，也不大容易达成合作。

（2）勇气和魄力。面对快速变化的职场，不能犹豫不定，畏缩不前，这样会丧失很多机会。

（3）个人信用。在大数据和互联网的帮助下，个人信用将会得到跟踪和量化，将与职业发展、财富聚集紧密相连。

（4）独立思考能力。面对海量的信息，能够做到不唯书、不唯上、不唯权、不跟风、不轻信，才可以成为生活的强者。

（5）好奇心、想象力和创造力。

（6）抗挫折能力。

（7）高雅的兴趣爱好。高雅的兴趣爱好不一定能直接帮助个人获得金钱，但一定可以帮助一个人抵御生活的压力，获得高雅的友谊。

第二节　职业价值观

【案例导入】

关于鱼和熊掌的困惑

小张已经高职三年级了，很快就面临毕业找工作的问题，是找一份收入一般但稳定且福利好的工作，还是找一份薪水较高但挑战很大且不稳定的工作？家长说女孩子找一个离家近、轻松简单的工作就好了，可是小张还想趁着年轻奋斗一把，她看到宿舍实习同学每天穿着精致的职业装早出晚归很是羡慕，但又怕只是表面风光，其实累得要命。同学们有时候讨论去当大学生村官、去人才稀缺的西部，说那样对未来发展好，这些是否适合自己？

案例分析："鱼和熊掌，我到底要什么？""什么是好工作？什么是适合自己的工作？""在哪项工作中，我能真正开开心心地投入并实现自己的价值？"这些困惑应该是每个人面临择业、需要做出职业决策时都要面对的。职业价值观的探索可以帮助我们回答这些问题。

一、探索职业价值观

（一）价值观概念

价值观是指一个人对周围事物的是非、善恶和重要性的总的评价和看法。价值观是一种稳定且持久的基本信念，是一个人对特定事物行为或目标的持久性偏好或评断标准，进而引导个体行为，满足个体需求，它使人对各种事物，如家人、朋友、工作、金钱、权力等的评价在心目中有轻重主次之分。价值观往往容易被看作仅属于认知的范畴，其实它通常是充满着情感和意志的。价值观为人自认为正当的行为提供充分的理由，是浸透于整个个性之中支配着人的行为、态度、观点、信念、理想的一种内心尺度。

价值观是我们在生活和工作中，所看重的原则、标准和品质。价值观指向我们内心最重要的东西，它是我们强大的内在驱动力，是引导行为的方向，是自我激励的机制。

（二）价值观与需求

价值观是人对于事物的价值特性的认识，价值观的最终目的在于按照主体生存与发展的需要来有效地配置价值资源，因此人的需求层次结构在根本上决定着价值观的层次结构。不同的人有不同的需求，一个人在不同的时间阶段，其需求也会有相应的变化。

马斯洛的需要层次理论认为人的需求有不同层次。美国社会心理学家马斯洛曾经将人的需求划分为五个层次，依次是生理需求、安全需求、情感需求、尊重需求和自我实现需求。这个理论有两个基本点。

（1）人的需求是有层次的，某一层次的需求得到满足后，更高层次的需求才会出现。

（2）某一层次的需求一旦得到满足，便不能再起激励的作用。

人不同层次的需求在我们的工作生活中反映出来，就体现为不同层次的价值观（见表 2-3）。

表 2-3　不同层次需求与价值观的对应表

需 求 层 次	价　值　观	
自我实现需求	发展和成长、兴趣、创造、社会意义	精神性价值观
尊重需求	事业与成就、社会地位、声望、自主性	
情感需求	人际关系、团队与合作、友情与关爱	
安全需求	工作稳定、工作环境、社会保险	物质性价值观
生理需求	经济保障、工资待遇、福利条件	

（三）职业价值观概念

职业价值观是个人追求的与工作有关的目标，是个体价值观在职业上的反映，或者可以称之为工作价值观，是指无论你从事什么工作，都会努力在工作中追求的东西。

从另一个角度来讲，工作价值观就是你最期待从工作中获得的东西。职业价值观是人们在选择职业时的一种内心尺度。它是指人生目标和人生态度在职业选择方面的具体表现，也就是一个人对职业的认识和态度及其对职业目标的追求和向往。理想、信念、世界观对于职业的影响，集中体现在职业价值观上。职业价值观决定了人的职业期望，影响职业方向和职业目标选择，决定了就业后的工作态度和工作绩效水平，从而决定了职业发展的质量。

由于个人的身心条件、年龄阅历、教育状况、家庭影响、兴趣爱好等方面不同，人们对各种职业也有着不同的主观评价。

由于社会分工的发展和生产力水平的影响和限制，各种职业在劳动性质的内容、劳动难度和强度、劳动条件和待遇、所有制形式和稳定性等诸多问题上，都存在着差别。劳动内容、劳动手段、劳动方式、劳动对象等的不同，决定了每种职业都有各自的特性。加上传统思想观念等影响，各类职业在人们心目中的声望地位便也有好坏高低之分，这些评价影响了人们的职业价值观。

价值观是可以发生变化的，个人由于所处的生涯发展阶段、社会环境不同，他的需求会发生改变，从而可能导致价值观的改变。当今多元社会中价值观的冲击也会导致原有价值观体系的混乱乃至改变。因此价值观需要不断地澄清和审视。

（四）劳动精神和工匠精神在职业价值观中的体现

党的二十大报告指出，"统筹推动文明培育、文明实践、文明创建，推进城乡精神文明建设融合发展，在全社会弘扬劳动精神、奋斗精神、奉献精神、创造精神、勤俭节约精神，培育时代新风新貌。"

劳模精神和工匠精神这两种精神继承了中华优秀传统文化中劳动文化的精髓，都立足于职业岗位，取得了突出业绩，做出了重要贡献，具有共同的价值导向；都练就了卓越技能，用个人的劳动实践阐释了劳动的境界，具有共同的价值实现，是提高社会文明程度的重要体现。纵观不同时期的劳动模范，有许多劳动模范也堪称大国工匠，而今日很多大国工匠也无愧于劳动模范的荣誉称号。劳模精神和工匠精神都是以爱国主义为核心的民族精神和以改革创新为核心的时代精神的生动体现。劳动精神和工匠精神植根于中国一代代伟大劳动者职业价值观中，它们充分调动起广大劳动人民的积极性、主动性和创造性，最大限度地聚合起人们饱满的奋斗热情，从而为建功新时代、实现中国梦凝聚起磅礴的中国力量。

劳动模范是时代的先锋、民族的楷模，他们身上承载和彰显的劳模精神一直发挥着引领作用，丰富和拓展了中国精神内涵，充分展现了我国新时代工人阶级和劳动群众的高度自信，已成为社会主义核心价值体系的重要组成部分。进入新时代，我们要深刻把握劳模精神的崭新意蕴与当代价值，大力弘扬劳模精神，推动全社会形成尊重劳动、劳动光荣的良好风尚。

回顾灿烂的中华文明史，中国人民劳动精神的形成与劳动人民的生产和生活实践以及中华民族崇尚劳动的传统文化密不可分。在我国传统文化中，一向推崇对劳动实践的认同、对劳动精神的传承、对劳动文化的传播。远古时代,钻木取火、神农氏教民稼穑、大禹治水的劳动故事就广为流传。明朝时期宋应星所著的《天工开物》收录了农事、手工制造诸如机械、兵器、火药、纺织、染色、制盐、采煤等技术,集中体现了古代劳动人民在自然科学、工业制造等方面的劳动创造和发明成就。中华儿女用辛勤的劳动创造了中国灿烂的历史文化,锻造了中国人朴实、勤奋的优秀品格。这一品格始终贯穿于社会生产的发展和实践当中,不断推动生产力的进一步发展,艰苦奋斗、甘于奉献、不为名利的劳动精神也在历史文化中熠熠生辉。我国优秀的传统劳动文化,为劳模精神的形成注入了民族文化基因,让劳模精神成为创造民族辉煌的根本力量和推动民族继续向前发展的精神支柱。同时,劳模精神又是对中华优秀传统文化中生生不息崇劳厚生精神因子的继承与阐发。

在抗击新冠肺炎疫情全民战争中,广大产业工人,尤其是大批劳动模范,积极参与到疫情防控的各条战线中,以艰苦卓绝的劳动创造了中国速度,谱写了一曲曲抗疫赞歌,充分体现了产业工人在非常时期的非常担当,彰显了中国特色社会主义制度的显著优势。在新时代,应充分发挥劳动模范和工匠人才的示范带动和价值引领作用,培养造就更多劳动模范、大国工匠,努力打造一支有理想守信念、懂技术会创新、敢担当讲奉献的宏大产业工人队伍,建设知识型、技能型、创新型劳动者大军。

工匠精神是一种严谨认真、精益求精、追求完美、勇于创新的精神。党的十八大以来,习近平总书记多次强调要弘扬工匠精神。党的十九大报告提出"弘扬劳模精神和工匠精神"。党的十九届四中全会《决定》提出"弘扬科学精神和工匠精神"。在新时代大力弘扬工匠精神,对于推动经济高质量发展、实现"两个一百年"奋斗目标具有重要意义。

我国自古就有尊崇和弘扬工匠精神的优良传统,一些工艺水平在世界上长期处于领先地位。瓷器、丝绸、家具等精美制品和许多庞大壮观的工程建造,都离不开劳动者精益求精的工匠精神。《诗经》中的"如切如磋,如琢如磨",反映的就是古代工匠在切割、打磨、雕刻玉器等时精益求精、反复琢磨的工作态度。《庄子》中讲庖丁解牛游刃有余,"道也,进乎技矣。"可以说,我国古代非常注重工匠精神,形成了"尚巧工"的社会氛围。新中国成立以来,我们党在带领人民进行社会主义现代化建设的进程中,始终坚持弘扬工匠精神。无论是"两弹一星"、载人航天工程取得的辉煌成就,还是高铁、大飞机等的设计与制造,都离不开工匠精神,都展现出我们对工匠精神的继承与发扬。

劳模精神、工匠精神与中华民族伟大复兴相托相生。习近平总书记指出,实现我们的奋斗目标,开创我们的美好未来,必须紧紧依靠人民、始终为了人民,必须依靠辛勤劳动、诚实劳动、创造性劳动。实现中华民族伟大复兴的中国梦,是中华民族近代以来最伟大的梦想,这个梦想凝聚了几代中国人的夙愿。现在,我们比历史上任何时期都更接近这一目标。作为新时代大学生,要将工匠精神和劳模精神融入职业价值观中,以实现中华民族伟大复兴的中国梦为己任,创造民族辉煌。

(五)职业价值观的意义

职业价值观是一个人对各种职业价值的基本认识和基本态度。俗话说:"人各有志。"这个"志"表现在职业选择上就是职业价值观，它探讨人们在职业选择和职业生活中，在众多的价值取向里，优先考虑哪种价值。当我们有矛盾冲突或妥协放弃时，经常是出于职业价值观的考虑。

职业价值观是一种具有明确的目的性、自觉性和坚定性的职业选择态度和行为。对一个人的择业动机、职业目标和职业方向的选择起着决定性的作用。由于职业价值观的不同，有的人喜欢平稳安定的职业；有的人喜欢富于挑战刺激的职业；有的人喜欢领导和指挥别人的职业；有的人喜欢能赚钱的职业等。因此，认真分析和了解个人的职业价值观，对职业定位、职业生涯规划有重要意义。

价值观对动机模式有重要影响。在同等客观条件下，具有不同价值观的人，其动机模式不同，产生的行为结果也不同。因此，不同价值观在职业选择中也有不同作用。

1. 负面价值观阻碍职业选择

负面价值观一般是指消极、偏私、对抗、缺乏合作精神等观念。在职业选择过程中，过度关注自我、过分看重金钱、缺乏协作精神、不顾整体利益等观念和做法，都会影响个人的职业选择和发展进步。受不正确的价值观影响，有些学生在择业时会产生失望、彷徨等消极的心理状态，导致心理不和谐，引发不健康的学习生活状态。因此，如何培养正确的价值观成为学校和个人都应高度重视的问题。

2. 正确价值观促进职业选择

正确的价值观是指符合社会主义核心价值观的观念。社会主义核心价值观的内容分为国家、社会和个人三个层面。在国家层面，倡导富强、民主、文明、和谐；在社会层面，倡导自由、平等、公正、法治，指的是人与人之间的关系，人与集体之间的关系；在个人层面，倡导爱国、敬业、诚信、友善，是公民个人的价值准则。正确的价值观可以把自身发展与社会需要有机结合，建立乐于服务社会的职业理想，找到适合自己的职业。例如，在职业价值观中看重职业发展因素的学生，往往具有很强的进取心，主动了解所选单位，就业准备充分，善于学习，更容易快速入职、快速发展。

（六）探索职业价值观活动

1. 拟物想象

人只要面对选择，就会启动价值观去影响决策。所以把各种可能的"决策"情境都盘点出来，就可以反向分析一个人内在的价值观追求。下面这些拟物想象的句子，可以激发人思考自己"更看重什么"。

假如我是一种动物，我希望是_____，因为_____。

假如我是一种花，我希望是_____，因为_____。

假如我是一棵树，我希望是_____，因为_____。

假如我是一种食物，我希望是_____，因为_____。

假如我是一种交通工具，我希望是_____，因为_____。

假如我是一档电视节目，我希望是_____，因为_____。

假如我是一部电影，我希望是_____，因为_____。

假如我是一种乐器，我希望是_____，因为_____。

假如我是一种颜色，我希望是_____，因为_____。

假如我是一种软件，我希望是_____，因为_____。

假如我是一种武器，我希望是_____，因为_____。

假如我有万能的力量，我希望是_____，因为_____。

从这些拟物想象中，可以看出你最看重的是什么？你的价值观是什么？

2. 价值观拍卖

假设你正在参加一次有关工作、生活价值观的拍卖活动。所有拍卖物品的底价都是 500 元，每次竞拍报价需要以至少 100 元，但不超过 1000 元的幅度上升。每种物品只能有一个认购的机会，现在你手里有 5000 元。请浏览以下拍卖品清单，然后决定你将如何参与拍卖。请好好把握这一生仅有的一次机会！以小组为单位进行此项活动。

生活价值	为此项分配的金额	最高报价	成交价
家庭	_____	_____	_____
健康	_____	_____	_____
自由	_____	_____	_____
安全感	_____	_____	_____
成功	_____	_____	_____
爱	_____	_____	_____
和谐	_____	_____	_____
探险	_____	_____	_____
自然	_____	_____	_____
创造价值	_____	_____	_____
信仰	_____	_____	_____

工作价值	为此项分配的金额	最高报价	成交价
物质保障	_____	_____	_____
成就	_____	_____	_____
名誉	_____	_____	_____
独立自主	_____	_____	_____
服务他人	_____	_____	_____
多样性	_____	_____	_____
创造性	_____	_____	_____
挑战性	_____	_____	_____
人际交流	_____	_____	_____
担负责任	_____	_____	_____

发展与成长　　＿＿＿＿＿＿　　＿＿＿＿＿＿　　＿＿＿＿＿

请列出你最想购买的物品以及你愿意为之付出的最大金额：

价　值　　　　　　　　　　最高报价

＿＿＿＿＿＿　　　　　　　　＿＿＿＿＿＿

＿＿＿＿＿＿　　　　　　　　＿＿＿＿＿＿

＿＿＿＿＿＿　　　　　　　　＿＿＿＿＿＿

＿＿＿＿＿＿　　　　　　　　＿＿＿＿＿＿

总计：￥5000

二、树立职业理想

职业理想是人生对未来职业的向往和追求，帮助大学生树立坚定正确的职业理想是高校对大学生职业教育的切入点和核心内容。大学生的职业理想是他们人生职业实现的精神支柱，它对促进大学生在学业上奋发进取，顽强拼搏，完善自我，实现未来人生的职业目标有积极的促进作用。

（一）职业理想的概念

职业理想是依据社会要求和个人条件，借想象而确立的奋斗目标，即个人渴望达到的职业境界。它是人们实现个人生活理想、道德理想和社会理想的手段，并受社会理想的制约。职业理想是人们对职业活动和职业成就的超前反映，与人的价值观、职业期待、职业目标密切相关，与世界观、人生观密切相关。社会的分工、职业的变化，是影响一个人职业理想的决定因素。生产力发展的水平不同、社会实践的深度和广度的不同，人们的职业追求目标也会不同，因为职业理想总是一定的生产方式及其所形成的职业地位、职业声望在一个人头脑中的反映。

青年一代要肩负起时代赋予的重任，志存高远，脚踏实地，努力实现中华民族伟大复兴的"中国梦"。所以，在任何情况下，当代青年都应该有一个长远而又切实的职业理想。

（二）职业理想的特点

1．职业理想的差异性

职业是多样性的。一个人选择什么样的职业，与他的思想品德、知识结构、能力水平、兴趣爱好等都有很大的关系。政治思想觉悟、道德修养水准以及人生观决定着一个人的职业理想方向。知识结构、能力水平决定着一个人的职业理想追求的层次。个人的兴趣爱好、气质性格等非智力因素以及性别特征、身体状况等生理特征也影响着一个人的职业选择。因此，职业理想具有一定的个体差异性。

2．职业理想的发展性

一个人的职业理想的内容会因时因地因事的不同而变化。随着年龄的增长、社会阅历的增强、知识水平的提高,职业理想会由朦胧变得清晰,由幻想变得理智,由波动变得稳定。因此,职业理想具有一定的发展性。孩提时代,想当一名警察,长大后却成了一名教师的事实就说明了这一点。

3. 职业理想的时代性

职业理想是一定的生产方式及其所形成的职业地位、职业声望在一个人头脑中的反映。社会的分工、职业的变化,是影响一个人职业理想的决定因素。生产力发展的水平不同、社会实践的深度和广度的不同,人们的职业追求目标也会不同。如随着计算机的诞生,产生了与之相关的计算机工程师、软件工程师、计算机打字员等职业。2004 年 8 月国家向社会发布第一批 9 个新职业以后,国家劳动和社会保障部又陆续向社会发布十三批新职业,2020 年拟新增职业 10 个包括区块链工程技术人员、社区网格员、互联网营销师、信息安全测试员、区块链应用操作员、核酸检测员、在线学习服务师、社群健康助理员、老年健康评估师、增材制造(3D 打印)设备操作员。这些新职业基本上都集中在现代服务业,主要是管理、健康、设计和制作。其特点是不仅要求从业人员有较高的理论知识素养,而且要求有较强的动手能力,属于高技能人才中知识技能型人才。

(三)职业理想的重要性

1. 导向作用

理想是一个人前进的方向,是心中永恒的目标。人生发展的目标通过职业理想来确立,并最终通过职业理想来实现。在学习生活中有了明确的、切合实际的职业理想,再经过勤奋和努力,人生发展目标就会得以实现。

2. 调节作用

职业理想在现实生活中具有参照系的作用,职业理想指导并调整着我们的职业活动。在工作中偏离了理想目标时,职业理想就会发挥纠偏作用,尤其是在实践中遇到困难和阻力时,如果没有职业理想的支撑,人就会心灰意冷、丧失斗志。一旦树立正确的职业理想,无论是在顺境或者是在逆境,都会奋发进取,勇往直前。

3. 激励作用

职业理想源于现实又高于现实,它比现实更美好。为使美好的未来和宏伟的憧憬变成现实,人们会以坚忍不拔的毅力、顽强的拼搏精神和开拓创新的行动去为之努力奋斗。

(四)树立正确的职业理想

1. 处理好职业价值和金钱的关系

很多求职者被问到"职业理想"的时候,给出的答案是:月薪过万元,或者进入全球 500 强企业。

金钱是一种成就的报酬,它是在确定职业价值观时首要面对的问题。有些经济条件不大好的毕业生求职时,将金钱作为首选目标,从根本上来讲并未有错。但是对于大多数人来说,现在拥有的知识、能力、经历和阅历还不足以使其一走上社会就获得大量金钱回报。怀有一夜暴富的心理是危险的,容易误入歧途。特别是面对严峻的就业形势,更应理性地降低对金钱的期望。把眼光放远一些,应尽可能将自我成长和自我实现作为毕业求职时的首选价值。所以,在确立职业理想时要考虑到这个前提——高薪并不等于职业理想。我们生命的价值不在于拥有多少钱,而在于做了多少有意义的工作。还有一些研究告诉我们,那些追求理想的人,在多年以后比那些只追求金钱的人会赚到更多钱。

2. 处理好淡泊名利和追逐名利的关系

名利是人的欲望使然,欲望可以使人成就大的事业,也可使人自我毁灭,以合理、合法、公正、公平的方式追名逐利,在一定程度上对个人和社会都会有益,但它需要有限度,该知足时则知足,该进取时则进取。

3. 处理好职业价值观与个人兴趣和特长的关系

职业价值观、个人兴趣和特长是人们在择业时需要考虑的最重要的三个因素。职业价值观要与自己的兴趣和特长相适应。据调查,如果一个人从事自己不喜欢的工作,有80%的人难以在他选择的职业上成功;而如果选择了自己喜欢的工作则可以充分调动人的潜能,获得职业发展的源动力。此外,选择一项自己擅长的工作,也会事半功倍。

4. 处理好职业价值观的排序与取舍的问题

职业价值观的特性决定人们不会只有唯一的职业价值观,人性的本能也会驱使人们希望什么都能得到,但在现实生活中"鱼和熊掌是不可兼得的"。然而在职业选择中,人们却不能理性对待。既然是选择,就要有取舍。所以,要对自己的职业价值观进行排序,找出你认为最重要、次重要的方面,并提醒自己不可能什么都得到。否则就会患得患失,终其一生也不清楚自己到底想要什么,更谈不上职业生涯的成功和对社会的贡献了。

5. 处理好职业价值观中个人与社会的关系

人不能离开社会而独立存在,个人只有在工作中为社会做贡献才能实现自己的职业价值。当然我们并不是说要忽略择业中的个人因素,只去尽社会责任,这样不但不利于个人,也是社会的损失。我们反对只为个人考虑、毫不考虑国家和社会需要的职业价值观。

6. 处理好职业价值观与实现中华民族伟大复兴中国梦的关系

青年学生肩负历史使命,勇担时代责任,要求我们坚定理想信念,胸怀报国之志。树立正确的价值观,做出正确的价值判断和选择,以人民群众的利益为最高标准,在劳动和奉献中创造价值,这是实现价值的根本途径。①实现人生的价值,需要充分发挥主观能动性,发扬顽强拼搏、自强不息的精神;②需要努力发展自己的才能,全面提高个人素质;③需要有坚定的理想信念,有正确价值观的指引。

【案例】

有梦想谁都了不起

如果你是扬州技师学院的学生,有一天在课堂上遇见了与自己差不多大的教师,请不要惊讶。吴晋卿技能大师工作室在江苏省扬州技师学院授牌成立,这位19周岁的"小木匠"被这所国家重点技校正式聘为在编教师。

吴晋卿是安徽黄山人,2014年初中毕业,进入休宁第一高级职业中学学习木工。"我父亲也是一名木工,选择学木工有这方面的原因。"这位腼腆的小伙说,兴趣是最好的老师,再苦再累对自己也是一种享受。

有梦想,有机会,更重要的就是奋斗。能够拿到技能大赛的奖牌,是这些技工长期艰苦训练的结果——吴晋卿,摘得了家具制作项目银牌,创造了中国代表团在该项目上的最好成绩。生于皖南小山村一个木匠之家的他,每天都在工作台与图纸、木料、机器打交道,近两年来每天训练12小时。他布满老茧的手便是奋斗的见证。

两年一届的世界技能大赛被誉为"世界技能奥林匹克",代表了当今职业技能的世界最高水平。人们越来越多地认识到技能的重要性,越来越多的年轻人找到了人生方向。

用职业技能做出一番作为这个梦,是诸多年轻人的个人梦。在接受采访时,世界技能大赛数控车床项目金牌获得者黄晓呈感慨:"技能成才这条路,我选对了!"中国梦,归根到底是人民的梦。无论国家、社会还是个人,梦想都是保持生机、激发活力的源泉。每个人对美好生活的向往,对人生出彩的渴望,都是中国梦最富活力的构成。特别是年轻人,他们有梦想,国家有希望;他们梦想成真,国家就朝气蓬勃。

【技能训练】

训练项目1 气质测量及职业分析

训练目的:通过进行气质测量,帮助了解自身特有的气质特点,认知个体特征,并结合第一章了解的各职业特点,帮助选择职业,为职业生涯规划做准备。

训练内容:完成60道气质测量试题(详见附件3),判断气质类型。

训练过程:按照答题要求,记分规则,统计方法,完成本测试。

训练结果:个人气质类型测试评价。

训练项目2 职业兴趣测试

训练目的:通过一些心理问题进行测试,帮助你认识自己的兴趣方向。

训练内容:完成45道职业兴趣测试题(详见附件4)。

训练过程:按照答题要求,记分规则,统计方法,完成本测试。

训练结果:写出个人兴趣特点分析与评价。

训练项目3 职业能力分析

(1)表2-4中每项能力的满分为10分,给自己的每项能力打分。

表 2-4　多元职业能力自测表

能力类型	含　义	分数(满分为 10 分)
语言能力	听、说、读、写能力	
逻辑思维能力	根据需求有效果地传递信息。用数学方法来解决问题。用科学的原理和方法来解决问题。运用逻辑推理来判定解决问题的建议、结论和方法的优缺点	
管理能力	绩效监督、协调安排、说服他人、谈判技能、指导他人、解决复杂的问题、判断和决策、时间管理、财务管理、物资管理、人力资源管理具体专业操作技能方面的能力	
动手能力	具体专业操作技能方面的能力	
身体协调能力	运用四肢和躯干的能力，表现为察觉、体验他人情绪和情感的能力	
沟通能力	理解工作文件的句子和段落、理解对方讲话的要点，适当地提出问题。交谈中有效果地传递信息。理解信息中的启示，用于解决问题，帮助做出决定。关注并理解他人的反应。积极地寻找方法来帮助他人	
自省能力	能够正确地意识和评价自身的情感、动机等能力，形成自尊、自律和自制的能力	

(2) 试分析，你的哪项能力还可以提高？

训练项目 4　工作价值观拍卖会

训练目的：了解自己的工作价值观念，并初步确定自己的奋斗步骤。

训练环境：教室、会议室、小型报告厅。

训练步骤：

(1) 列示工作价值观，说明拍卖会组织程序和规则。

(2) 指定拍卖会工作人员——主持人、交易记录员、资金清算员。

(3) 举办工作价值观拍卖会。

(4) 填写表 2-5，清点拍卖会结果。

(5) 教师对拍卖会进行讲评和总结。

表 2-5　工作价值大拍卖清单

项　目	预算价格	购得价格
1. 有一个幸福美满的家庭		
2. 有一些知己朋友		
3. 长寿而无大病痛		
4. 继续学习进修		
5. 发财		
6. 找一项适合自己又可发挥专长的职业		
7. 有一栋舒适漂亮而且宽敞的房子		
8. 考取公家机构之职位		
9. 有充裕的金钱与休闲		
10. 谈一次最完美的恋爱		

续表

项　目	预算价格	购得价格
11. 和喜欢的人长久相处永不分离		
12. 单位的领导很赏识很认可		
13. 到处旅游、拓展眼界		
14. 拥有自己的公司		
15. 享受结交朋友的乐趣		
16. 工作富挑战性而不单调		
17. 成为有名的人		
18. 得到一份薪金由自己能力所决定的工作		
19. 无拘无束的生活		
20. 担任社会声望高的职位		
21. 拥有美丽的身材		

本 章 小 结

　　本章主要介绍区分个体差异的气质、性格、兴趣、能力等个性特征,以及职业价值观和职业理想。训练项目主要是进行了相应的一些个性心理测试。通过个性状态测试,引起学生关注个体特质,更关注自我认知的完善。通过了解个性特征,了解社会职业发展需求方向,通过探索工作价值观,明确个人对职业目标的追求和向往。

第三章

职业生涯规划

【知识目标】

1. 认识职业生涯规划的重要性；
2. 掌握确立职业生涯目标的制订与决策方法；
3. 学会制订自己的职业生涯规划方案。

【技能目标】

运用职业生涯目标的制订与决策方法,做出自己的职业生涯规划方案。

【训练项目】

1. 工作价值观拍卖会；
2. 制订自己的职业生涯规划方案；
3. 搭建人生金字塔。

【案例导入】

沉睡的理想在选择中醒来

刘宇是一名高职院校计算机网络专业大二的学生,马上即升入三年级,看着身边有的同学已经开始为升本做准备,有的人已经开始制作简历、购买正装,为面试做准备,没有想到这么快就要面临职业生涯选择。他觉得自己好像还没有考虑好这个问题,是工作还是继续上学深造？一时间他很迷茫很慌乱。

其实我有想法:我有很多想法,不知道该怎么选择。我想续本,也想创业,也想就业工作,我都不知道我到底该怎么选择。

大展身手是我内心深处的声音:虽然我这个人看上去有些腼腆,但其实我是一个很倔强的人,不愿意服输,内心深处有一个非常强烈的声音,那就是我要一个舞台,我要大展身手！

专业就是我的最爱：这个专业是我自己选择的，虽然说读高职学院，我依然很喜欢这个专业。所以这两年我非常认真地学习专业知识，并且寻找机会在校内、校外打工，把我学到的网络知识运用到实际中去。

爸爸妈妈以我为傲：我的爸爸妈妈都是普通人，很平凡，但他们对我的影响很大。他们靠着辛勤劳动供养我上大学，我是他们的自豪。他们总说如果我愿意续本，他们无论如何也会供我上学的。

我有三把椅子可坐：这三把椅子都有诱惑我的地方，我都想坐上去，可是我只能选择一把。

我先坐在"升本"的椅子上，坐上去就感到了它给我带来的好处：可以让我拿到一张本科的文凭，弥补一下我上高职的遗憾；还可以让我学到更多的专业知识；还可以让我有机会认识更多的朋友；增加我的见识等。主要有四条优势。坐在这里我已经感到其实那文凭对我来说没有那么重要了，因为那本科院校也没有那么好。至于更多的专业知识、见识，还有更多的朋友，我通过其他两个选择也能得到。

坐到"创业"这把椅子上，带来的优势是：可以满足自己追求自由的需要，按照自己的理想去奋斗太让我激动了；还可以把自己的很多点子运用其中；还可以锻炼自己的各方面的能力。主要有四条优势。只是创业首先需要我有经济基础，这个硬性条件我现在还不具备。还需要有几位愿意与我一起打拼的兄弟，这个还没有寻找到。还需要我具备很多能力比如综合管理能力、研发能力、应对挫折的能力等。

最后坐到"就业工作"这把椅子上，就可以得到工资以减轻父母压力，也可以作为创业的经济基础，可以认识很多同事扩展人脉，可以寻找创业的兄弟，可以积累工作经验，可以增加专业见识，可以锻炼我的很多能力比如处理复杂问题的能力、人际交往的能力、管理的能力、应对挫折的能力等等。这椅子让我很有收益。在这把椅子上我也能大显身手，把所学专业知识很好运用于工作中，学会投入的工作，一定要干好本职工作。

我有足够的耐心和毅力面对我的选择：现在我知道了的选择，我会行动起来的，而且我有足够的耐心和毅力面对我的选择给我带来的一切，包括面试中的不如人意，包括工作中与专业的不完全对口。我想我会给自己的第一份工作一个时间期限，无论什么样的工作都是为了实现我的理想。

案例分析：选择有好处也有代价。如何进行理性选择？建议同学从这四个方面把握：内心的声音；专业价值感；生命中的重要他人；选择的含义。刘宇通过思考每一个选择对他来说意味着什么，更加有利于他梳理自己的思路。通过用三把椅子代表"升本""就业""创业"三个选择，当他真实地坐在椅子上的时候，就能真正地感受这个选择给自己带来的一切，就更加明确了自己到底会怎么选择，而且愿意承担所有的结果。从案例可以看到，很多大学生对职业生涯规划的认识很不到位，总觉得要等到毕业再来考虑也不晚，殊不知这样会错过很多机会。而案例中的学生是在大学二年级的时候来做一个比较完整的职业生涯规划，对他的帮助和指导是非常具有实效性的。

社会高速发展，把握人生方向和目标更显重要，人们越来越重视职业生涯规划。大学生通过对自己的职业生涯进行理性分析，进行符合自我的职业生涯规划，设立职业生涯阶段目标，为人生的职业生涯做素质、能力准备，并通过不断的努力，实现其人生价值。大学阶段的职前生涯规划关系到就业后的人生发展轨迹，早规划就会赢得主动。

第一节　职业生涯规划概述

职业生涯是贯穿一个人一生的漫长过程，早规划则占有适合自己的最优化发展的优势。高等职业教育是以就业为导向的教育，对高职大学生来说，大学学习阶段是为职业生涯发展做知识和技能准备的阶段，增强职业意识对高职大学生来说尤为重要。什么是生涯？什么是职业生涯？什么是职业生涯规划？一个人的职业生涯分为哪几个阶段？制订职业生涯规划有什么意义？这是当代高职大学生应当了解的基本常识，也是必须面对的个人发展问题。

一、职业生涯规划的概念

（一）生涯与职业生涯

生涯是很宽泛的概念，它从本质上来说是一个过程，是人生的发展道路，可以指一个人一生的经历，也可以指与个人一生所从事工作或职业等有关活动的过程。

职业生涯是对生涯的狭义理解，专指个体职业发展的历程。是指一个人终生经历的所有职位的整体历程，这整个历程可以是间断的，也可以是连续的，它包含一个人所有的工作、职业、职位的外在变更和对工作态度、体验的内在变更，也包括个人对职业生涯发展的见解与期望。所以说职业生涯是具有个人特色的发展历程，是个人独特的自我发展组合。

（二）职业生涯规划的意义

职业生涯规划是为实现个人职业理想而制订的职业生涯计划，是为追求最佳职业生涯过程而设计的方案。职业生涯设计要求根据社会发展的客观需要，特别是社会职业的现实要求，以及个人的兴趣、特点，为自己确立职业目标，选择职业道路，确定教育、培训和发展计划，并为自己实现职业生涯目标而确定行动方向、行动时间和行动方案，通过职业活动最大限度地实现个人生命价值。

职业生涯规划不是社会或者学校强加给个人身上的实施方案，而是当事人在内心动力的驱使下，结合社会职业的要求，依据现实条件所制订的个人化的实施方案。所以，从个人的角度来看，职业生涯规划的主要内容包括：自我认识；确定职业方向与目标；制订职业发展道路计划；明确学习与行动计划；反馈评估规划的可实现性，及时进行修正完善。

（三）高职大学生职业生涯规划的目的

职业生涯规划的目的在于：引导高职大学生积极进行人生价值的思考，树立正确的职业理想，了解自我，明确方向，并为之努力奋斗。

1. 引导高职大学生积极思考人生价值

我是谁？我从哪里来，要到哪里去？人为什么活着？我要怎样活着？我要追求一种什么样的生活方式？通过思考，高职大学生可以明白自己想用什么样的方式度过一生，想要获得什么样的生活内容。这样就可以评估个人目标和现状的差距，以自身现状为基础，确立人生的方向，提供奋斗的策略。

2. 帮助高职大学生了解自我，明确方向

认识自我，准确评价个人特点和强项，突破仅仅听从学校学业课程规划，塑造清新充实的自我。通过分析社会经济发展的状况，了解社会职业需求，准确定位自己的职业方向。去重新认识自身的价值，并通过努力使其增值。

3. 激励高职大学生完善自我，积极竞争

在实施职业生涯规划方案的同时，不断去探索最适合自己发展的规划，及时做出调整与完善。努力发掘职业机遇，增强自我的职业竞争力。

二、职业生涯规划的影响因素

人生的职业历程有种种不同的可能：有的人从事科研，有的人经商，有的人做管理，有的人提供社会服务；有的人终生从事一种职业，有的人经常变动岗位；有的人事业有成，有的人碌碌无为。影响人生职业生涯发展的因素是多方面的，其中有社会因素，也有家庭和个人因素；有教育因素，也有身心因素等。总的来看，影响职业生涯规划的因素包括以下几个方面。

（一）自我因素

1. 健康

健康是最具影响力的因素，几乎所有的职业都需要健康，健康对于职业选择尤为重要。健康包括身体健康与心理健康。如果没有一个好的身体，就不可能坚持工作，也就不可能有好的职位。为保持健康的体魄，工作、学习之余应当注重体育锻炼。随着生活节奏的加快和社会压力的增大，现代人的心理健康问题日益突出，也越来越受到人们的重视。没有一个健康的心理，根本无法适应社会，更谈不上正常工作。为了拥有心理健康，要不断加强正确的人生观、世界观的学习，主动缓解工作、生活的压力，积极建立融洽的人际关系。

2. 个性特征

不同气质、性格、能力的人适合不同类别的工作。如多血质的人较适合做管理、记者、外交等，不适合做过细的、单调的机械工作。如果做与自己个性特征不相吻合的工作，那么，就容易觉得自己的活力被束缚，思想被禁锢。

3. 兴趣爱好

与职业选择有关的兴趣称为职业兴趣。不同职业兴趣要求对应的职业不同。如喜欢具体工作的，相应的职业有室内装饰、园林、美容、机械维修等；而喜欢抽象和创造性工作的，相应的职业有经济分析师、新产品开发、社会调查各类科研工作等。

4. 年龄

对工作的看法和态度、对机会尝试的勇气、对胜任任务的能力和经验，不同的年龄表现都有所不同。

5. 自信心

自信经常使自己的梦想成真。喜欢挑战、战胜失败、突破逆境是自信心强的表现。没有自信心的人会变得平庸、怯懦、顺从。顺利的环境为事业发展提供了广阔的空间，而逆境为开拓和创新提供了信心和勇气，有挑战才有成功。

6. 性别

虽然男女平等的观念已普遍被现代社会所接受，但性别因素在职业选择上仍然扮演着重要的角色。职业性别隔离严重存在，很少人能漠视性别问题。尽管有些工种确实需要男性从事，如矿下作业，然而事实是，更多的人是在意识形态上歧视女性。当然，如果你坚信男女两性在智慧和能力上基本上相同，那么你的性别应该不会影响你的事业选择和事业成功。

（二）教育因素

一个人所受到的教育程度和水平，直接影响他的职业选择方向和获取他喜欢的职业的概率。一个人通过接受教育与培训，形成了自己特有的知识结构、能力结构和职业素质结构，对个人的职业生涯会产生巨大的影响。

1. 所学专业对职业选择的影响

人们所接受教育的专业、学科门类对职业生涯起着决定性作用，人们在选择职业、转换职业时往往与所学的专业有一定的联系，或以该专业的理论知识、技术能力为基础，流动到更高层次的职业岗位上。

高等职业教育是面向就业的教育，针对不同的社会职业岗位群，每位同学都有学习的专业，毕业时势必打上专业的烙印。如果你大学期间学习的是工程专业，毕业后再想从事医学的可能性便微乎其微了。

2. 受教育程度对职业选择的影响

一般来说，获得不同教育程度的人，在个人职业选择时，具有不同的能量。接受过较高水平教育的人，在就业以后会有较大的发展；在职业不如意时，再次进行职业选择的能力和竞争力也较强。职业的进展深受正规教育或专业培训的影响，教育程度是事业成功中不可缺少的因素。

3．不同层次教育对职业选择的影响

人们接受不同层次的教育,所学的不同学科门类内容所在的不同院校及其不同的教育思想,都会对受教育者产生不同的影响,形成不同的思维模式,从而会采取不同的态度对待自己、对待社会、对待职业生涯的发展。

高等职业教育以培养社会职业需要的实用技能型人才为己任,高职毕业生定位明确,是技术操作层面的银领阶层,同学们要重视职业技能的培养,在校期间珍惜专业学习机会,把专业技能学懂、学实、学透,同时还要注重一专多能的培养,以求得到更多的职业发展机会,争取在职业生涯发展中获得主动权。

（三）环境因素

互联网技术使得地球日趋变小,竞争日趋激烈,个人空间逐步扩大,变革的社会没有一成不变的事物,个人职业发展必须考虑职业环境需求和变化趋势。分析职业环境,就要认清所选职业在社会大环境中的发展状况、技术含量、社会地位和未来发展趋势等。

1．社会环境

社会环境主要是指社会的政治、经济体制、社会文化习俗、职业的社会评价、人才市场的管理体制等。社会环境因素不仅决定社会职业岗位的数量、结构、层次等方面,还决定人们对不同职业岗位的接受、赞誉或贬低的程度,因而决定了个人步入职业生涯的基本方式、开始职业生涯后的基本态度以及由此引起的个人职业生涯的变化。

2．组织环境

组织环境包括行业环境和企业环境。由于科学技术的飞速发展,有些行业飞速发展,蒸蒸日上,逐步繁荣,有些行业如同夕阳坠地,日趋萎缩,逐步消亡。人们在选择职业时,自然不会考虑后者。企业文化氛围、发展空间也是人们在选择职业时要考虑的因素。同学们在学习期间,要关注国家政策导向,了解国家对某一行业是支持、鼓励和引导,还是限制、控制和制约,尽可能选择那些发展前景较好、发展空间较大的行业。

3．朋友、同龄群体的影响

朋友、同龄群体的工作价值观、工作态度、行为特点等不可避免地会影响到个人对职业的偏好、选择从事某一类职业的机会和变换职业的可能性等方面。

（四）家庭因素

家庭是个人成长的第一所学校,是造就个人素质、影响人生发展的重要因素之一。人从幼年起,就受到家庭潜移默化的深刻影响,从而形成一定的价值观和一定的行为模式。有的人还从家庭中自觉或不自觉地习得某种职业知识和技能。此外,家庭成员在个人择业和就业后的流动中,往往会产生一定的干预或影响,也对人的职业生涯有很大影响。

1．对职业选择的影响

目前中国的职业歧视现象还比较严重,家长的不正确教育在某种程度上助长了职

业歧视。很多家长不希望孩子从事艰苦的工作,他们在教育孩子时常常会说:"你不好好学习,长大以后扫马路。"这样的教育引导会让孩子轻视保洁工作,长大后自然不会选择这个行业。

很多家长在帮助孩子填报志愿时,第一考虑的不是自己的孩子最适合从事什么工作,而是希望孩子将来从事环境好、工作轻松、社会地位高的职业。那么是不是所有孩子都适合上大学?孩子考上大学后,是否就能找到好工作、过上好生活?这几年,大学毕业生一路走低的就业率就是一个非常危险的信号,孩子付出了相当大的努力,家长投入了大量的金钱,可经过三四年的学习后却找不到合适的工作,这对家庭的压力很大,也影响社会安定。

2. 对专业选择的影响

许多孩子深受家庭中父母或亲戚的影响,他们从亲人的教育或态度中形成对某些职业的看法和认识,从而影响到对专业的选择。在选择专业时,父母应当给孩子更加广泛自由的选择权,强制、包办会令孩子一开始就厌烦被迫选择的专业,再好的专业也提不起他们的兴趣,这势必会影响孩子的学业和就业。孩子在选择专业时,要结合自己的兴趣、爱好,参考父母、老师等年长者丰富的社会经验做出客观的选择。但是也不能一味追求爱好,不客观考虑就业形势和社会需求。

3. 对职业变动的影响

父母、亲人在孩子就业后的职业流动上往往扮演重要角色,对子女择业施加影响或给予直接帮助,这种情况在中国表现尤其突出。有些人变动工作可能不是对目前从事的职业不满意,而是为了家庭而选择收入较高、较为稳定的职业,这是对家人、对社会所承担的义务。但在职业变动前,你要明确为什么而改变,避免因他人因素影响过大,限制了个人兴趣和自我能力的发展。

不能否认,一个人的职业生涯决策的决定因素中也有称为机遇的随机性的成分,但完全让命运摆布的人毕竟是少数,大多数人对自己未来发展能够从内外因素进行理性分析,从而有效地进行职业生涯的选择。

三、职业生涯规划中存在的困扰

高职大学生在职业生涯规划中常见的困扰如下。

1. 缺乏积极的职业生涯规划意识

缺乏积极的职业生涯规划意识,容易产生依赖、从众和"临时抱佛脚"等不良心理。据调查,有相当一部分高职大学生缺乏积极的职业生涯规划意识,抱着"车到山前必有路"的念头,认为自己迟早会找到工作的;有的甚至认为反正有学校推荐呢,依赖心理强烈。

2. 不能正确认识社会

由于不能正确认识社会,有的大学生对社会人才市场的激烈竞争抱有"恐惧"心理,对自己的学历、性别、技能、经验等缺乏自信,容易产生紧张、焦虑、抑郁等心理困扰,有的大学生由于持续时间较长,直接影响正常的学习、生活和心理健康。

3．不能正确认识自己

不能正确认识自己,容易产生自傲、自卑、保守和攀比等心理困扰。主要表现是:有的高职大学生过高地估价自己,把自己与已经成功就业的学兄学姐去比较,觉得自己一定要找到工资是多少以上的工作,认为自己肯定能找到好工作,不必提前自寻烦恼;有的学生在就业竞争失败时,对自己的认识一落千丈,产生自卑心理;有的则是过低地评价自己,认为毕业后能找到一份工作就满足了。

4．缺乏基本的职业尝试

由于缺乏基本的职业尝试,不能正确对待职业选择和职业流动。有的人不重视职业选择,不珍惜工作机会。认为"这个工作不适合自己就跳,反正肯定能找到吃饭的地儿"。

第二节　职业生涯目标与决策

一、职业生涯目标

职业生涯目标是大学生职业生涯规划中的指南针。如果没有它,整个职业生涯将会迷失方向。每个人在起航前必须要明确这次远航中要达到哪几个目标,这样才能制订出航行计划,找出合理的航线,顺利到达目的地。

（一）理解职业生涯目标

职业生涯目标是指个人在选定的职业领域内未来时点上所要达到的具体目标,是人在职业领域理想的具体化。整个生涯规划,就是围绕着一系列的大小目标展开的,没有目标就构不成规划,确立目标是制订职业生涯规划的关键。

（二）职业生涯目标分类

1．按照时间分类

职业生涯目标按照时间不同,可以分为短期职业目标(1～2 年)、中期职业目标(3～5 年)、长期职业目标(5～10 年)、人生目标(40 年以上)。分别与职业生涯规划的短期规划、中期规划、长期规划、人生规划相对应,如同拾级而上的台阶,一步步发展。

（1）短期职业目标。这通常是指每日、每周、每月、每季、每年的目标,是中期目标和长期目标的具体化、现实化和可操作化,是最清楚的目标,有明确的具体完成时间;有明确的努力方向,通过努力能达到适合环境需要的能力,实现起来完全有把握。

（2）中期职业目标。这是结合自己的志愿、组织的环境及要求制订的,与长期目标相一致;有比较明确的执行时间,根据外部环境变化可做适当的调整;可以发挥自己的能动性，实现的可能性非常大。

（3）长期职业目标。这是自己认真选择的，和组织、社会的发展需求相结合；有实现的可能，并有更大的挑战性；与志向相吻合，能够立志通过努力实现理想；与人生目标相融为一，指导自己为创造美好未来坚持不懈。

（4）人生目标。这是指整个人生的发展目标，时间为四十年左右。

2. 按照性质分类

按照性质分类，可以将职业生涯目标分为外职业生涯目标和内职业生涯目标。

（1）外职业生涯目标。外职业生涯是指从事一种职业的工作时间、工作地点、工作单位、工作内容、工作职务与职称、工资待遇、荣誉称号等因素的组合及其变化过程，也就是通过我们的名片、证书、工资单等外在形式可以表现出来的东西。

（2）内职业生涯目标。内职业生涯是指从事一种职业时的知识、观念、经验、能力、心理素质、内心感受等内在因素的组合及其变化过程。

内职业生涯的发展是外职业生涯发展的前提，内职业生涯的发展可以带动外职业生涯的发展；外职业生涯的发展则能够促进内职业生涯的发展。

职业生涯道路上成功的关键是内职业生涯的不断发展。大学生在校期间要抓住一切机会，不断地锻炼和提高自己的综合素质，更新就业观念、完善知识结构、提高技能水平、增强合作意识、丰富人生阅历、增长领导才干等。

（三）确立职业生涯目标的原则

职业生涯目标应遵循"目标管理原则"，即 SMART 原则。SMART 原则是使管理者的工作由被动变为主动的一个有效的管理手段。在职业生涯目标确认过程中，大学生既是目标的制订者，也是实现目标的执行者，我们可以将此原则作为确立目标的指导原则，实现更准确的职业生涯目标定位。职业生涯规划目标 SMART 原则如图 3-1 所示。

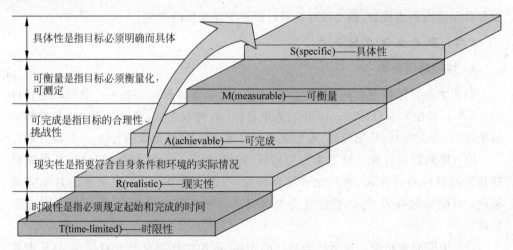

图 3-1　职业生涯规划目标 SMART 原则

1．S：具体性（specific）

具体性是指目标必须是清晰的、可产生行为导向的。比如"我要成为一个优秀的大学生"就不是一个具体的目标，而"我要获得今年的一等奖学金"就是一个具体的目标。

2．M：衡量性（measurable）

衡量性是指目标必须用指标量化表达。比如"我要获得今年的一等奖学金"这个目标，就对应着许多可以量化的指标——出勤、考试成绩、参加活动的结果等。

3．A：可完成（achievable）

可完成有两层意思：一是目标应该在能力范围内，如果目标经常达不到，体验不到成就感，会让人沮丧；规划未来的职业生涯目标，涉及多种可变因素，这些因素有些是不可预测的，因此应该具有一定的弹性，以便增强其适应性。二是目标要具有一定的挑战性。所提出的目标必须是经过相当的努力才能实现，不是轻轻松松就能实现的。

太容易达到的目标不仅很难激发动机和潜能，长此以往也会让人失去向上的斗志。

4．R：现实性（realistic）

现实性即要与现实生活和环境一致，而不是简单的"白日梦"。规划一定要以事实为依据，根据自身特点、组织发展和社会发展需要来制订，不能想当然。目标应该具有相对的稳定性和连续性，各个具体规划应与人生总体规划一致。

5．T：时限性（time-limited）

时限性是指必须确定完成目标的日期，不但要确定最终目标的完成时间，还要设立多个较小时间段上的"时间里程碑"，以便对进度进行监控。规划是预测未来的行动，确定将来的目标，因此各项主要活动如何实施、何时完成，都应该有时间和时序上的合理安排，以此作为检查行动的依据。

二、职业生涯决策

职业生涯决策是个人根据各种条件，经过一系列活动以后进行的目标确定，以及为实现目标而制订优选的个人行动方案。

（一）职业生涯决策的基本策略

在生涯目标之中，职业目标处于核心地位，贯穿整个人生历程。职业生涯目标的确立最终决定一个人的职业发展。在进行职业生涯目标设定和职业定位时，结合自身实际，可遵循以下五个基本策略。

1．择己所爱

一个人只有对所从事的职业有着浓厚的兴趣，才能激发起他对该项工作强烈的求知欲、探索欲，才会使他全身心地投入，在工作中有所发明，有所创造。这既是一种自我能力的开发和展现，又是对工作的促进和推动。

2. 择己所长

任何职业都要求从业者掌握一定的技能，具备一定的能力条件，必须对照自己的能力，选择最有利于发挥自己优势的职业。

3. 择世所需

社会需求是确定和调整职业生涯目标的重要参考，社会需求是不断变化的，要认真分析社会需求，准确预测未来行业或者职业发展的方向、趋势。

4. 择己所适

确定职业生涯目标要寻找最合适自己的，而不必强求是别人眼中最好的。看起来风光的，却未必适合自己，反倒会让人身心俱疲，总也无法达到人生目标。

5. 择己所利

职业生涯是我们个人整个生涯的一部分，也需要考虑一个简单动机——经济利益。马斯洛的需求理论认为，人只有首先满足了自身的生存需求外，才能逐步实现安全、归属、自我尊重、自我实现等需求。所以确立职业生涯目标时，要择己所利，本着利己、利他、利社会的原则，以确立适合自己的目标。

（二）职业生涯决策的主要方法

职业生涯决策有很多种方法，以下是几种常见方法。

1. 5W 归零思考法

归零思考法即通过五个问题来思考自己的职业生涯规划与设计，由于每个问题的前面都有一个英文字母 W，也叫"5W"法。下面来看看这五个问题。

（1）我是谁？（Who am I?）

（2）我想做什么？（What will I do?）

（3）我会做什么？（What can I do?）

（4）环境支持我做什么？（What does the situation allow me to do?）

（5）我的职业与生活规划是什么？（What is the plan of my career and life?）

回答问题（1），我是谁，静心地去想自己是个什么样的人，有什么性格特点。

回答问题（2），我的人生理想是什么？我最期望做什么，有的人期望成为一个职业经理人，有的人期望成为企业家，有的期望成为咨询师等，那么你呢？除了这些事业上的期望，对生活有什么期望，希望旅行全世界，还是周游全国，还是期望平淡，对家庭期望和睦的家庭还是其他。对自己的几个期望做的事情排个优先顺序，有的人可能把家庭放在第一位，有的人把事业放在第一位。所以排序是必不可少的一个工作。

回答问题（3），我会做什么？比如你会唱歌，你会写作，你会做人力资源管理，你会做会计，把你会的按照最擅长的进行排序。

回答问题（4），环境支持我做什么？你想成为歌星，可是你只是企业的一名文员，整天跟电脑，文字打交道，这样的环境根本支撑不了自己成为歌星的梦想。那么你仔细想一想,你现在所处的环境能支持你做什么呢? 假如你是一名人力资源经理,老板支持你进行一些人力资源变革,那么就把这个记下来。再回顾一下是否记全了。

回答问题(5),我的职业生涯该如何规划? 有了上面的四个问题,下面就好做职业规划了,那就是把前面的四个问题的交集进行汇总合并,再然后给自己一个设想。十年后,我将成为什么样子,那么五年后的我该做什么? 三年后的自己该干什么,一年后的自己该干什么,明天又该做什么呢? 这样一想,你的职业生涯规划就设计出来了。

2. SWOT 分析法

SWOT 代表着优势(strength)、劣势(weakness)、机会(opportunity)、威胁(threat)。

SW 主要指内部条件分析;OT 主要指外部条件分析。这种方法可以从中找出对自己有利的、值得发扬的因素,以及对自己不利的、要避开的因素,发现存在的问题,找出解决的办法,明确以后的目标和发展方向。

(1) S:"我"的优势及其利用,主要指自己的个性特征、个人成就、实践经验、专业知识等方面优势,如曾经做过什么,学过什么,最成功的是什么,并说明自己将如何发挥。

(2) W:"我"的弱势及其弥补,主要指自己身体条件、性格弱点、经验或经历中所欠缺的方面等劣势,并简要说明自己将如何克服。

(3) O:"我"的机会及其利用,主要指社会大环境(如行业发展、工作环境、工作地点、人脉关系等)对自己职业发展的有利方面,并简要说明将如何把握。

(4) T:"我"面临的威胁及其排除,主要指社会大环境(如行业发展、工作环境、工作地点、人脉关系等)对自己职业发展的不利方面,并简要说明如何规避。

3. 生涯决策平衡单法

大学生在进行职业生涯决策时,经常会碰到两个或两个以上不同的职业发展方案。若能对其直观量化,就会使职业生涯目标更加清晰。平衡单法是评估职业生涯决策的代表方法,实施程序主要有以下五步。

第一步,建立"职业生涯决策平衡单",列出可能的职业选项,即潜在职业选项3~5 个(见表3-1)。

表 3-1　生涯决策平衡单

项目选项考虑因素		权数 1~5 倍	方案一		方案二		方案三	
			加分	减分	加分	减分	加分	减分
个人物质方面	1. 收入							
	2. 升迁的机会							
	3. ……							

职业素质与就业能力训练（第2版）

项目选项考虑因素		权数 1~5倍	方案一		方案二		方案三	
			加分	减分	加分	减分	加分	减分
个人精神方面	1. 成就感							
	2. 兴趣满足							
	3. ……							
他人物质方面	1. 家庭经济							
	2. 家庭地位							
	3. ……							
他人精神方面	1. 父母							
	2. 配偶							
	3. ……							

第二步，判断各个职业选项的利弊得失。集中于四个方面，分别是自我物质方面的得失、他人物质方面的得失、自我精神方面的得失、他人精神方面的得失。

（1）自我物质方面的得失：（　　　）。

  A. 经济收入   B. 工作的困难度

  C. 工作的兴趣程度   D. 选择工作任务的自由度

  E. 升迁机会   F. 工作的稳定、安全

  G. 从事个人兴趣的时间（休闲时间）

  H. 其他（如社会生活的限制或机会、婚姻状况要求、工作接触的人群类型等）

（2）他人物质方面的得失：（　　　）。

  A. 家庭经济收入   B. 家庭社会地位

  C. 与家人相处的时间   D. 家庭的环境类型

  E. 可协助组织或团体（如福利、政治、宗教等）

  F. 其他（如家庭可享有的福利）

（3）自我赞许（精神）得失：（　　　）。

  A. 因贡献社会而获得自我肯定感 B. 工作任务合乎伦理道德的程度

  C. 工作涉及自我实现的程度   D. 工作的创意发挥和原创性

  E. 工作能提供符合个人道德标准的生活方式的程度

  F. 达成长远生活目标的机会

  G. 其他（如乐在工作的可能性）

（4）他人赞许（精神）的得失：（　　　）。

  A. 父母   B. 朋友

  C. 配偶   D. 同事

  E. 社区邻里   F. 其他（如社会、政治或宗教团体）

第三步，各项考虑因素的权重。咨询者在各个方面的利弊得失之间，会因身处不同情境而有不同的考量。因此，在详细列出各项考虑层面之后，再进行加权计分。

第四步,计算出各个职业选项的得分。把各因素的权重和利弊得失分数相乘后再累加,计算各个生涯选项的总分。

第五步,排定各个职业选项的优先顺序。依据各职业选项总分高低,排定优先次序。这样,职业选项的优先次序就可作为职业生涯决策的依据。自我物质方面的因素包括收入、健康、工作、休闲生活、未来的展望等。自我精神方面的因素包括潜能、兴趣、成就感、改变生活的形态、生活方式等。

他人物质方面的因素包括家庭收入、与家庭分担的家事、与家人相处时间、与朋友相处时间等。他人精神方面的因素包括家人的荣誉感、家人认同、家人担心等。

对每个考虑因素按照自己的情况设置权重,从正 5 到负 5,中间有一个 0,最重要的加 5,最不重要的减 5,0 表示可有可无。

【案例】

思敏的生涯决策平衡单

思敏是一名即将毕业的高职生,因为家境贫困,家里还有个弟弟上小学,自入学之初,她就非常勤勉努力,希望通过优秀的成绩获得奖学金来减轻家庭经济负担。工夫不负有心人,几年来她的成绩一直都名列班级前茅,不仅如此,文字功底扎实的她在读书期间还陆续发表了几篇高质量的优秀作品,深受几家杂志社的青睐。其中一家杂志社甚至表示愿意破格招录她,虽然起薪不高,但是思敏欣喜不已。这正是自己梦寐以求的职业!

毕业前夕,老师把思敏找来谈心,希望她能够继续深造,说凭借她现在的基础,获得更高的学历肯定没有问题,现在的社会越来越重视文凭,有了高学历何愁没有好工作?

思敏明白老师的意思,自己的专科文凭不够硬,继续深造是早晚的事情,凭借自己的努力,将来肯定能找到起点更高的工作,但是,继续深造需要支付一笔不小的学费,家里经济压力比较大。

正当思敏难以抉择的时候,另一家销售公司向思敏抛出了橄榄枝,原来这家公司有个项目急缺一名文字功底扎实的策划,公司经理看到了思敏的作品非常欣赏,愿意出双倍工资聘请她。

思敏陷入深深迷茫中:一个是自己心仪的兴趣所在,一个是有发展潜力的升学之道,一个是解决家庭燃眉之急的现实之需,自己该何去何从呢?

思敏利用生涯决策平衡单做出的职业决策的结果见表 3-2。

表 3-2　思敏的生涯决策平衡单

项目选项考虑因素		权数 1～5 倍	杂志社		继续升学		销售公司	
			加分	减分	加分	减分	加分	减分
个人物质方面的得失	1. 个人收入	4	2			3	5	
	2. 未来的发展	3	2		5		1	
	3. 休闲时间	1		2	5			3
	4. 对健康的影响	2	0		1			2

项目选项考虑因素		权数 1~5 倍	杂志社		继续升学		销售公司	
			加分	减分	加分	减分	加分	减分
他人物质方面的得失	1. 家庭经济	5	2			5	5	
	2. 家庭地位	3	2			1	3	
个人精神方面的得失	1. 创造性	3	3		2		2	
	2. 变化与多样性	3	2		5		2	
	3. 影响和帮助家人	2	2			1	1	
	4. 被认可	4	2		5		2	
	5. 挑战性	3	3		4		3	
	6. 独立自由	2	3		5		2	
	7. 应用所长	3	5		5		2	
	8. 满足兴趣	4	5		4		1	
他人精神方面的得失	1. 父亲	4	2			5	4	
	2. 母亲	4	2			5	4	
	3. 弟弟	4	3		0		3	
	4. 老师	4	2		5		2	
合　计			143		54		147	

决策平衡单分析：思敏通过慎重思考，根据她对平衡单内容的选择，赋予的权重和分值，通过计算得出的分值结果是：销售公司＞杂志社＞升学深造，综合平衡之后，销售公司策划岗位比较符合思敏的职业生涯目标。

通过思敏的决策分析，我们可以看到，面对复杂的问题决策问题，通过列举考虑的因素，并给每项因素分配权重，通过各项因素打分计算，就可以厘清思路，为决策提供依据。决策平衡单为复杂因素的决策提供了一个思考的框架和解决问题的方法。

第三节　职业生涯规划的制订与实施

职业生涯规划是指个人和组织相结合，在对一个人职业生涯的主客观条件进行测定、分析、总结研究的基础上，确定其最佳的职业奋斗目标，并为实现这一目标做出行之有效的安排。

职业生涯规划的目的绝不只是协助个人按照自己的资历条件找一份工作，达到和实现个人目标，更重要的是帮助个人真正了解自己，为自己定下事业发展计划，筹划未来，拟定一生的方向。通过详细估量内、外环境的优势和限制，设计出各自合理且可行的职业生涯发展方向。

一、职业生涯发展代表理论

（一）金斯伯格的职业生涯发展理论

金斯伯格的研究重点是从童年到青少年阶段的职业心理发展过程，他将职业生涯的发展分为幻想期、尝试期和现实期三个阶段，见表 3-3。

表 3-3　金斯伯格的职业生涯发展理论

阶　　段		主要心理和活动
幻想期 （11 岁前儿童时期）		以少年儿童想象"早日长大成人，成人后干某种工作"的空想或幻想为特征。对外面的信息充满好奇和幻想，在游戏中扮演自己喜爱的角色。此时的职业需求特点是，单纯由自己的兴趣爱好决定，并不考虑自己的条件、能力和水平，也不考虑社会需求和机遇
尝试期 （11～17 岁）	兴趣阶段 （11、12 岁）	开始注意并培养其对某些职业的兴趣，独立的意识增强
	能力阶段 （13、14 岁）	开始以个人的能力为核心，衡量并测验自己的能力，将其表现在各种相关的职业活动上
	价值观阶段 （15、16 岁）	逐渐了解自己的职业价值观，注意职业的社会地位，并能兼顾个人与社会的需要，以职业的价值性选择职业
	综合阶段 （17 岁左右）	将上述三个阶段进行综合考虑，并综合相关的职业选择资料，以此来正确了解和判定未来的职业生涯发展方向
现实期 （17 岁以后） 正式职业选择决策阶段	试探阶段	根据尝试期的结果，进行各种试探活动，试探各种职业机会和可能的选择
	具体化阶段	根据试探阶段的经历做进一步的选择，对一种职业目标有所专注，并努力推进这一选择，进入具体化阶段
	特定化阶段	依据自我选择的目标，做具体的就业准备。青年人为了特定的职业目的，进入更高一级学校或接受专业训练。已有工作但不满意者，想重新进修，再找工作，也属于这个阶段。能够客观地把自己的职业愿望或要求，同自己的主观条件、能力，以及社会需求密切联系和协调起来，已有具体的、现实的职业目标

金斯伯格的职业生涯发展阶段理论，展示了从童年到青年期个体职业心理发展的生动图景，解释了初次就业前人们职业意识和职业追求的发展变化过程，表明早期职业心理的发展对人生职业选择有着重大的影响。

（二）舒伯的职业生涯发展理论

舒伯认为可依据年龄将人生阶段与职业发展配合，分为成长阶段、探索阶段、确立阶段、维持阶段、衰退阶段（见表 3-4）且每个阶段各有其发展任务。

表 3-4　舒伯的职业生涯发展理论

主阶段名称	子阶段名称		
成长阶段	幻想期（10岁之前），在幻想中扮演自己喜欢的角色	兴趣期（11、12岁），以兴趣为中心，理解、评价职业，开始工作职业选择	能力期（13、14岁），更多地考虑自己的能力和工作需要
探索阶段	试验期（15～17岁），个人在空想、议论和学业中开始全面考虑意愿、兴趣、能力、价值观和社会就业机会等，开始对未来职业进行尝试性和暂时性的选择	转变期（18～21岁），个人接受专门教育训练和进入劳动力市场，开始正式选择的时期，由一般性的职业选择转变为特定目标的选择。这时个人着重考虑现实，在现实和环境中寻求"自我"的实现	尝试期（22～24岁），选定工作领域，开始从事某种职业，对职业发展目标的可行性进行实验。这个时期进入似乎适合自己的职业，并想把它当作终生职业
确立阶段	稳定期（25～30岁），对最初就业选定的职业和目标进行检讨，如有问题则需要重新选择、变换职业工作。重点是寻求职业及生活上的稳定	发展期（31～44岁），确定稳定的职业目标，并致力于实现这些目标，是富有创造性的时期	职业中期危机阶段（45岁至退休前），职业中期可能会发现自己偏离的职业目标靠近或发现了新的目标，因而需要重新评价自己的需求和目标，这时就处于一个转折期
维持阶段	无		
衰退阶段	无		

1．成长阶段

从出生到14岁左右，此阶段的重点是身心的成长。通过经验可以了解周围环境，尤其是工作环境，并以此作为试探选择的依据。成长阶段属于认知阶段，它又分为幻想期、兴趣期、能力期三个阶段。此阶段个人通过游戏、玩耍、影视媒体、朋友、老师和家人观察等方式，开始了解自我、探索自我，逐渐建立起自我概念。需要、幻想与喜好是这一阶段最重要的特征。

2．探索阶段

15～24岁，主要涉及学校和工作前期。探索阶段又分为试验期、转变期、尝试期三个阶段。通过学校考试、课外活动、社会实践、业余工作等活动中研究自我，对自己的能力、兴趣和性格有所认识，形成自我概念和职业概念，并进行职业上的探索。同时个人在试探性选择自己职业，试图通过变动不同的工作或工作单位而选定自己一生将从事的职业。

3．确立阶段

25～44岁，确立阶段属于选择、安置、立业阶段，它又分为稳定期、发展期、职业中期危机三个阶段。此阶段经由早期的幻想、试探之后，职业生涯在此时成型，呈现一种安定于某种职业的趋向。个人在职业生涯中主要关心的是在工作中的成长、发展或晋升，成就、发展或晋升对他们的激励也最大。

4. 维持阶段

45～60岁,属于专、精、升迁阶段。此阶段心态趋于保守,重点是维持家庭和工作间的和谐关系,传承工作经验,寻求接替人选。享受努力后成功的喜悦即成果,或面对失败和不如意的困境,冒险探索新领域,寻求新的发展。

5. 衰退阶段

65岁以上,属于退休阶段。此阶段人的精力、体力逐步衰退,即将退出工作,结束职业生涯。要学会接受权力和责任的减少,学习接受一种新的角色,适应退休后的生活,以减缓身心的衰退,维持生命力。

1980年,舒伯在原有的职业生涯发展阶段理论之外,加入了角色理论,提出了"生活广度——生活空间的职业生涯发展观",并根据职业生涯发展阶段与角色彼此间交互影响的状况,描绘出一个多重角色生涯发展的综合图形,即一生职业生涯的彩虹图,参见图3-2。

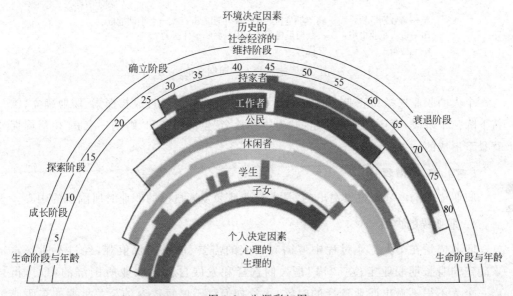

图 3-2　生涯彩虹图

在彩虹图中,既有代表横跨一生的生活广度的横向层面,显示人生主要的发展阶段和大致估算的年龄,也有代表纵贯上下的生活空间的纵向层面,由一组职位和角色(儿童、学生、休闲者、工作者、家长等)所组成。角色之间是交互影响的,某一角色成功可能带动其他角色成功;反之,某一角色失败也可能导致另一角色失败。这除了受年龄增长和社会对个人发展任务期待的影响外,往往跟个人在各个角色上所花的时间和感情投入的程度有关,因此除横向层面和纵向层面之外,还存在一个深层层面。

（三）施恩的职业生涯周期理论

美国著名心理学家施恩认为:一个人一生要面临各种各样的问题,归纳起来有三个方面:一是成长、学习中遇到的问题;二是家庭婚姻中遇到的矛盾和难题;三是工作过程中的苦恼和困难。施恩把人的一生归纳为三种周期相互交叉作用的结果："婚姻—家庭"生活周期、"生物—社会"生命周期、"工作—职业"生涯周期。其中每个周期存在重叠或矛盾冲突，如图3-3所示。

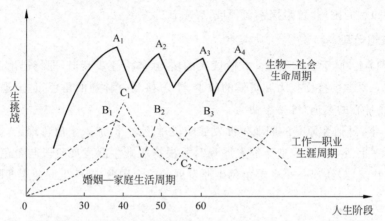

A_1—青春期危机，A_2—青年期危机，A_3—中年期危机，A_4—老年期危机；
B_1—进入职业组织，B_2—获得重要职能，B_3—面临退休压力；
C_1—结婚生子，C_2—子女抚育

图3-3 施恩的人生周期理论

个人的职业选择和职业生涯路径大不相同，一般都要经过成长探索、职业确立、维持下降三个阶段，而且都是在一定的"生物—社会"生命周期和"婚姻—家庭"生活周期背景下形成的。

（四）职业锚理论

职业锚理论也是由施恩提出的，是人们选择和发展自己的职业时所围绕的中心。

1. 职业锚的内涵

职业锚是在个人工作过程中遵循着个人的需要、动机和价值观，经过不断探索来确定自身长期职业定位。"锚"是人们选择和发展自己的职业所围绕的中心，指当一个人不得不做出职业选择的时候，无论如何都不愿意放弃的至关重要的东西或价值。

职业锚的核心内容是职业自我观的构成，包括自身的才干和能力、自身的动机和需要、自身的态度和价值观。

职业锚理论主要包括以下三个方面内容。

（1）动机和需要。以实际情况中的实际工作经验来自我检测和自我诊断，以他人的反馈为基础，来认知自我。

（2）才干和能力。以在组织的各种作业环境中的实验工作经验和成功为基础，来认知自我的能力。

（3）态度和价值观。以自我与雇佣组织和工作环境的准则和价值观之间的实际碰撞为基础。逐步重视自己所擅长的东西，并在这些方面改善自己的能力。

2. 职业锚的类型

施恩根据自己对麻省理工学院毕业生的研究,确定了八种基本的职业锚类型,即技术/职能型、管理型、自主/独立型、安全/稳定型、创造/创业型、服务/奉献型、挑战型、生活型,如图 3-4 所示。

（1）技术/职能型（technical or functional competence）。技术或职能型的人,追求在技术或职能领域的成长和技能的不断提高,以及应用这种技术或职能的机会。他们喜欢来自专业领域的挑战,不喜欢从事一般管理工作,因为这将意味着放弃在技术或职能领域的成就。他们对自己的认可来自他们的专业水平。

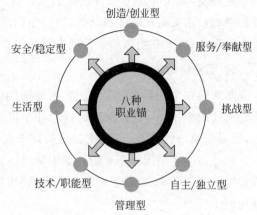

图 3-4　职业锚的类型

（2）管理型（general managerial competence）。管理型的人追求并致力于工作晋升,倾心于全面管理,独自负责一个部分,可以跨部门整合其他人的努力成果,他们想去承担整个部分的责任,并将公司的成功与否看成自己的工作。

（3）自主/独立型（autonomy & independence）。自主与独立型的人希望随心所欲安排自己的工作方式、生活习惯,追求能施展个人能力的工作环境,最大限度地摆脱组织的限制约束,宁愿放弃提升或工作扩展机会,也不愿放弃自由与独立。

（4）安全/稳定型（security & stability）。安全与稳定型的人追求工作中的安全与稳定感。他们因可以预测到稳定的未来而感到放松,关心财务安全。例如,退休金和退休计划。稳定感包括忠诚和完成上级交办的工作。尽管有时他们可以达到一个高的职位,但并不关心具体的职位和具体工作内容。

（5）创造/创业型（entrepreneurial creativity）。创业型的人愿意去冒风险,克服面临的障碍,希望使用自己能力去创建属于自己的公司或创建完全属于自己的产品（或服务）。他们想向世界证明公司是他们靠自己的努力创建的。他们可能正在别人的公司工作,但同时他们在学习并评估将来的机会,一旦他们感觉时机成熟,便会走出去创建自己的事业。

（6）服务/奉献型（service & dedication to a cause）。服务型的人指那些一直追求他人认可核心价值的人。例如,帮助他人,改善人们的安全,生产新的产品消除疾病。他们一直追寻这种机会,这意味着即使变换公司,他们也不会接受不允许他们实现这种价值的工作变换或工作提升。

（7）挑战型（pure challenge）。挑战型的人喜欢解决看上去无法解决的问题,战胜强硬的对手,克服无法克服的困难障碍等。对他们而言,参加工作或职业的原因是工作允许他们去战胜各种不可能。新奇、变化和困难是他们的终极目标。

（8）生活型（lifestyle）。生活型的人喜欢允许他们平衡并结合个人需要、家庭需要和职业需要的工作环境。他们需要一个能够提供足够的弹性让他们实现这一目标的职业环境，甚至为此可以牺牲他们职业的一些方面。例如，提升带来的职业转换。他们将成功定义得比职业成功更广泛，他们认为自己如何去生活，在哪里居住，如何处理家庭事业，以及在组织中的发展道路是与众不同的。

3. 职业锚的作用

职业锚在个人职业生涯与工作生命周期中、在个人与组织事业发展过程中，都发挥着重要的作用：一是有助于选择职业生涯发展道路；二是有助于确定职业生涯目标，发展职业角色形象；三是有助于提高个人工作技能，提高职业竞争力。

职业锚问卷是国外职业测评运用最广泛、最有效的工具之一。职业锚问卷是一种职业生涯规划咨询、自我了解的工具，能够协助组织或个人进行更理想的职业生涯发展规划。

二、职业生涯规划的制订

职业生涯规划是一个周而复始的连续过程。在这个过程中包括树立正确的职业理念、自我评估、环境评估、确定职业生涯目标、职业生涯路线选择与决策、制订行动计划与措施、执行与实施、评估与修正八个步骤，如图 3-5 所示。

图 3-5　制订职业生涯规划的基本步骤

1. 树立正确的职业理念

"志不立，天下无可成之事。"规划职业生涯时，首先要确立正确的职业发展理念，要有对自己职业生涯进行规划的想法和意识,要有意愿、主动地去规划自己的职业生涯,避免随波逐流,才能起到良好的规划效果。

2. 自我评估

认识自己,既要考虑职业需求,又要考虑自己的个性特长,还要认识到职业岗位与自己的关系。认识自己,要客观地评价自己,既不可高估自己,也不能贬低自己;要认识自己的理想、价值观、兴趣爱好、能力、性格等心理特点;要认识自己的优势、劣势、自己与众不同的方面和发展潜力。因此,认识自己首先要弄清楚三个方面的问题。

(1) 我是谁?

(2) 我想干什么?

(3) 我能干什么?

大学生可以利用职业测评软件,收集与自身性格、兴趣、能力、价值观相对应的职业倾向。

3. 环境评估

环境因素对于个人职业生涯发展的影响巨大。作为社会生活中的个体,每个人都不可能离群独居,都需要生活在特定的组织环境之中,环境为每个人提供了活动空间、发展条件、成功机遇。环境评估包括对社会政治、经济和组织环境的分析,即评估和分析环境条件的特点、发展与需求变化趋势、自己与环境的关系,以及环境对个人提出的要求、环境对自己的影响等。

大学生需要结合自我评价进行职业定位,主要考虑:职业的分类和内容,自己专业与职业的关系,具体职业对工作人员的要求、条件和待遇,当前的热点职业有哪些,发展前景如何,社会的发展对该职业会产生怎样的影响等,以便更好地进行职业生涯规划和路线选择。

4. 确定职业生涯目标

成就理想需要艰辛的努力,目标的实现需要一个不懈奋斗的过程,成就大目标需要分解成可以一步一步实现的小目标。在进行职业生涯设计时,同学们要把职业目标要分解为一个个可以实现的小目标,然后一步一个脚印地去实现。一件大事是由一千件小事组成的,每个人都渴望成就一番大事业,但是不踏踏实实从小事做起,又如何成就大事业?

同学们也许听说过拿破仑的名言:"不想当将军的士兵不是一个好士兵。"如果轻易能从士兵到将军,谁不想成为将军呢?列宁曾说过,要向大的目标走去,就得从小的目标开始。人生犹如爬楼梯,只有一步一个脚印打好基础,脚踏实地朝着既定的目标迈进,才能最终实现自己的大目标。远大目标的实现建立在每一个阶段目标实现的基础之上,如图3-6所示。

远大的抱负很少能够一气呵成,应当分解成若干易于达到的阶段性目标,确立一个适度的目标体系。一个多层次的目标设定可以使我们更快地摆脱窘境,保持开放、灵活的心境。

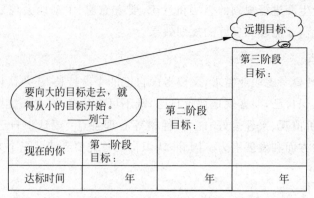

图 3-6 分阶段设立目标

确定职业目标的时候要根据自我分析和环境分析的情况，考虑以下因素。

（1）性格与职业的匹配。

（2）兴趣与职业的匹配。

（3）内外环境与职业相适应。

5. 职业生涯路线选择与决策

职业生涯路线是指一个人选定职业生涯目标后从哪个方向上实现自己的目标，是向专业技术还是行政管理方向发展，方向不同，要求就不同。比如说职业发展：一条是管理型的发展路径，另一条是技术型的职业发展路径（见图 3-7）。

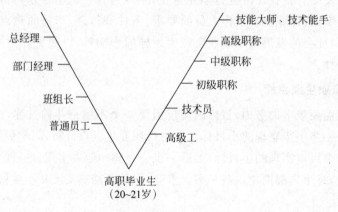

图 3-7 职业发展路径

发展路径的选择需要以下几个问题。

（1）个人希望向哪条路径发展，主要考虑自己的价值观、理想和成就动机等，由此确定自己的目标方向。

（2）个人适合向哪个路线发展，主要考虑自己的性格、特长、经历、知识结构、能力水平等，由此确定自己的能力方向。

（3）个人能向哪个方向发展，主要考虑自己所处的社会环境、政治与经济环境、组织环境等因素，由此确定自己的发展机会方向。

6. 制订行动计划与措施

行动计划与措施的制订则是需要分析自身条件与职业生涯目标的差距,以缩小差距为目的,制订出可以实现又具有挑战性的行动计划与措施。

对于刚入学的大学生,在确定好职业生涯目标、选择了职业生涯路线后应该首先根据其自身职业生涯路线最低两个阶段的职业发展制订期间的行动及措施。主要包括的内容如下。

(1)学业规划。学习专业知识、相关技能、做人的道理、成功的方法等,这可能将影响个人一生。

(2)成长规划。大学期间成长规划主要内容包括:养成良好的生活习惯;培养健康的兴趣和良好的心态;树立正确的恋爱观;学会自我管理;培养良好的思维方式;培养科学的世界观;拥有梦想等。

(3)时间规划。大学生在校期间,没有了升学压力,闲暇时间相对较多,但很多同学却倍感空虚,甚至在游戏、小说、睡觉中就度过了。做好时间规划的目的是要通过最短的时间,达成更多目标,以求时间利用最大化,即提高时间利用的质量,保障职业生涯规划有效实施。

7. 执行与实施

职业生涯规划的执行和实施,可以采用 PDCA 法。PDCA 循环法是由美国质量管理专家戴明提出的,又被称为"戴明循环",如图 3-8 所示。PDCA 是英文单词 plan(计划)、do(执行)、check(检查)和 act(处理)的首字母的组合。该循环法有四个阶段:P 阶段、D 阶段、C 阶段、A 阶段,也称为"计划阶段""执行阶段""检查阶段""处理阶段"。PDCA 循环就是按照这样的顺序进行质量管理,并且循环不断进行下去的科学程序。

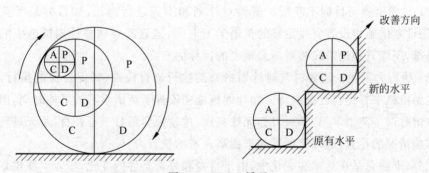

图 3-8　PDCA 循环

(1)计划(plan)阶段。这个阶段的工作主要是找出存在的问题,通过分析,确定改进目标,确定达成这些目标的措施和方法。实现目标的过程就是缩小自身同目标之间差距的过程。只有明确自己的能力、知识、观念等现状与所确定的职业生涯目标之间的差距,才可能有的放矢地采取措施弥补差距,保证目标的最终实现。

(2)执行(do)阶段。按照制订的计划和措施,严格地去执行。在实施过程中会发现新的问题或情况，例如原来制订计划的条件等发生变化，则应及时修订计划内容，以保证达到预期目标。

（3）检查（check）阶段。在分阶段完成计划时，根据所确定的目标和要求对执行计划的结果实事求是地进行正确评估。未完全达到目标也没有关系，以后还有改进机会。

（4）处理（act）阶段。

① 总结经验，巩固成绩。根据检查的结果进行总结，把成功完成计划的经验和失败的教训纳入自己的信息库中积累起来，以提高工作效率。与此同时，为了更好地提高自己的能力，寻找新的目标，开始新的 PDCA 循环。

② 解决问题，转入下一个循环。检查未解决的问题，找出原因，转入下一个 PDCA 循环中，作为下一个循环计划制订的资料和依据。对于新产生的问题，要不断总结经验，坚持改进，就会获得成功。

PDCA 循环的特点是环环相套、相互促进、不断循环、螺旋式上升和发展。四个阶段并不是截然分开的，而是紧密衔接连成一体的，各阶段之间也存在着一定的交叉现象。实际工作中，往往是边检查边总结边调整计划，不能机械地去理解和运用 PDCA 循环法。正因为每次循环都有所提高，才使得大学毕业生就业水平不断提高。

8. 评估与修正

职业生涯评估主要是对各阶段的预定目标和实际结果之间的差距进行分析，找到差距产生的原因。任何行动计划在实施之后都可能出现以下几种情况。

（1）目标过高或过低。目标过高超过个人能力，会伤害自信心，需要适当降低目标；目标过低不需要花费很大精力就可以达成，这种目标没有什么价值，自己的能力无法充分发挥，需要适当提高目标。

（2）计划措施与目标不匹配。需要对计划和措施进行修正，如目标是考英语四级，但是计划措施中没有安排足够的英语学习时间，这就需要调整计划措施中的英语学习安排，压缩其他现阶段相对不太重要的目标的安排。

（3）执行力不足。需要时常对计划措施的执行进行检查，督促自身的执行，也可增加奖惩措施来督促自己的执行。如计划措施中安排了英语学习的具体时间，但由于其他事情耽误了英语学习，导致目标无法实现，这就需要每日三省吾身，每天进行计划措施实施情况的检查，通过奖惩措施来提高自身的执行力。

此外，事物总是在运动和变化中，由于自身和外部条件的变化，职业生涯规划也需要随着时间的推移而变化。经过一段时间实施后，有意识地检查评估自己计划措施的执行，阶段目标的达成情况，可以检验自己的职业定位与职业方向是否合适。

过程中总结经验和教训，不断对自我与环境进行评估，修正自我与环境认知，纠正最终目标与分阶段目标的偏差，保证职业生涯规划行之有效。也可在这一过程中发现认知错误，对职业生涯目标、职业生涯路线进行重新确定和选择，不断磨合，实现事业成功。

综上所述,职业生涯规划围绕确定的志向展开,整个过程自我评估、环境评估、确定职业生涯目标、职业生涯路线选择与决策、制订行动计划与措施、执行与实施、评估与修正是一个不断循环的过程。

三、职业生涯规划的实施

(一) 制订职业生涯规划实施方案的注意事项

1. 制订目标具体、可操作

许多同学对自己未来的职业规划有一个大致、模糊的设想,但是如果没有形成文字,便显得随意性过大。或者虽然有职业规划,但是内容不清晰、不具体,便缺乏操作性,这都会影响职业发展的进程。

成功的人,往往都是有着明确的职业目标,并按照计划逐步落实的人。同学们要成就自己的职业理想,就要制订切实的职业生涯设计执行方案。在制订职业目标的实施规划时,需要考虑以下几个内容。

(1) 达到目标的途径。

(2) 达到该目标所需的能力、训练及教育。

(3) 达到该目标的积极力量。

(4) 达到该目标的阻力。

好的职业生涯计划的内容应该有具体的措施。比如达到目的途径:是通过能力和业绩,还是通过社会关系,或是通过获得文凭?教育和培训如何获得、谁支付培训和教育的费用、在什么时间培训、到哪个机构和单位获得培训?获得培训的主要阻力是什么?如何克服?获得教育的优势是什么?都应该想清楚。

2. 阶段目标的特点

通常,长远的职业生涯目标比较粗、不具体,可能随着个人及组织内部形势的变化而变化,设计时宜以勾画轮廓为主。

中期目标为3～5年,相对于长远职业生涯目标要具体一些,如获得更高的学历资质,参加一些旨在提高技术水平的培训并获得等级证书等。

近期目标是最清楚的,可以以年、月、周为规划单位,比较具体。

处理计划之间相互关系的原则是:短期计划服从于中期计划,中期计划服从于长期计划,这样一层一层地嵌套,形成一个完整的计划。

3. 制订具体实施计划的要求

具体制订行动计划时,也应根据前面提到的目标设计的原则,予以科学安排和计划。

(1) 逐个目标实现。具体实施计划时,则与计划的过程相反,先从具体的、短期的目标开始实施,等短期的目标逐个实现了,中期目标就开始实现,而中期目标实现了,长期目标也就会逐步实现。

（2）不断修订计划。一个好的计划应该是在修正中完善的，因此，各种计划都有反馈机制，要根据环境和实施的结果及时评估并修正。

（二）实施职业生涯规划

有了一份好的计划，还要善于利用计划，督促自己始终按计划行动。由于种种原因，在许多情况下，可能出现紧急的工作，让人无法一一应对，这时就应该分清轻重缓急予以解决。不能只顾埋头干活，而忘记了努力的方向。职业发展计划就是努力的方向。

为了保证自己的行动能与努力的目标一致，就需要最大限度地根据个人的职业发展计划，及时调整自己的行为。下面提出几项能够帮助你实施职业生涯规划的措施。

1. 根据情况适当调整计划

（1）根据工作进度调整计划。过程监督十分重要，监督可以发现计划存在的问题，可以考察计划的落实情况，可以有针对性地提出解决方案。

至少每三个月检查一次你的工作进度。如果感到工作和生活过于舒适。那就意味着目标定低了，需要进行调整，适时适当地调高目标。这样，可以使自己的目标难度更合理，使成就水平更高。如果感到自己的生活节奏很慢，效率很低，没有实现制订的职业生涯目标，首先要考虑自己的动机水平是否足够。

如果不是职业目标太难，就应该加强紧迫感，使自己不要脱离职业规划的轨道，一旦长期偏离，个人就会放弃原来的计划，使计划成为一纸空文，可能有时应酬太多，应该学会拒绝，增加在职业生涯目标上的精力投入。

（2）动态管理计划。如果你的理想蓝图已经发生变化，你的构想和行动规划也要做出相应的变动，目标和策略也应随之改变。计划往往需要和现实结合起来，进行动态性地管理，否则，缺乏灵活性，也会导致计划落空。

2. 积极实现目标

（1）不断提醒自己。保证经常回顾你的构想和行动计划。有些同学有计划，但总是不将计划放在心上，只要有事做，就不知道自己再努力的方向在哪里，缺乏时间观念，结果贻误发展机会。建议你把你的构想和任务方案存入计算机文件或贴在床头等可经常看见的地方。为了避免自己忘记重要的工作及时间表，最好将这些内容放在自己经常能看见的地方，如写在日历上，时刻提醒自己。特别是随着年龄的增长，事情繁多，注意力容易发生转移，尤其要注意日程表。

（2）听取朋友的建议。向好朋友公开自己的计划，是保证计划实施的重要方式。如果计划只是自己知道，往往在遇到困难时，容易退步，而且心理上没有压力，因为计划是自己知道，别人不知道。如果你想专升本，但担心考不上，一听说竞争很激烈，有可能要失败，许多人就退却了；而聪明的人，事先将自己的设想告诉家人和朋友：先征求别人的意见和建议，再采取行动，而且在行动中也可以得到大家的鼓励和监督。

一方面，三个臭皮匠，顶个诸葛亮，可以凭借集体的智慧，帮助设计最佳的策略和方案；另一方面，可对自己进行约束，增加责任心及激励力量。

（3）注意抓住机遇。获得职业发展的渠道很多，除了个人自己创造的机会外，还应该注意抓住组织所提供的机会，为实现自己的职业目标打基础。如果你所在的组织有培训机会，千万不要因为工作太忙、家庭事务太多、身体状况不佳、今后还有机会等理由而放弃。也许机会失去永不再来，也许失去此次机会，就失去了一个晋升、选择更有挑战的职业的机会。

（4）要有毅力。参加工作后，学习和技能培训与纯粹的学生时代不同了，可能要谈婚论嫁，可能工作十分繁忙，可能朋友非常多，这些都会影响到自我职业生涯发展规划的执行，时间不再是整块的，而是要靠自己去挤，通常较多的是牺牲节假日和八小时之外的时间，这就需要毅力，需要亲戚、朋友的理解和支持，否则，计划很难长期执行。

有时候工作太累了，很想休息；有时朋友约你去旅行，很有诱惑力；有时很多人都在娱乐，自己也有兴趣参加。如果没有计划观念和自觉性，通常会使计划流产；一旦起初的计划落空，以后也容易放弃，这是大家一定要注意的。

（5）克服诱惑。在有些情况下，可能有一些重要的诱因，能获得短期内的收获，但从长期考虑有损失。比如你是一个项目的主管，辉煌的事业正在逐步地推进，但有一个出国的机会，个人的短期利益可以得到满足；但你的出国很可能导致事业的损失，如何处理？如果项目成功了，可能以后有很多机会出国，但项目不成，则可能失去出国的机会。这种时候，需要冷静的思考，权衡利弊，做出符合职业生涯发展利益的决策。

（三）做好职业生涯管理

职业生涯管理一般包括组织职业生涯管理和个人职业生涯管理。在此我们只探讨个人职业生涯管理，也称自我职业生涯管理。指以实现个人发展的成就最大化为目的，通过对个人兴趣、能力和个人发展目标的有效管理实现个人的发展愿望。个人职业生涯管理的重要性对个人来说，关系到个人的生存质量和发展机会；对组织来说，关系到保持员工的竞争力。

个人职业生涯管理是个人对其职业生涯进行规划、选择、开发和调整的活动过程（见图 3-9）。

个人可以自由地选择职业，但任何一个具体的职业岗位，都要求从事这一职业的个人具备特定的条件，如受教育程度、专业知识与技能水平、体质状况、个人气质及思想品质等。一个人在择业上的自由度很大程度上取决于个人所拥有的职业能力和职业品质，而个人的时间、精力、能力毕竟是有限的，要使自己拥有不可替代的职业能力和职业品质，就应该根据自身的潜能、兴趣、价值观和需要来选择适合自身优点的职业，将自己的潜能转化为现实的价值，这就需要对自己的职业生涯做出规划和设计。

每个人都应当对职业生涯各个阶段进行有效的自我管理，才能最终实现人生目标。

需要强调的是，个人职业生涯管理中，首先必须要有正确的职业理想、明确的职业目标贯穿始终。一个人选择什么样的职业，以及为什么选择某种职业，如何通过该职业为社会、为国家多做贡献，都应该以其正确的职业理想为出发点。任何人的职业理

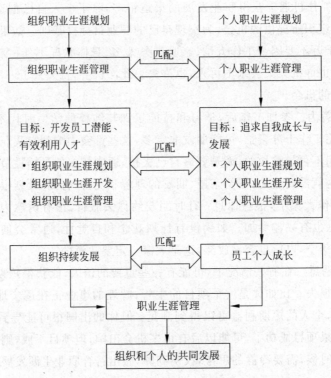

图 3-9　个人职业生涯管理

想必然要受到社会环境、社会现实的制约。社会发展的需要是职业理想的客观依据，凡是符合社会发展需要和人民利益的职业理想都是高尚的、正确的，并具有现实的可行性。大学生的职业理想更应把个人志向与国家利益和社会需要有机地结合起来。

总而言之，为未来职业考虑，既要做到"低头拉车"，专心研究某一专业知识，还要做到"抬头看路"，看看这种专业知识在未来社会是否还将为人们所需求。以长远眼光看问题，多掌握几种技能要比只精通一门狭窄的专业知识更有前景。

 【技能训练】

训练项目1　职业采访汇报会

训练目的：了解不同职业的具体内容，确立自己的职业兴趣与方向。

训练环境：教室、会议室、小型报告厅。

训练步骤：

（1）教师请各位同学去采访一项职业，采访的清单已经拟好（见表3-5）。

（2）采访后开一个汇报会，5～10分钟的报告。

（3）汇报会上，要汇报采访原因，职业相关内容，采访的时候的心情。

（4）如果采访可以重新再来一次，你会做什么样的改动？为什么？

表 3-5　职业采访清单

序　号	问　题
1	职业名称是什么?
2	该职业与人际、文字、数字或事物,哪一个关系较密切?
3	主要的工作内容是什么?
4	主要工作场所是在室内,还是户外?
5	计薪方式是固定薪资,还是有灵活性?
6	工作方式是固定在单位还是需要经常出差?
7	工作时间是固定还是自行调配?
8	从业者所需要的教育训练有哪些?
9	从业者所需具备的特殊能力和个人特质有哪些?
10	从业者所需具备的证书有哪些?
11	从业者的升迁发展机会如何?
12	从业者的就业市场如何?
13	从业者可能的压力来源有哪些?

训练项目 2　制订职业生涯规划方案

训练环境:教室、会议室、小型报告厅。

训练步骤:(教师说明编写要求)

(1) 写出自己最重视的三项工作价值观(参考第二章),即职业发展目标。

(2) 写出毕业时的职业选择意向。

(3) 运用 SMART 原则,写出毕业一年后的职业发展目标。

(4) 写出为了实现自己的发展目标和就业意向,目前应该做出哪些努力。

训练结果:职业生涯发展初期规划方案。

训练项目 3　搭建人生金字塔

训练目的:建立自己的人生生涯目标,掌握努力方向与目标一致原则。

训练环境:教室、会议室、小型报告厅。

训练步骤:

(1) 将学生分组,每组 5～7 人。

(2) 请同学们对以下问题进行思考和讨论。

• 一生中我最想做的大事是什么?

• 我想成为什么样的人?

• 我想取得什么样的成就?

• 我想以怎样的形象度过自己的职业生涯?

• 我的人生榜样是谁?

• 我在哪些方面有优势?

• 我的哪些资源支持我的生涯目标?

……

(3) 填写如图 3-10 所示的个人生涯目标金字塔。

图 3-10　个人生涯目标金字塔

（4）讨论结果分享，各小组在组内分享个人的人生金字塔目标，选代表在班里进行分析。

（5）任课教师进行总结点评。

（6）同学们通过交流分享、教师点评，完善自己的人生金字塔方案。

本 章 小 结

职业生涯越早规划就在人生发展旅程中越可能占有优势。职业生涯对高职学生来说非常重要，这是人生的一个转折，这个转折把握好了就可能走向一个新的里程，这个环节把握不好可能就会影响我们的一生。因此，我们必须面向未来，树立明确的职业生涯目标，学会运用生涯决策策略，合理规划自己的职业生涯，一步一个脚印地实施下去，相信定会走出一条光辉的人生之路。

第四章

大学生毕业去向与就业创业政策法规

【知识目标】

1. 了解我国现阶段主要的就业形式以及大学毕业生主要毕业去向；
2. 了解现阶段大学生创业相关政策；
3. 了解大学生就业权益。

【技能目标】

通过调研分析我国现阶段大学生就业形势、学习就业相关的政策法规，帮助同学们端正就业态度、掌握求职就业过程中的责任权利、明确作为劳动者的权益。

【训练项目】

1. 现阶段大学生就业形势、政策、法规收集；
2. 我国现阶段劳动者权益的落实状况。

【案例导入】

学会维护自己的合法权益

新的《中华人民共和国劳动合同法》颁布实施后，学校就业指导中心为应届毕业生举办讲座，邀请法律专家进行讲解。工商系的张运鹏同学已经在一家大型企业就业实习，返回学校听了讲座之后，高兴地说："这下我不用担心用人单位在试用期内随便辞退我了，将来我也可以堂堂正正地保护自己的利益了。"但是他的同学却没有这么乐观，觉得新的劳动合同法好是好，就怕不能得到认真的贯彻执行，媒体已经报道了很多关于企业规避新劳动合同法的事件，那么多工作了多少年的老职工对此都无能为力，更何况我们这些才走出校门的大学生呢？现在找工作这么困难，谁会敢真的拿法律说事儿？郭晶晶是张运鹏的同班同学，在一家私企做内勤，她就说："即使有了这个法律,你敢跟老板要加班费、要保险、要休假吗?老板要你加班,你敢不加吗?现在大学生多的是,你不干,老板随时可以再找别人。我们啊,还是现实一点吧。"

案例分析:如何在纷繁错综、充满竞争挑战的社会中正确地保护自己,最大限度地维护自己的合法权益,成为摆在即将进入社会的大学生面前亟待解决的问题。毕业生进入职场,就要与用人单位签订劳动合同,要想维护自己的合法权益,就要熟悉有关劳动合同的一些重要内容。同学们要学法知法懂法,在职场中能用法律知识保护自己的合法权益。

党的二十大报告指出,"强化就业优先战略。就业是最基本的民生。强化就业优先政策,健全就业促进机制,促进高质量充分就业。"高校毕业生是国家的宝贵财富,如何实现大学生的充分就业,全社会都给予了高度的关注。对于每一名同学来说,了解和把握国家关于大学生就业的基本政策,了解就业有关的法律法规,了解毕业后的就业去向,端正就业观念、明确就业方向、实现就业目标,都是非常重要的。

第一节　大学生毕业去向

大学毕业生迈出校园即将接受祖国和社会的挑选,面临海阔凭鱼跃,天高任鸟飞的时代大背景,机遇和挑战并存,每一名毕业生都在深入思考和选择毕业去向。正确把握大学毕业生就业政策,充分利用自己在大学期间积累的专业技能和实习实践经验,把个人职业理想与社会就业环境有机结合,明确就业去向,是毕业生走向就业市场的重要环节。

一、大学生主要就业形式

大学生走向社会,面临各种各样的现实挑战,最大的挑战莫过于如何选择正确的职业道路。作为一名即将步入社会的毕业生,了解就业有关的制度、形式、程序等显得尤为重要。

(一)大学生就业制度

我们国家现阶段大学生就业实行"市场导向,政府调控,学校推荐,学生和用人单位双向选择"的制度。

1. 市场导向

意味着在大学生人力资源的社会配置方面,市场机制发挥着主导作用,大学毕业生能不能落实就业、在哪些领域或行业就业、通过哪些渠道就业、采取什么形式就业等,过去是由国家计划予以确定,也就是"包分配",现在则主要地取决于劳动力市场的供求关系状况。例如,这几年大学扩招,毕业生人数逐年大幅度增加,就会有一些大学生在毕业的时候不能落实就业或暂时不能落实就业,这是因为劳动力市场吸纳不了这么多人的缘故。应该看到,随着我们国家市场经济的不断发展,市场机制在配置大学生人力资源方面的作用会越来越大,因此,了解市场,关注市场动态,对我们大学生来说是非常必要的。

2. 政府调控

意味着国家在大学生人力资源的配置方面仍然发挥着重要作用。我国的高等教育现在还实行按照国家统一计划招生和录取,高职学生也属于"统招生"。所以,政府还要根据国家经济与社会发展的需要,在一定范围内配置大学生资源,以保证重点行业、重点建设、重点区域的人才需要;大学生就业政策对大学生的就业渠道、就业形式、就业流动等还具有很大的指导作用和约束力。按照政策就业,或者说大学生就业要符合国家政策,仍然是我们国家大学生就业的一个重要特色。

3. 学校推荐

意味着高等学校在大学生就业方面担负着重要职责,这种职责的一个重要方面就是提供就业指导,帮助学生树立正确的就业观念,培养和提高他们的择业能力和就业能力,帮助他们落实就业,指导学生的职业生涯规划和发展;这个职责的另一个方面是高校要构建服务的平台,也就是局部范围内的大学生就业市场,通过组织各种形式的人才供需见面活动,为用人单位和毕业生牵线搭桥。

4. 学生和用人单位双向选择

意味着就业的主动权在学生和用人单位。什么时候就业,要不要就业,采取什么样的形式就业,主要由用人单位和毕业生通过协商共同解决。从这个角度讲,就业是学生个人的事情,关系到学生个人和家庭的切身利益。现在,很多学生对这个问题认识不清,他们从小到大始终在家庭的关爱之下,在学校的关注之下,个人独立意识表面上很强,但实际上很弱,真正临到步入社会、开始个人职业生涯的时候,往往表现出缺乏自信,没有独立自主精神,对个人权益关注不够,依赖性仍然很大,自主选择的意识弱,自主选择的知识少,自主选择的能力低。这一方面既需要学校加强就业指导,另一方面也需要同学们自己主动地加以强化。

(二)大学生就业市场

1. 我国目前就业形势

我国是世界上人口最多的发展中国家,解决好超大规模就业问题始终是带有挑战性的问题。就业是最大的民生工程、民心工程、根基工程,是社会稳定的重要保障。

促进就业是保障和改善民生的头等大事,党和政府高度重视就业工作,从"十二五"规划开始,坚持把促进就业放在经济社会发展的优先位置。党的十八大报告中指出,推动实现更高质量的就业,实施就业优先战略和更加积极的就业政策。党的十九大报告中强调,就业是最大的民生,要坚持就业优先战略和积极就业政策,实现更高质量和更充分就业。2018 年召开的中央经济工作会议首次提出"实施就业优先政策",并重申了习近平总书记在同年 7 月召开的中共中央政治局会议上首次提出的"要做好稳就业、稳金融、稳外贸、稳外资、稳投资、稳预期工作",使稳就业的力度进一步加大。

2019年10月，"实施就业优先政策"被写入党的十九届四中全会《中共中央关于坚持和完善中国特色社会主义制度 推进国家治理体系和治理能力现代化若干重大问题的决定》，同时政府推行更加积极的就业政策以稳就业。

2020年以来，为克服新冠肺炎疫情带来的不利影响，以习近平同志为核心的党中央在强调扎实做好"六稳"工作的同时，提出全面落实"六保"任务。在"六稳"工作中，稳就业居于首位。在"六保"任务中，保居民就业同样居于首位。2020年的政府工作报告，罕见地没有提出全年经济增速具体目标，更是突出强调"要优先稳就业保民生""引导各方面集中精力抓好'六稳''六保'"。并密集出台了一系列稳定和扩大就业的措施，为稳就业提供了根本保证。

党的二十大报告指出，"完善促进创业带动就业的保障制度，支持和规范发展新就业形态。健全劳动法律法规，完善劳动关系协商协调机制，完善劳动者权益保障制度，加强灵活就业和新就业形态劳动者权益保障。"

2. 全国大学生就业市场的总体形势

自进入21世纪以来，我们国家大学毕业生人数连年大幅度增加。高校应届毕业生人数从2010年的575.4万人上升至2020年的874万人（见图4-1），在10年的时间内，高校应届毕业生人数增加了近300万人之多。

图4-1 中国普通高等学校毕业生人数（2010—2020年）

在全国大学生每年的毕业人数中，高职高专占到了一半左右，本科和研究生占到另一半。高职高专毕业生的就业更是让人重视。

在麦可思研究院发布的《2018年中国大学生就业报告》中指出：2017届高职高专毕业生半年后的就业率为92.1%，比2016届（91.5%）略高，近十年应届高职高专毕业生就业率稳步上升，2017届高职高专就业率首次超过本科[①]。

而据《2019年中国大学生就业报告》显示，2018届高职高专毕业生就业率为

---

① https://www.sohu.com/a/257544097_99900352.就业蓝皮书：2018年中国本科生/高职高专生就业报告.

92.0%,与过去 4 届相比稳中有升①。通过对比可见,近两届高职高专毕业生就业率高于同届本科生。

2020 年 874 万高校毕业生规模增量、增幅均创新高,受到经济下行压力、疫情等因素影响,2020 届高校毕业生遭遇"最难就业季"。为此国家推出了许多超常规举措积极缓解高校就业压力。企业扩招、研究生扩招、基层就业扩岗,鼓励创业带动就业,在线宣讲、线上线下招聘同步发力,如教育部等部门联合启动高校毕业生就业"百日冲刺"行动;人社部发起"百日千万网络招聘专项行动",举办线上招聘会 14392 场;教育部"24365"平台联合其他部门推出专场招聘活动等,为毕业生提供不间断的就业服务。

3. 北京地区大学生就业市场及就业形势

2018 届北京地区高校(含科研院所)毕业生总数共 23.1 万人,92 所普通高校毕业生 22.6 万人,2019 届北京地区高校(含科研院所)毕业生总数共 23.5 万人,其中,93 所普通高校毕业生人数为 23 万人,毕业生人数再创新高②。

北京地区高校毕业生人才结构和全国相比有所不同。在北京地区高校培养的全部毕业生中,本科生占到 50% 左右,高职高专和研究生合计占到 50% 左右,在学历结构上呈现出橄榄球形状,即两头小中间大。这样一种结构导致了北京地区人才竞争的特殊局面,即高职高专毕业生较多地要与本科生甚至研究生竞争就业岗位。

北京地区各高校培养的学生中,京外生源占了很大比例,在数量上超过了北京生源。但按照北京市大的政策环境,北京市"十三五"时期,已不再扩大高等教育办学规模,减少教育对外来人口的吸引,压缩市属高校京外招生人数,普通高校不再新增招收京外生源的成人教育机构和办学功能。未来几年市属高校减少京外招生规模的趋势是肯定的,这与北京市的大政策环境有关。

尽管如此,京外生源在高校毕业生中仍占据大部分,以 2019 年为例,2019 年北京高校毕业生中,京内生源总数仅占 1/4,京外生源的总量还是较大。这部分生源的很大一部分会留在北京地区,有些是按照国家政策办理了留京手续,有些是通过升学考试继续求学,但是也有相当一部分是自愿主动留在北京,成为"北漂"一族。另外一个情况是,由于北京地区经济和社会发展很快,能够提供的就业机会多、岗位层次相对较高、职业生涯空间大,所以,对全国各地的大学毕业生具有很强的吸引力,很多人也会主动自愿地来到北京,谋求个人发展。而高职高专学生基本上是北京生源,他们的就业竞争将会遇到本科生源和京外生源的有力挑战。

4. 高职大学生就业市场的形势

截至 2019 年,我国共有高职高专院校 1423 所,占到高等学校的 50% 以上,每年

---

① http://finance.sina.com.cn/china/gncj/2019-06-12/doc-ihvhiqay5036330.shtml. 2019 年就业蓝皮书:高职高专毕业生就业率上升.

② 数据来源:教育部网站. http://www.moe.gov.cn/s78/A03/moe_560/jytjsj_2019/gd/202006/t20200611_464854.html.

高职毕业生人数也占到大学毕业生总人数的 50% 左右。就北京地区来说，独立设置的高职高专院校有 25 所，另外还有部分本科院校举办的高职教育，每年毕业学生 3 万人左右。就全国来说，据麦可思《中国大学生就业报告》显示，本科就业率持续缓慢下降，高职高专就业率稳中有升，近两届高职高专毕业生就业率甚至高于同届本科生。

就北京地区来说，高职高专毕业生就业率与本科毕业生不相上下。这里面的主要原因就在于北京地区经济与社会发展快，在经济结构方面，首都经济以第三产业为主，劳动密集型特征比较明显，因此可以提供较多的就业机会。另外，首都经济发展层次高，也为各类从业人员提供了较为广阔的职业发展空间。

北京地区高职高专毕业生就业形势主要有以下特点。

一是竞争压力较大，竞争挑战性强。前面我们提到了，高职高专学生就业面临的主要竞争压力来自本科毕业生，在北京地区还要面临京外生源的竞争。所以，压力较大，挑战性强。

二是毕业生群体地域性显著。和其他地区一样，北京地区高职高专毕业生基本上来自本地区，京外生源很少。因为这个特点，北京地区高职高专毕业生的竞争压力又可以相对得到缓解。但是同样因为这个特点，北京地区高职高专毕业生的就业期望值相对较高，求职择业的选择性强，流动性较大。

三是就业机会相对较多，就业范围以第三产业为主，就业岗位以各类组织的一线基层岗位为主。这是由北京地区经济和社会发展的性质与特点所决定的，也是由高等职业教育的性质和特点所决定的。

（三）大学生就业去向

近年来，随着我们国家市场经济的发展和大学生就业市场供需关系的变化，大学生就业形势出现了多样化的趋势。一方面，正规就业仍然是大学生就业的主要形式；另一方面，灵活就业、自主创业等就业形式也越来越多地为用人单位和大学毕业生们所采用。关于大学生就业形势，我们主要就现阶段政府教育主管部门的大学生就业统计口径进行介绍。

按照教育部《高校毕业生就业去向及就业统计分类》《高校毕业生就业毕业去向界定及标准》，目前高校毕业生的就业去向包括就业、升学、未就业。

1. 就业

（1）协议和合同就业。协议和合同就业包含签订就业协议书、签订劳动合同、科研（管理）助理、应征义务兵、国家基层项目、地方基层项目。

① 签订就业协议书：即毕业生在与用人单位达成聘用意向之后，要签订就业协议。就北京高校而言，就业协议书即《北京地区普通高校毕业生就业协议书》或《北京地区普通高校毕业研究生就业协议书》的简称，是高校毕业生和用人单位在正式确立劳动人事关系前，经双向选择，在规定期限内就确立就业关系、明确双方权利和义务而达成的书面协议；是用人单位确认毕业生相关信息真实可靠以及接收毕业生的重要凭证；是高校进行毕业生就业管理为毕业生办理就业手续的重要依据。

② 签订劳动合同：即毕业生与用人单位签订劳动合同。劳动合同是指劳动者与用人单位经双向选择，建立劳动关系，明确双方权利义务关系的书面协议。毕业生与用人单位签订劳动合同，是保护毕业生合法权益的基本依据。劳动合同一般应写明劳动合同期限、工作内容、工作地点、工作时间、休息休假、劳动报酬、劳动保险、劳动保护、劳动条件、劳动合同终止、违反劳动合同的责任等条款，对双方当事人具有约束力。

③ 科研（管理）助理：即高校、科研机构和企业聘用毕业生作为研究助理和辅助人员参与研究工作。

④ 应征义务兵：2009 年国家出台了应届高校毕业生入伍预征政策，大规模征集普通高校应届毕业生入伍。北京市政府出台了针对大学生入伍的优惠政策，包括适当放宽征集年龄条件、优先报名应征、优先体检政审、优先审批定兵、提高经济补助标准、服役期满后升学优待、就业优待等。

大学生应征入伍主要有两种情形：一种是大学生在校期间参军入伍，按照国家政策规定，可以保留学籍，待退伍之后可以继续学习；也可以选择就业，则学籍不再保留。另一种是大学生在毕业之后参军入伍，按照目前的大学生就业统计口径，属于就业。

应征学生可以登录"全国征兵网"（http://www.gfbzb.gov.cn）报名。

⑤ 参加服务基层项目：高校毕业生参加服务基层的项目也是协议就业类形式之一。近几年，国家出台了一系列优惠政策鼓励高校毕业生积极参加社会主义新农村建设、城市社区建设和应征入伍。扎根基层，已经成为不少高校毕业生的选择。项目包括大学生志愿服务西部计划、"三支一扶"计划、"选调生"招考（大学生村官）、农村义务教育阶段学校教师特设岗位计划等。

（2）自主创业。自主创业指创立企业（包括参与创立企业），或是新企业的所有者、管理者。包括个体经营和合伙经营两种类型，包含以下三种情况：创立公司（含个体工商户）；在孵化机构中创业，暂未注册或注册当中；电子商务创业，利用互联网平台从事经营活动，如开设网店等。该就业形式要提供营业执照、法人代表证或合伙证明材料；或是依据与孵化机构签订的协议或孵化机构提供的证明材料；或是依据互联网平台提供的相关证明和收入流水。

（3）灵活就业。这是指毕业生提交灵活就业登记表，并以灵活方式就业。灵活就业包括以下形式。

① 其他录用形式就业。即用人单位不签订就业协议或劳动合同，仅提供聘用证明。目前，不再签约的用人单位的数量在增加，特别是一些民营和私营组织。必须指出的是，大学毕业生无论采取签约就业还是采取不签约就业，按照我国《中华人民共和国劳动合同法》，如果与某一用人单位建立了劳动关系，都要与该用人单位签订劳动合同。劳动合同是实现就业、保证包括大学毕业生在内的劳动者就业的基本权益的法律保障，对此要予以高度重视。所以，对于不签约就业的情形，同学们应比较谨慎地对待和处理，以免个人权益因此而受到损失。

② 自由职业。自由职业是指以个体劳动为主的一类职业，如作家、自由撰稿人、翻译工作者、中介服务工作者、某些艺术工作者、互联网营销工作者、公众号博主、电子竞技工作者等。

2. 升学

（1）升入普通高等教育继续深造。近几年，大学毕业生选择升学、进一步深造的人数越来越多。按照我们国家现行的政策和规定，继续升入普通高等教育系列的（高职毕业生升入本科、本科毕业生升入研究生、硕士研究生继续攻读博士研究生），按照统计口径列入就业。严格地说，这部分学生属于推迟就业，也就是在完成了更高层次的学历教育后，进入就业市场，执行国家有关大学生就业的相关政策。

（2）出国、出境留学。高校毕业生获得国外大学的录取通知书，进入国外大学继续学业，按照统计口径列入就业。

（3）其他升学形式。如果毕业生选择全日制的成人高等教育、中共党校高等教育、远程教育、高等教育自学考试等升学形式，在统计口径上不列入就业范围，也不办理上述就业手续。

3. 未就业

未就业包括待就业、不就业拟升学、其他暂不就业。

（1）待就业：指有就业意愿尚未就业，包含以下五种情况。

① 求职中。正在择业，尚未落实工作单位。

② 签约中。已确定就业意向，准备正式签订协议或合同。

③ 拟参加公招考试。准备参加公务员、事业单位公开招录考试。

④ 拟创业。准备创业，尚未在工商行政管理部门注册登记，拟创立的实体尚未开始实际运营。

⑤ 拟应征入伍。准备应征入伍，尚未被批准。

（2）不就业拟升学：即毕业生暂不打算就业，准备升学考试。

（3）其他暂不就业：即毕业生暂时不想就业等无就业意愿，或是准备出国出境学习或工作。

就业是每一个劳动者的应有权利，暂时或临时不就业也是劳动者的权利选择。大学毕业生也拥有这样的选择权利。这里所说的未就业是指毕业生毕业之后自愿不就业。大学生选择不就业的原因主要是主观上的考虑，比如等待更好的就业时机等。按照有关政策，选择不就业的毕业生要列入失业人员范围，个人档案由学校转回户籍所在地区。

二、就业协议与就业程序

（一）就业协议

1. 就业协议是什么

就业协议是《全国普通高等学校毕业生就业协议书》的简称，是应届毕业生在第一次就业时由毕业生本人、用人单位和学校签订的就业协议。就业协议书由中华人民共和国教育部统一规定格式,各省、自治区、直辖市教育主管部门印制,并按当年应届毕业生人数发放给各个高校,再由学校发放给每个毕业生。目前,北京地区高校毕业生就业协议书由北京市教委统一印发,用于明确毕业生、用人单位、学校三方在毕业生就业过程中的权利义务关系,俗称"三方协议"。

就业协议书的内容主要包括三个部分:毕业生情况及意见(包括毕业生的个人信息和应聘意见),由毕业生本人填写;用人单位情况及意见(包括用人单位基本信息,毕业生档案转寄单位名称、地址,用人单位意见等),由用人单位填写;学校意见(包括学校联系人、院系意见、学校毕业生就业部门意见等),由学校就业主管部门填写。

就业协议书一式三联,毕业生、用人单位和学校填写完毕相关内容之后,签字盖章生效。第一联学校留存;第二联用人单位留存,用以办理接受和录用手续;第三联毕业生个人留存。协议在毕业生到单位报到,用人单位正式接收后自行终止,然后单位会与毕业生签订正式的劳动合同。

2. 就业协议的作用

持有就业协议书表明毕业生是计划内生源。就业协议书只发给统招生,各类计划外生源没有,成人高等教育毕业生、自学高考毕业生、远程教育毕业生、函授教育毕业生、党校教育毕业生等都是没有就业协议书的。毕业生需按照就业协议书的内容,毕业后在规定的时间内到用人单位报到。

用人单位在毕业生毕业后,办理相关接受和录用手续,安排好毕业生就业。

3. 就业协议签订的步骤①

第一步,领取就业协议。一般由学校统一发放,就业协议复印无效。

第二步,毕业生填写个人信息。在这个环节需要注意就业协议填写过程中,毕业生本人一定要确定好各信息要素,有不明确的地方尽快与相关部门、人员联系。

第三步,用人单位填写。对于已与用人单位达成一致的毕业生,需要用人单位填写的要素和盖章的部分要与用人单位联系填写,其中单位名称不可写简称,要正确填写单位全称。

第四步,提交学校。就业协议签订完成后应由个人、学校、用人单位自留一份存档,作为就业方案的依据,以及明确各自权力、责任的依据。

4. 签订就业协议注意的环节

(1)毕业生要看协议上填写的用人单位名称是否与单位的有效印鉴名称一致。如果不一致,协议无效。

(2)毕业生签三方协议前,要认真查看用人单位的隶属,国家机关、事业单位、国有企业一般都有人事接收权。民营企业、外资企业则需要经过人事局或人才交流中心的审批才能招收职工,协议书上要签署他们的意见才能有效。

---

① 根据《关于就业协议,你必须知道的》整理. https://www.sohu.com/a/233901226_556434.

（3）明确试用期。外企、合资企业、私企一般采用试用期，根据《劳动合同法》的规定，从1～3个月不等，通常试用期为3个月，最长不得超过6个月。国家机关、高校、研究所一般采用见习期，通常为一年。

（二）就业程序

毕业生从准备求职开始到最后落实工作前往用人单位上班，需要经过一系列的程序，一般可以分为三个阶段：准备阶段、求职阶段、走上工作岗位阶段。

1. 准备阶段

毕业生就业的准备阶段，涵盖以下方面。

（1）了解有关法律法规及就业政策。就业是一项政策性很强的工作，学校、毕业生、用人单位都需要按照相关的政策来指导规范毕业生的择业就业活动。

与毕业生求职相关的法律法规主要包括《中华人民共和国劳动法》（2018年修正）、《中华人民共和国劳动合同法》（2012年修正）、《中华人民共和国就业促进法》（2015年修正）等。

为促进高校毕业生就业，国家出台了一系列政策，如鼓励毕业生到基层、到中西部地区就业的政策措施；鼓励毕业生到中小企业、非公有制企业就业的政策；鼓励骨干企业和科研项目单位积极吸纳和稳定高校毕业生就业的政策；鼓励和支持高校毕业生自主创业的政策措施；对困难毕业生的就业援助措施；大学生应征入伍相关政策等。

（2）自我分析和评价。要认识到自己的自然条件，从专业特长、知识水准、能力水平、健康情况、心理状态、情感特点、兴趣爱好等方面进行自我分析，要清晰自己的优势和不足。比如，自己的专业理论知识扎实、专业技能突出、组织策划能力强、容易冲动、比较情绪化等。需要明确的是，在分析自己的不足时，一定要实事求是如实地面对。只有清晰地认识自己的优势和不足，正确地评价自我，才能在择业过程中取其所长，补其所短。

（3）确定择业目标。要准确地结合自身的优势与需求，确定适合自己的行业。主要参考要素包括：行业、职位、薪酬、区域、单位性质等。在确定择业目标的过程中，可以从参考要素及期望方面来进行择业目标的描述，这样，可以进一步清晰自己的择业目标。

行业定位：教育、健康医疗、环保、理财、保险、养老服务……

职位定位：财务、销售、文员、人事……

薪酬待遇：月薪不低于3500元、五险一金……

单位性质：国企、外企、私企、政府部门……

区域定位：北京、上海……

情感定位：离家近……

（4）准备求职材料。要充分准备好就业前的相关材料，包括个人简历、求职信、相关证书及材料、服装及相关用品。其中，简历是求职中个人的"名片"，简历制作要凸显核心竞争力,一份专业、简洁、有针对性的简历对求职成功非常重要。资格证书、获奖证书、成绩单等相关证明材料也应该提前准备齐全,以备用人单位查询。

2. 求职阶段

(1)关注就业信息、就业动态。要增强就业意识,经常、主动获取与专业相关的就业信息,利用好身边资源,主动扩展就业渠道,扩大自己的信息来源,经常关注本校就业信息网、政府公共就业服务机构网站、社会专业招聘网站、企业招聘网站,以及相关的微信公众号。同时,把握就业过程中的重要节点,比如应征入伍报名时间、"三支一扶"报名时间等。

(2)参加招聘会。招聘会是用人单位与学生之间沟通的一座桥梁。在招聘会上,用人单位向学生宣传单位的发展状况、岗位职责、用人需求,同时收集有意向学生的材料或登记表。学生可参加的招聘会有:学校举办的大型双选会和专场招聘会、政府毕业生主管部门举办的招聘会、人才市场等举办的招聘会。

(3)参加笔试面试。笔试是检验大学生运用大学期间所学专业知识、专业技能去处理实际工作问题的能力,笔试时要注意书写工整、卷面整洁、答题细心。面试是在特定的场景下,面试官以面对面交谈与观察的形式,对应聘者的知识、能力、经验等素质进行测评的一种活动。面试前,要多了解用人单位的信息,熟悉他们的发展状况、主要业务、企业文化、行业前景等,以便面试时增加自信。面试时要仔细分析考官的问题,从容面对。同时,面试时要自然大方,言谈举止要温文尔雅,注重仪表仪态。

(4)签订协议。签订就业协议前,要了解用人单位的试用期限、薪资待遇、档案转接、是否有五险一金(养老保险、失业保险、医疗保险、工伤保险、生育保险、住房公积金)、就业协议解除的条件、双方违约责任等。

3. 走上工作岗位阶段

与用人单位确定报到时间,按要求到单位办理报到手续,参加单位组织的岗前培训并开始试用期,试用期满后,与单位签署正式的劳动合同确立劳动关系,明确双方的权利和义务。从此,毕业生完成了校园人到职场人的转变。

三、就业手续办理

(一)毕业去向

毕业去向是指毕业生的就业状态,一般有派遣、考研(接本,下略)、二分、待分等形式。毕业去向决定了毕业生的档案、党团组织关系等转接的手续办理方式。

1. 派遣

派遣是指毕业生落实接收单位,学校将毕业生的户口档案关系转入接收单位的就业形式。要求用人单位具备接收毕业生档案的资格。对于高职院校毕业生而言,主要涉及用人单位具备接收毕业生档案的资格,即单位能够接收档案或者委托相应公共人才管理机构接收档案。

2. 二分

毕业生毕业时未落实就业单位或落实了灵活就业单位（单位无法接收毕业生档案，或单位无法解决外地生源户口）、毕业后再参加升学考试或申请出国等，学校按照国家有关政策将毕业生的人事关系派遣回生源地区，由当地毕业生就业主管部门继续落实其就业或提供服务的一种方式。

3. 待分

待分是指毕业时由于一定原因将户口档案暂时留存学校的一种状态，如毕业时参加国家或地方基层服务项目的毕业生，可将户口档案暂时留存学校，待服务期满并落实就业单位后再办理就业手续，或在规定时间内自愿将户口和档案留存学校的未分毕业生，这种情况须符合北京市及学校关于毕业生户档留校的相关条件。

（二）签约流程

毕业生确定工作单位后，涉及相关签约流程的重点如下。

（1）收到用人单位录用通知。毕业生同意到该单位工作，进入签约程序。

（2）领取就业协议书。

（3）毕业生签字。需要毕业生准确填写相关资料，并签字确认。

（4）用人单位签字盖章。需要用人单位填写单位相关信息并盖章，如果该单位没有人事权，还需要该单位的上级单位（具有人事接收权）盖章。

（5）院系盖章。并做好记录。

（6）就业办签字盖章。签订后，学校、用人单位和毕业生三方各留存一份。

（7）办理档案迁移手续。

（三）就业手续办理的基础知识

1. 就业协议书一式三份

在毕业前会发放给学生。学生找到工作后，要尽快与单位签订就业协议书，并将签约规范的就业协议书一份交到学校。签约完毕的就业协议书上要加盖两个公章：①用人单位人事部门公章；②用人单位上级主管部门公章（如用人单位有人事权可不盖章，无人事权的单位需加盖上级主管部门人事公章或人事代理机构公章）。

2. 个人档案

毕业生毕业离开学校，其人事关系要由学校转出，个人档案也要由学校转出，主要的情况有三种。

（1）与用人单位建立了劳动关系并且用人单位接收个人档案的，档案转入用人单位。

（2）与用人单位建立了劳动关系但是用人单位不接收档案的，档案可以转入人才机构，相应的手续也由人才机构代理。

（3）没有落实就业的，档案转入户籍所在地或当地政府劳动部门的下设机构。

需要注意的是，人事关系和个人档案在我们国家具有很重要的作用，在每个人的一生中会产生许多重要的影响,必须给予高度的重视和认真的办理。另外,由于社会的快速变化,我们国家在人事关系和档案管理方面也面临着很多新的问题,不同地区和不同部门的政策的不统一和不一致的情况也很普遍。毕业生一定要事先了解国家的有关制度和政策,认真按照有关规定办理好人事关系和档案管理的手续,可以使自己今后的工作、学习和生活更加顺利。

四、树立积极就业观

就业观是个人在选择某一职业时的一种观念、态度、认识以及心态,是指导就业的观点。主要表现在对职业发展、薪资福利待遇、工作环境与地域、专业等的取向上。

国家一直倡导大学生树立正确的就业观,鼓励大学生到基层建功立业,但大学生就业价值取向上仍然存在不少误区,比如过于追求经济利益,存在消极就业心态、缺乏奉献精神等。这一方面由于大学生缺少科学职业规划,对将来要从事的职业模糊不清,在大学阶段对职业的体会并不深,另一方面在于大学生择业心理不成熟,自我定位高,成才期望强,但在择业时部分大学生却表现出茫然、焦虑、心理承受能力低、抗挫折能力低等问题。因此,从近年的趋势看,大学生毕业之后不着急工作或深造,选择游学、创业考察、在家休整一段时间再做打算的现象比较普遍,这就是常说的"慢就业"。作为大学生,要对自己负责,要充分认识自身情况,警惕"工作和自己愿望有差距不想干;符合愿望的够不着,于是什么都懒得干"的现象出现,这就是"慢就业"转化为了"懒就业"。

怎样避免"慢就业"演变为"懒就业""不就业"? 一是要明确目标。在进行职业选择前,要对自己有充分的认知,了解自己想要的是什么,未来想从事什么以及想要怎样的生活,同时根据自身专业、兴趣、家人期望等确定自己未来短期和长期的目标。二是准确评估自己。需要对自己的能力和水平进行评估,选择符合自己水平的职业,而不是一味攀比,追求高薪高职,这往往会使自己高不成低不就,最终求职屡屡受挫。因此,对刚刚走出校门的大学生来说,摆正就业观,脚踏实地,找准职业发展的方向,发挥年轻人敢想敢拼的特质,勇于奋进,不断进取,才能对自己的人生负责,才能为社会和国家发展添砖加瓦。

第二节 大学生就业创业政策与法规

【案例导入】

陈冲创业

2016 年,大学毕业的陈冲和几个同学创办了一家火锅店。他们选择这条道路顶住了很大压力。父母不同意、资金不足,这些困难他们都克服了,现在他们的店经营得很红火。

开始创业的时候,父母非常不理解。为验证他们创业的决心和能力,几对父母商量后提出了要陈冲几个人自筹资金的要求,这下陈冲几个有点摸不着头脑了,心里想:"他们还是不同意,要不然干吗不给投资?"不过后来,他们几个明白了,这是父母们在考验自己。为解决资金,几个人尝试着向同学借钱,但数量都有限,不能解燃眉之急。几个人急得像热锅上的蚂蚁。就在这时,一个从天而降的消息改变并解救了他们。根据当地政策,大学生创业可以获得最多10万元的贷款。有了贷款,他们的创业梦就可成为现实。

为了赢得顾客的青睐,他们不断改良火锅底料、配料。他们的努力没有白费,不但顾客越来越多,他们也因为诚信经营在当地小有名气了。年终结算时,陈冲意外地发现竟然有了赢利。后来,他才发现,原来赢利是因为他们享受到了税收的优惠。

在陈冲的规划里,如果进展顺利,他要将火锅店发展成为连锁店,也是在这样的背景下,他将火锅店名字注册成商标,为以后的经营打下基础。

案例分析:陈冲和同学在创办火锅店之初,面临家人不理解,资金不足的局面。他们选择坚持创业这条路,在大学生创业相关政策的支持下,依靠诚信经营,火锅店逐渐赢得口碑,经营得越来越好。其实目前,在创业方面各级政府出台了很多优惠政策,涉及融资、开业、税收、创业培训、创业指导等,对打算创业的大学生来说,了解这些政策,是做好创业的关键所在。

大学生就业是保障民生的重中之重的大事。目前我国大学生就业人口数量巨大,但工作岗位相对有限,大学生就业形势十分严峻。学习大学生就业创业方面的政策与法规有助于同学们走好就业创业路。

一、就业与政策法规

（一）就业的含义

就业是指在法定年龄内的有劳动能力和劳动愿望的人们所从事的为获取报酬或经营收入进行的活动。通俗地说就是一个愿意而且能够工作的人找到了一份工作。从这个定义中可以看出,就业具有五个基本条件。

（1）具有劳动能力。人的劳动能力需要具备一定的生理和心理基础,要有一定的年龄界限,例如18岁以上、60岁以下。一般来说,未成年人不具备这样的能力基础的,而老年人又丧失了这样的能力基础。所以,国家对劳动能力一般都有年龄限定。我们高职学生毕业的时候,年龄一般21~22岁,具备了劳动能力,属于新增加的劳动力。

（2）从事合法的社会分工劳动。"合法"是就业的一个基本前提,主要有两个含义:一个是所从事或参与的经济活动是合法的,即经济活动本身的合法性;另一个是参与或从事经济活动的途径和方式是合法的,也就是"就业"的合法性。例如,一个人受聘于一家消费品零售企业,零售企业的经营活动本身是合法的,但是与劳动者签订的劳动合同不合法,不符合法律的要求和规范,这样的就业也不能或难以受到法律保护。

（3）能够获得经营或劳动收入。一个人就业的直接目的是通过提供劳动赚取劳动所得。就业意味着从事一项职业活动，作为社会分工劳动的一个组成部分，通过为社会提供商品和服务，可以取得经济收益，因而也能够为从业者带来劳动报酬。为什么是"经营或劳动收入"呢？如果一个人通过自主创业而就业，也就是自己雇用自己，比如个人筹资开办了一家小型店铺，自己做店主，他的收入中就包含着经营管理这个店铺的所得，这就是经营收入；如果一个人被一个企业所聘用，作为一名普通员工从事某个岗位工作，他的收入就只属于劳动收入。

（4）专门性和稳定性。作为就业而从事的某种职业活动，应该具有一定的时间稳定性和活动专门性，临时性的劳动，兼职劳动，如大学生暑期打工，也能带来经济收益，但不属于就业范畴。从事家务劳动、从事公益劳动，不以取得收入为目的，也不属于就业范畴。

（5）主观上有就业愿望。个人在主观上要具有就业的愿望，如果没有就业的愿望，是不能实现就业的。

（二）政策法规

就业位于"六稳""六保"之首，高校毕业生就业更是"稳就业工作的重中之重"。为了最大限度地为毕业生开拓就业空间，教育部多方开展调研，了解毕业生求职就业的难点痛点，加强联动合作。

政府在积极推进"稳就业"，面向高校毕业生一直在推进服务基层项目，同时也推出了许多新举措，如企业扩招、研究生扩招、基层就业扩岗，鼓励创业带动就业，在线宣讲、线上线下招聘同步发力等。各地方政府也纷纷出台多项政策为毕业生提供不间断就业服务，比如，北京市推出的"京8条"，从支持灵活就业、鼓励企业吸纳、拓宽就业渠道、推动创新创业、提升就业能力、实施阶段举措、开展精准帮扶、优化就业服务等8个方面，为高校毕业生就业创业提供政策支持。

二、大学生创业与政策支持

大学生创业是一种以在校大学生和毕业大学生为创业主体的创业过程。目前，创业逐渐成为毕业生的一种职业选择方式。为支持大学生创业，国家各级政府出台了很多优惠政策，涉及融资、开业、税收、创业培训、创业指导等诸多方面。对打算创业的大学生来说，了解这些政策，才能走好创业的第一步。

（一）高校毕业生自主创业优惠政策

为鼓励高校毕业生自主创业，以创业带动就业，国家先后出台了多项优惠政策，如财政部、税务总局、人力资源社会保障部、国务院扶贫办《关于进一步支持和促进重点群体创业就业有关税收政策的通知》（财税〔2019〕22号）、《国务院关于进一步做好新形势下就业创业工作的意见》（国发〔2015〕23号）、《国务院办公厅关于深化高等学校创新创业教育改革的实施意见》（国办发〔2015〕36号）等文件。按照文件，大学毕业生自主创业优惠政策包括①：

（1）税收优惠。持《就业失业登记证》（注明"自主创业税收政策"或附着《高校毕业生自主创业证》）的高校毕业生在毕业年度内（指毕业所在自然年，即 1 月 1 日至 12 月 31 日）从事个体经营的，3 年内按每户每年 8000 元为限额依次扣减其当年实际应缴纳的营业税、城市维护建设税、教育费附加和个人所得税。对高校毕业生创办的小型微利企业，按国家规定享受相关税收支持政策。

（2）小额担保贷款和贴息支持。对符合条件的高校毕业生自主创业的，可在创业地按规定申请小额担保贷款；从事微利项目的，可享受不超过 10 万元贷款额度的财政贴息扶持。对合伙经营和组织起来就业的，可根据实际需要适当提高贷款额度。

（3）免收有关行政事业性收费。毕业 2 年以内的普通高校毕业生从事个体经营（除国家限制的行业外）的，自其在工商部门首次注册登记之日起 3 年内，免收管理类、登记类和证照类等有关行政事业性收费。

（4）享受培训补贴。对高校毕业生在毕业年度（即从毕业前一年 7 月 1 日起的 12 个月）内参加创业培训的，根据其获得创业培训合格证书或就业、创业情况，按规定给予培训补贴。

（5）免费创业服务。有创业意愿的高校毕业生，可免费获得公共就业和人才服务机构提供的创业指导服务，包括政策咨询、信息服务、项目开发、风险评估、开业指导、融资服务、跟踪扶持等"一条龙"创业服务。各地在充分发挥各类创业孵化基地作用的基础上，因地制宜建设一批大学生创业孵化基地，并给予相关政策扶持。对基地内大学生创业企业要提供培训和指导服务，落实扶持政策，努力提高创业成功率，延长企业存活期。

（二）北京市创业担保贷款政策

创业担保贷款是指通过政府出资设立的担保基金，然后委托担保机构提供贷款担保，由经办商业银行发放。主要目的是解决符合一定条件的待就业人员从事创业经营自筹资金不足的一项贷款业务。北京市为推进创业就业工作，制定了创业担保贷款系列政策。

（1）借款人资格认定。具有北京市户籍的高校毕业生在北京市行政区域内自主创业、合伙创业或组织起来共同创业的，并符合相关规定的可以个人借款人身份按规定申请创业担保贷款。

（2）贷款担保额度。个人借款人在北京市注册为个体商户的，创业担保贷款额度最高不超过 30 万元；合伙创业或组织起来共同创业的，创业担保贷款额度最高不超过 100 万元；小微企业借款人创业担保贷款额度最高不超过 200 万元；个人创业小额便捷贷款，创业担保贷款额度最高不超过 10 万元。

（3）担保期限。个人创业担保贷款期限最高不超过 3 年；小微企业创业担保贷款

---

① http://www.yueyang.gov.cn/yylq/21547/21551/28017/28018/content_1698741.html. 高校毕业生自主创业可以享受哪些优惠政策？

期限最高不超过 2 年,经经办银行认可的,可展期 1 次,期限不超过 1 年;个人创业小额便捷贷款的担保期限最高不超过 2 年,经经办银行认可的,可展期 1 次,期限不超过 3 个月。

三、大学生就业权益

(一)什么是大学生就业权益

大学生的就业权益和劳动者就业权益既有共同的方面,也有这个群体所特有的方面,或者说,劳动者的就业权益在大学生群体中有着特定的体现和反映,而高职高专学生群体又有着与本科生和研究生的不同之处。

大学生的就业权益也可以分为就业之前的权益和就业之后的权益。对高职高专学生来说,就业之前可以再分为两个阶段:一个是实习阶段,另一个是毕业之际的择业阶段。因此,高职高专学生的就业权益可以从三个阶段进行阐述:实习阶段的权益、择业阶段的权益、就业之后的权益。

1. 实习阶段的权益

在高等职业教育的教学中,实践训练占有较大比重,这种实践训练部分在学校的实践基地进行,但是更主要的是在校外实践基地也就是在企业进行。这种在企业进行的实践教学和培养过程,我们称为实习阶段。实习阶段一般安排在高职教学的最后一年,具体时限从几个月到一年不等。实习结束,学生与企业通过双向选择决定去留。有些学校还与企业联合举办"订单班"或"定向班",学生实习和就业均可以在合作企业。所以,实习和就业有着直接的联系,可以认为是就业的预备阶段。

毕业生在实习阶段拥有的主要权益如下。

(1)接受企业职业技能/岗位工作技能训练的权益,这是企业实习的基本目的。对学校来讲,不能把企业实习仅仅作为预先安置就业的途径和手段,而是要作为高等职业教育的一个必要阶段,是教学的一个组成部分,是实现学校培养目标的一个基本措施;对企业来讲,不能把安排学生实习看作是使用廉价劳动力的手段,不能把它作为一种控制经营成本的措施而加以利用,同样地,企业也要把它看作是人才培养的一个举措,是企业行使社会责任的一个方面,当然,解决企业的用人需要也是一个方面;对学生来讲,要把实习看作学校学习的一个延伸,是获得职业素养和职业能力的一种途径,是就业前的一个必要的准备过程,也是接受高等职业教育所应该得到的一项权益。

(2)继续接受学校知识教育的权益。很多情况下,学校在实习阶段还要继续安排知识教学,这既是学校的责任所在,也是学生的权益所在。作为学生,应该意识到这一点。在实习阶段,不放弃、不放松知识学习,也是保证个人权益的一个方面。

(3)双向选择的权益。实习期满,学生与用人单位进行双向选择。企业实习不是一种分配制度,也不是企业的招聘录用,学生和企业没有因此而建立劳动关系。所以,实习结束,学生仍然拥有与用人单位进行双向选择的权利,学生有权选择去留,企业也有权决定取舍。经过双向选择留在企业的学生，按照大学生就业政策与用人单位办理招聘录用手续；没有留在用人单位的学生，继续行使自己在就业市场上的择业权。

2. 择业阶段的权益

高职毕业生在择业阶段拥有和其他劳动者基本相同的权益，即主要是公平地获取就业信息的权益，自由和平等地选择职业的权益，自主决定就业的权益，接受就业援助的权益。由于大学生市场的特殊性，因此，这些权益又体现出一些特殊的体现。其中最主要是围绕就业协议的签订而产生的权益问题。

就业协议的签订对学生、用人单位和学校的主要基本要求如下。

（1）对学生来讲，要如实地填写个人信息，特别是要就自己的就业意向做出认真的选择。一旦做出决定，不仅意味着将要实现就业的权益，而且意味着将要承担相应的责任。必须认识到，没有责任就没有权益，只有承担责任才能获得权益；要维护自己的权益，首先就要承担自己应有的责任。目前，违约的现象时有发生，部分原因就是大学生责任意识的缺乏。

（2）对用人单位来讲，签订就业协议意味着录用意向的明确表达，虽然不等同于签订劳动合同，但其严肃性也是不言而喻的。客观地看，就业协议对学生的意义要大于对用人单位的意义，因为它还牵涉到学生的"身份"问题和档案管理问题等。用人单位在签订就业协议上的态度和做法，一定程度上可以反映出它的用人观念和态度，因此也会对双向选择产生影响。

（3）对学校来讲，签订三方协议是对学生权益的自觉维护，也是对用人单位权益的自觉维护。在目前劳动力市场供大于求的状况下，大学生相对于用人单位而言，处于弱势地位，因此，更加密切地关注和维护毕业生就业权益，是学校的应尽职责。

3. 就业之后的权益

这里所讲的主要是大学生就业初期阶段的权益，在时间上是就业一年之内。大学生就业之后，即从学生身份转变为社会劳动者身份，从而拥有国家法律法规所确立的劳动者的一切权益，并承担相应的社会责任。但是，由于现阶段我国就业形势的严峻局面，政府主管部门又陆续出台了一系列促进大学生就业的政策和措施。这些措施的施行，使得学生尽管已经毕业而且就业了，但是和学校仍然保持着一定的联系，其部分权益的维护和落实，仍然需要学校的帮助。

（二）大学生就业权益的维护和实现

就业是每个人生活中的一件大事，就业权益是劳动者的基本权益之一，关系到个人的生存和发展，也关系到社会的稳定和进步。对于即将步入社会、开始个人职业生涯的毕业生们来说，重视就业权益，学会维护就业权益，要从毕业之前开始做起。我们的建议如下。

1. 努力学习国家法律法规和相关政策规定，了解劳动者权益

作为未来的劳动者，在为社会提供个人才智和能力的同时，可以行使哪些权利、争取哪些利益,是大学生们在进入社会之前就要有所了解的。而掌握这些知识的途径就是学习,主要是学习国家的相关法律法规和政策规定。为此,可以采取多种学习方式,比如通过课堂学习、通过网络收集有关信息学习、通过阅读有关书籍报刊学习。不要等到需要的时候才去学,在校期间,就做一个有心人,关注社会事件,注意平时的点滴积累,而学校开设的法律法规课程、就业指导课程是了解这方面知识和信息的重要渠道。

2. 主动承担责任,争取就业权益的实现

前面说过,权益和责任是直接联系在一起的,要想获得权益就需要承担责任。同学们要建立起这样的意识:权益不会凭空而降,无论在实习过程中、择业过程中还是在就业之后,都要通过自己的努力工作来换取权益,为此,就需要承担相应的责任。例如,一旦选择了某个就业单位,和对方签订了就业协议,就要承担起不违约的责任;在工作中,一旦被分配到了某个岗位,就要努力把岗位工作做好等。毋庸讳言,我们的一些同学是比较缺乏责任意识的,在工作中也是比较缺乏责任感的,一旦遭到挫折,不懂得先从自身寻找原因,反而抱怨自己的权益受到了损失。这样的心态必须纠正。

3. 掌握法律工具,勇敢地维护自己的权益

维护自身合法合理的正当权益,必须学会使用法律工具。首先是了解相关法律;其次是善于运用法律手段与不合理的现象进行抗争,不要因为自己处于弱势地位而有所顾忌,要知道,越是有所顾忌,自身的利益越是容易受到侵害和损失。

运用法律工具维护和争取就业权益,可以通过以下途径和方式。

个人与用人单位直接协商,解决就业权益中出现的问题。

个人通过学校与用人单位协商,解决就业权益中的问题。例如,部分单位不签订就业协议,原因可能是对方不了解就业协议的性质和意义,毕业生可以通过学校就业部门与其沟通,讲明情况。这个方式适用于学生就业之前。

通过用人单位的工会组织,解决就业权益中出现的问题。

通过政府劳动主管部门,解决就业权益中出现的问题。

通过法律部门,解决就业权益中出现的问题。

四、大学生就业安全

由于大学生缺乏一定的社会经验,经常会给一些别有用心的用人单位造成可乘之机,在求职过程中遭遇骗局,造成伤害。毕业生在择业就业过程中,要注意以下几个方面。

(一)选择信誉度高的网站应聘

各教育主管部门的官方网站大多开办了招聘专栏,由于他们会对招聘单位进行较严格的审核,因此发布的信息较为真实。一些大型专业人才网站都设立了严格的审查制度,也很少出现欺诈情况,而一些不知名的小网站则容易出现违法招聘。毕业生主要还是参加由学校、教育部门、人事部门组织的正规网上招聘活动。

（二）牢记不掏钱原则

凡是附加了"报名费""考试费"等条件的招聘信息，毕业生不要轻易相信。求职面试后，用人单位以培训费、保险费、押金、手续费等名义向毕业生收取钱款的，毕业生遇到这种情况的时候一定要加强自我保护意识，提高警惕，国家劳动部门早就明文规定，任何企业在招聘员工时，不得以任何理由、任何形式收取求职者的押金，或者以身份证、毕业证等作抵押；一旦上当受骗，可向当地劳动保障监察部门或公安部门报警，寻求法律保护。

（三）了解招聘单位的实际情况

投简历前，可以通过熟人去打听这家单位的状况，或者通过工商部门、学校就业指导中心核实单位的真实性。复试时，要通过各种渠道对单位进行实地考察，以摸清应聘单位的发展前景。

（四）保护好个人信息

很多贩卖个人信息的中介公司，为了获得更多更精准的信息，往往会在网上发布虚假招聘信息，吸引求职者前来，从而获得求职者的个人信息。毕业生在制作个人简历时，要保证个人信息的真实性，但不要留下家庭详细住址和家庭固定电话号码，只留下个人联系电话、电子信箱即可。不要随意将自己的生活照片发到网站，必须用照片时要用标准像。

第三节　劳动合同

劳动合同是在明确劳动合同双方当事人的权利和义务的前提下，重在对劳动者合法权益的保护，被誉为劳动者的"保护伞"。同学们在就业过程中，必须要和用工单位签订劳动合同。同学们要防范就业风险，掌握签订劳动合同的相关知识，正确运用国家相关就业政策、法律、法规来维护自己的合法权益。

一、劳动关系与劳务关系

生活中我们最常见的就是劳动关系，大家也对此也有所了解，但是有些时候也会听说劳务关系，许多人认为劳动关系就是劳务关系，那么劳动关系与劳务关系有什么区别？

（一）劳动关系

劳动关系是指用人单位与劳动者之间，依法所确立的劳动过程中的权利义务关系。劳动关系是一种法定的社会关系，主要受劳动法的约束，设定的目的主要在于保护劳动者的合法权益。用人单位从用工之日起就与劳动者建立了劳动关系。劳动关系的建立，意味着劳动者接受用人单位的管理，从事用人单位安排的工作，成为用人单位的成员，从用人单位领取劳动报酬和受劳动保护。

（二）劳务关系

劳务关系是指提供劳务的一方为需要的一方以劳动形式提供劳动活动，而需要方支付约定的报酬的社会关系。劳务关系一般由《中华人民共和国民法通则》《中华人民共和国民法总则》和《中华人民共和国合同法》等进行规范和调整，建立和存在劳务关系的当事人之间是否签订书面劳务合同，由当事人双方协商确定。

（三）如何区分劳动关系和劳务关系[①]

劳动关系与劳务关系的区别大致有以下要点。

1. 主体不同

根据《中华人民共和国劳动合同法》的规定，劳动关系的双方主体具有特定性，其中一方是法人或组织（具体包含国家机关、事业单位、社会团体、企业、个体经济组织或民办非企业等），即用人单位；另一方则必须是作为劳动者的自然人。劳动关系的主体不能同时都是自然人，也不能同时都是法人或组织。

劳务关系的双方主体可以同时都是法人或组织，也可以双方都是自然人，还可以是法人（或组织）与自然人之间，法律对劳务关系双方主体的要求，不如对劳动关系主体要求的那么严格。

2. 关系不同

劳动关系不仅体现在工资报酬的给予上，还存在着管理与被管理的行政隶属关系。劳动者成为用人单位的工作人员后，除了提供自身的劳动外，还要接受用人单位合法合规的日常管理，遵守一定的规章制度，服从人事安排等，关系较为稳定、持续。

在劳务关系中，双方主体之间更多呈现的是经济关系，彼此之间无从属性，劳务提供者只是按照要求付出劳务，与接受一方不存在稳定的上下级管理关系，往往具备"临时性、短期性、一次性"的特点。

3. 法律适用不同

劳动关系受《中华人民共和国劳动法》《中华人民共和国劳动合同法》等专属的劳动法律调整。如果劳动者受伤了，则还会用到《工伤保险条例》等，突出了对劳动者的保护。

劳务关系则一般受民事法律规范调整，例如《中华人民共和国民法总则》《中华人民共和国合同法》《中华人民共和国侵权责任法》等，对当事人的权利是予以平等保护的。

4. 待遇不同

劳动关系中劳动者除了定期得到劳动报酬外还享有劳动法律法规所规定的各项待遇，如社会保险待遇等，而劳务关系一般只涉及劳动报酬问题，劳动报酬都是一次性

---

① 劳动关系. https://baike. baidu. com/item/％E5％8A％B3％E5％8A％A8％E5％85％B3％E7％B3％BB/80984?fr＝aladdin. 劳动关系与劳务关系，不仅仅是一字之差（法润莲商）整理.

或分期支付，而无社会保险等其他待遇。

5. 劳动风险不同

劳动关系中，劳动风险往往由用人单位承担。例如劳动者在劳动过程中，自身遭受损害的，一般可认定为工伤事故，通过工伤认定程序后可以依法享受工伤待遇。

而劳务关系中的劳务提供者一般只获得劳动报酬，如果在提供劳务过程中遭受伤害，则需要具体问题具体分析。如果提供劳务者自身也有过错的话，则也需要自身在过错范围内承担一定责任。

6. 合同约定不同

在劳动关系中，双方签订的劳动合同对合同期限、试用期、工作时间、社会保险等条款进行明确规定，而劳务合同中，往往只约定报酬。

二、实习与就业

（一）实习有助于就业

实习是指没有毕业的学生到单位去上班，但没有跟单位签就业合同；而就业是指毕业的学生在单位正式工作，已经和单位签过就业合同。

实习是学生由学校跨入社会的第一步，也是专业学习的一个重要实践环节。学生到单位实习，可以在现实工作环境中学习和体会课本知识的实际运用。可以说，实习有助于促进大学生就业，可以让大学生积累工作经验，增强求职的竞争力，对未来的就业有深远影响。同时，实习也为用人单位提供考察毕业生的机会，有助于用人单位更深入地了解毕业生的综合素质。

麦可思研究做过一个有关实习对在校生专业和职业认知及毕业生就业质量影响的调查，发现有实习经历，就业质量更高，有实习经历，特别是有专业相关实习经历的毕业生在就业人群中所占比例明显高于在失业人群，而在失业人群中无实习经历的比例又明显高于就业人群比例。同时，从就业质量上来看，有专业相关的实习经历和有实习经历的毕业生，在工作与专业相关度、职业期待吻合度、就业满意度上更高。

"眼高手低"是很多实习生的通病，抱怨工作简单、枯燥、不过脑，总觉得自己有一身本领无处施展……其实各行各业都有相对应的基础工作，而实习就是要从基础性工作开始的，实习期间应该端正心态、积极主动，培养实践工作能力，熟练掌握相关技能或知识，增加择业就业的筹码。

（二）实习期和试用期

学生毕业前到企业工作，企业会给学生安排一个实习期，而学生毕业后进入工作岗位一般都要经历一个试用期，那实习期和试用期有何区别？

实习期是针对在校学生的，是指学生在校期间，到某一单位的具体岗位上参与实践工作的过程，其目的是理论联系实际、更好地学习理解掌握知识，属于学校教育范围。所以实习期内与单位没有形成劳动关系，用人单位无须履行社保等要求。在实习的过程中,既有是个人自发为了提升自己专业实践能力而参加的实践活动,也有由学校统一组织的为了完成专业教学任务,提升学生的实践技能而组织的专业实践活动,或者有学校统一要求个人自行参加的专业实践活动。

试用期是用人单位与新招用的劳动者在劳动合同中约定的相互考察了解的时间。用人单位可以考察了解劳动者是否符合招收条件,能否适应所从事的工作。劳动者可以考察了解用人单位提供的劳动条件是否符合劳动合同约定的标准,自己能否适应或胜任用人单位所安排的岗位及工作任务。

需要注意的是,在我国劳动合同法中,只有试用期而没有实习期的规定。按照《劳动合同法》的规定,劳动合同不满 3 个月的,不能设立试用期;试用期具体长短与劳动合同的时间相关。

试用期与实习期的区别表现在以下几个方面。

(1)义务。试用期用人单位要按照劳动合同的规定,履行各项义务,并为员工缴纳社保。实习并非劳动关系,用人单位无须履行社保等要求。

(2)时长。劳动合同不满三个月的,不能设立试用期;劳动合同期限三个月以上不满一年的,试用期不得超过一个月;劳动合同期限一年以上不满三年的,试用期不得超过两个月;三年以上固定期限和无固定期限的劳动合同,试用期不得超过六个月。试用期包含在劳动合同期限内。劳动合同仅约定试用期的,试用期不成立,该期限为劳动合同期限。所以,如遇单位和毕业生先签试用期合同,等到试用期合格转正后再签订正式合同,其实这样的做法是不合法的,因为试用期包含在劳动合同期限内。实习期时长是双方的约定,没有法律约束。

(3)工资。试用期的工资不能低于本单位相同岗位最低档工资或者劳动合同约定工资的 80%,且不得低于当地最低工资标准。实习并非劳动关系,用人单位无须支付最低工资。

三、劳动合同

(一)劳动合同的概念

劳动合同是指劳动者与用人单位之间确立劳动关系,明确双方权利和义务的协议,是保护劳动者合法权益的基本依据。按照《劳动合同法》规定,订立劳动合同应当遵循合法、公平、平等自愿、协商一致、诚实信用的原则,不得违反法律、行政法规的规定。劳动合同依法订立即具有法律约束力,当事人必须履行劳动合同规定的义务。

劳动合同是毕业生入职后与用人单位签署的劳工协议,劳动合同至少应该包含:劳动合同期限、工作内容和工作地点、劳动保护和劳动条件、劳动报酬、劳动纪律、劳动合同终止条件、工作时间和休息休假、劳动报酬和劳动保险、劳动保护、劳动条件和职业危害防护、劳动合同终止、违反劳动合同的责任等条款,毕业生在签订劳动合同时可以此为参照。

毕业生与用人单位建立劳动关系的时候，就应当订立书面劳动合同，千万不能简单地口头约定。劳动合同由用人单位与劳动者协商一致，并经用人单位与劳动者在劳动合同文本上签字或者盖章生效。

（二）劳动合同的类型

劳动合同包括下列三种类型的合同。

（1）有固定期限的劳动合同，又称定期劳动合同。是劳动合同双方当事人明确约定合同有效的起始日期和终止日期的劳动合同。期限届满，合同即告终止。

（2）无固定期限的劳动合同，又称不定期劳动合同。是劳动合同双方当事人只约定合同的起始日期，不约定其终止日期的劳动合同。我国劳动合同法规定在下列情形下，应当签订无固定期限的劳动合同：劳动者在该用人单位连续工作满十年的；用人单位初次实行劳动合同制度或者国有企业改制重新订立劳动合同时，劳动者在该用人单位连续工作满十年且距法定退休年龄不足十年的；连续订立二次固定期限劳动合同，续订劳动合同的。

（3）以完成一定工作为期限的劳动合同。是指劳动合同双方当事人将完成某项工作或工程作为合同有效期限的劳动合同。

（三）就业协议书与劳动合同

就业协议书是由各省、自治区、直辖市教育主管部门或就业主管部门统一制作的一种明确毕业生、用人单位、学校三方在毕业生就业工作中的权利和义务的书面表现形式。能解决应届毕业生户籍、档案、保险、公积金等一系列相关问题。协议在毕业生到单位报到、用人单位正式接收后自行终止。毕业生签订就业协议书时仍然是学生身份，而毕业生签订劳动合同时是劳动者身份。

劳动合同与就业协议书的区别如下[①]。

（1）主体不同。就业协议书是三方主体，涉及毕业生、用人单位、学校三方；而劳动合同是双方合同，只涉及毕业生与用人单位。

（2）内容不同。就业协议书的内容主要是毕业生如实介绍自身情况，并表示愿意到用人单位就业、用人单位表示愿意接受毕业生，学校同意推荐毕业生并列入就业方案，不涉及毕业生到用人单位后享有的权利义务。劳动合同进一步确立了毕业生和用人单位的权利和义务，内容涉及劳动报酬、劳动保护、工作内容、劳动纪律、服务期限等方方面面，劳动权利义务更为明确。

（3）签订时间不同。一般来说，就业协议书应在毕业生就业之前签订，而劳动合同往往在毕业生到用人单位报到后才签订。

（4）有效期不同。就业协议书自签订日期起至毕业生到单位报到、单位正式接收后自行终止；劳动合同有效期则由毕业生和用人单位协商约定。

---

① 就业协议书与劳动合同的区别. http://china. findlaw. cn/ask/question_jx_11509. html.

（四）签订劳动合同的意义和作用

劳动合同主要用来规制用人单位以及劳动者之间的劳动关系。签订合同能够有效地保障我们的合法权益，所以，是十分有必要的。签订劳动合同的意义和作用有哪些？

（1）它是劳动者实现劳动权的重要保障。

（2）它是用人单位合理使用劳动力、巩固劳动纪律、提高劳动生产率的重要手段。

（3）它是减少和防止发生劳动争议的重要措施。

（4）它是建立规范有效劳动关系的重要载体。

（五）劳动合同应该何时签订

《劳动合同法》第十条规定：建立劳动关系，应当订立书面劳动合同。已建立劳动关系、未同时订立书面劳动合同的，应当自用工之日起一个月内订立书面劳动合同。用人单位与劳动者在用工前订立劳动合同的，劳动关系自用工之日起建立。

用人单位没有与劳动者签订书面劳动合同，将承担什么法律责任呢？《劳动合同法》第八十二条规定：用人单位自用工之日起超过一个月不满一年未与劳动者订立书面劳动合同的，应当向劳动者每月支付二倍的工资。用人单位违反本法规定不与劳动者订立无固定期限劳动合同的，自应当订立无固定期限劳动合同之日起向劳动者每月支付二倍的工资。

（六）签订劳动合同的注意事项[①]

1. 仔细阅读合同条文

毕业生在签订劳动合同之前，应与用人单位认真协商，不可以草率签订，尤其要注意劳动合同是否具备《劳动合同法》规定的必备条款，有关用人单位义务和劳动者权利的条款是否缺失。《劳动合同法》对劳动合同必备条款的规定包括以下几个方面。

（1）用人单位的基本情况：如名称、住所和法定代表人或者主要负责人。

（2）劳动者的主要情况：如姓名、住址、居民身份证或者其他有效身份证件号码。

（3）劳动合同期限。

（4）工作内容和工作地点。

（5）工作时间和休息休假。

（6）劳动报酬。

（7）社会保险。

（8）劳动保护、劳动条件和职业危害防护。

（9）法律法规规定应当纳入劳动合同的其他事项。

此外，劳动者和用人单位可以约定试用期、培训、保密、补充保险和福利待遇等其他事项。

---

① 毕业生签订劳动合同要注意这 7 个细节.教育部政务新媒体"微言教育"(微信号：jybxwb).

2. 劳动合同常见的问题

问题一：单位在我工作一段时间后，根据我的表现决定是否签订劳动合同，可以吗？

答案是不可以！按照规定，用人单位从用工之日起就应该签订书面的劳动合同，最晚也应该在用工之日起1个月内签合同。就算有试用期，也要签合同。

现实生活中，有些用人单位往往对于试用期内的劳动者不签订正式的劳动合同，而经常会等到劳动者"转正"以后，再签订劳动合同。这种做法是错误的，即使在试用期内不签订劳动合同，试用期的期限仍然计入劳动合同期限内。

问题二：试用期工资应该怎么计算？

试用期间工资不能低于本单位相同岗位最低档工资的80%，不能低于劳动合同约定工资的80%。同时，也不能低于用人单位所在地的最低工资标准。

问题三：有劳动关系，但没有及时签订劳动合同是不是只能自认倒霉？

答案是否定的。遇到这种情况，按照有关规定，如果工作不满1年，单位应支付双倍工资并补签合同，如果劳动者不愿意续签合同，单位还要支付经济补偿。

问题四：试用期是劳动的必备条款吗？

答案同样是否定的，是否约定试用期由合同双方当事人根据情况协商，也可以不约定。没有约定试用期的劳动合同不影响其成立与生效。

3. 以下合同要慎签

在合同签订过程当中，有些用人单位为降低用人成本而侵犯毕业生合法权益，初入职场的毕业生要慎签七类合同。

(1) 慎签口头合同。口头合同也叫口头协议，是指双方当事人以谈话，电话等口头形式对合同内容达成一致，无任何书面或其他有形载体来表现合同内容。一旦发生纠纷，举证困难，维权也很不容易。

(2) 慎签简单合同。这类合同没有细节条文约束，看似没有什么问题，一旦在遭遇解除劳动合同等问题时，合法的权益往往得不到充分的保障。

(3) 慎签要求缴纳证件或者财务的抵押合同。劳动合同法明确规定，用人单位招用劳动者不得扣押劳动者的居民身份证和其他证件，不得要求劳动者提供担保，或者以其他名义向劳动者收取财物。

(4) 慎签阴阳合同。有的单位为了应付检查，以可以少缴税款为理由，同时准备了一份低薪的假合同和另一份高薪的真合同。而当发生劳动纠纷时，如果牵涉到经济补偿或者赔偿金的数额，很有可能按照低薪假合同来计算。而且我们还应注意到，看似少交的个税，其实毕业生五险一金的缴费基数也跟着变低，导致实际权益受损，对此，毕业生务必谨慎行事。

(5) 慎签含有工伤概不负责的生死合同。防止用人单位在发生安全生产事故后，逃避应该承担的赔偿责任，特别是在建筑、化工、采矿等高危行业，求职毕业生一定不可以抱有侥幸的心理，不认真阅读合同条款。当然，即使签订了此类合同，只要是工作原因造成的工伤,劳动者仍然可以申请工伤认定。

(6) 慎签暗箱合同。这类合同往往不向求职者讲明合同的内容,更多的只规定用人单位的权利和劳动者的义务,很少或者不规定用人单位的义务和劳动者的权利,是一种故意隐瞒劳动合同内容的做法,签订时要仔细查看。

(7) 慎签霸王合同。这个合同往往只从单位角度出发,迫使毕业生在违背真实意志的情况下签订合同,求职者处于很被动的地位。如要求入职非涉密岗位的求职者,几年内不可跳槽至同行业公司工作,女职工在合同期内不得结婚生子,劳动者试用期离职的不结算工资。劳动者要无条件服从加班安排等,这些内容于法无据,我们也要慎重对待。

4. 什么情况下可以解除或终止劳动合同

(1) 用人单位与劳动者协商一致,可以解除劳动合同。

(2) 劳动者提前三十日以书面形式通知用人单位,可以解除劳动合同,劳动者在试用期内提前三日通知用人单位,可以解除劳动合同。

(3) 有以下情形之一的,劳动合同终止:

① 劳动合同期满的;

② 劳动者开始依法享受基本养老保险待遇的;

③ 劳动者死亡,或者被人民法院宣告死亡或者宣告失踪的;

④ 用人单位被依法宣告破产的;

⑤ 用人单位被吊销营业执照的、责令关闭、撤销或者用人单位提前决定解散的;

⑥ 法律、行政法规规定的其他情形。

5. 企业辞退员工,哪些行为是违法的

(1) 员工重病,医疗期内被强行辞退。

《中华人民共和国劳动合同法》第四十条:"劳动者患病或者非因工负伤,在规定的医疗期满后不能从事原工作,也不能从事由用人单位另行安排的工作的,用人单位提前三十日以书面形式通知劳动者本人或者额外支付劳动者一个月工资后,可以解除劳动合同。"

《中华人民共和国劳动合同法》第四十二条:"患病或者非因工负伤,在规定的医疗期内的,用人单位不得解除劳动合同。"

(2) 因"末位淘汰制"被解聘。《中华人民共和国劳动法》第二十六条:"劳动者不能胜任工作,经过培训或者调整工作岗位,仍不能胜任工作的,用人单位可以解除劳动合同,但是应当提前三十日以书面形式通知劳动者本人。"

(3) 孕期、产期、哺乳期内被辞退。《中华人民共和国劳动法》第二十九条:"女职工在孕期、产期、哺乳期内的,用人单位不得解除劳动合同。"

(4) 试用期内被随意解除劳动关系。《中华人民共和国劳动合同法》第四十条:"劳动者不能胜任工作,经过培训或者调整工作岗位,仍不能胜任工作的,用人单位提

前三十日以书面形式通知劳动者本人或者额外支付劳动者一个月工资后，可以解除劳动合同。"

（七）什么是"五险一金"

五险指养老保险、医疗保险、失业保险、工伤保险、生育保险，而一金指的是住房公积金。养老保险、医疗保险、失业保险由企业与个人共同缴纳，而工伤保险与生育保险由企业承担，个人无须缴纳。五险是法定的，而一金则是非法定的。

《中华人民共和国劳动合同法》中就签订劳动合同做出了明确的规定，首先需要通过书面形式订立，其次订立的时间最迟不能超过建立用工关系之日起的一个月。现实中，未签订劳动合同的很多时候都是因为用人单位的原因。毕业生在签劳动合同时要留心，要注意保障好自己的权益。

【技能训练】

训练项目1　现阶段大学生就业形势、政策、法规收集

训练目的：了解我国现阶段大学生就业形势、政策、法规，了解求职就业过程中的责权利，端正就业态度，妥当选择职业和岗位。

训练内容：

(1) 我国现阶段全国和北京地区大学生就业形势。

(2) 我国现阶段大学生就业政策。

(3) 我国现阶段就业法规（劳动合同法、就业促进法等）。

训练形式：学生分小组收集相关信息，做出书面整理。

小组划分：就业形势一个组，就业政策一个组，就业法规两个组。

训练过程：

(1) 教师做出训练布置和说明。

(2) 学生课下收集资料并整理。

(3) 小组代表作课堂汇报。

(4) 教师进行讲评和总结。

训练结果：小组调查报告和代表汇报。

训练项目2　我国现阶段劳动者权益的落实状况

训练目的：了解就业需要具备的劳动法律和法规知识，明确劳动者的权益。

训练内容：

(1) 就业中享有的劳动权利和义务。

(2) 劳动者享有的权益。

训练形式：学生分小组收集相关信息，做出书面整理。

训练结果：小组调查报告和代表汇报。

本 章 小 结

　　通过本章的学习,同学们对我国现阶段大学生就业形势、政策、法规有了整体的认识,了解了就业创业的政策与法规、求职就业过程中的责权利。希望同学们在严峻的就业形势下要有信心,要正确把握和理解国家出台的就业创业方面的政策法规,要主动学习有关就业权益保护的法律知识,端正就业态度,努力实现自己的职场目标。

第五章
就业信息收集与使用

📌 【知识目标】

1. 了解就业信息的内容和特点；

2. 了解就业信息收集的渠道和方法；

3. 了解就业信息筛选和评估的目的；

4. 了解就业信息评估的原则。

📌 【技能目标】

通过了解就业信息的特点，掌握就业信息的使用方法。挑选适合的就业单位和岗位信息，识别虚假就业信息。

📌 【训练项目】

1. 学会收集和整理用人单位相关信息；

2. 学会收集和整理招聘岗位相关信息。

📌 【案例导入】

你了解招聘单位的情况吗

中国国际金融有限公司计划招聘一批数据录入员，金融专业、会计专业、文秘专业的毕业生优先考虑。公司人事部门和学校就业指导中心协商后，举办专场招聘活动。招聘活动分为两个阶段：第一阶段是所有报名应聘者先参加录入测试；第二阶段是根据录入测试结果安排面试。在第一阶段，共有近百名同学报名参加测试。学校就业指导中心的老师在现场随机问了一些同学：是否知道和了解这家公司。被问到的同学的多数回答是：知道，这是一家在国内国际金融界很有影响的大公司，老师上课的时候介绍过它。但也有少数同学回答说不很清楚。老师注意到，回答知道和了解的同学基本上是金融专业和会计专业的,而回答不知道的同学差不多都是其他专业的,比如,电子商务专业的同学。老师建议那些对公司有一些了解的同学,回去后再收集一些公司的有关信息,而那些对公司还一点不了解的同学,要赶紧"补课",一旦被选进面试阶段,可不能一问三不知啊!

案例分析:这个案例是要告诉同学们,在求职择业的时候,收集就业信息、了解招聘单位是非常必要的。但是,如何做到这一点呢? 应该收集哪些信息,如何收集信息呢? 收集到信息之后又该如何处理和利用呢? 本章的目的就是要告诉大家这些方面的相关知识和方法。

第一节　就业信息收集

当今世界已迈进信息时代,科学应对扑面而来的海量信息,要求我们具备良好的信息甄别能力,了解就业信息的内容,正确选择信息渠道。

一、就业信息的内容和特点

就业信息是职业选择的基本前提,择业决策的重要依据和顺利就业的可靠保证。为了提高就业信息的有效性,就需要把握与岗位需求相关的主要内容,分析就业信息的特点。

(一) 就业信息的内容

就业信息包括狭义和广义两层含义。

1. 狭义上的就业信息

狭义上讲,就业信息是指一个组织(企业单位、事业单位)的人才招聘信息或求职者发出的寻求工作职位信息。一个组织发出的人才招聘信息可能是公开的,面向社会上所有相关求职者的,例如,在报纸上刊登招聘广告;也可能是半公开的,只面向部分相关求职者的,例如,通过一所大学的就业部门向该校应届毕业生发布的招聘信息;还可能是不公开的,只通过特定的关系(如本单位员工)或特定的渠道(如通过猎头公司),私下寻找适合的人员。

个人发出的求职信息可能是公开的,面向所有相关用人单位的,例如,在网络上或报刊上刊载求职信函;也可能是不公开的,只面向特定的用人单位,例如,给选择好的单位寄发求职信函、打电话、发邮件,甚至登门拜访。

无论组织还是个人发出的就业信息,其内容都相对集中。组织发出的信息一般主要包括单位名称、招聘岗位、任职条件、聘用待遇、联系方式等,有的还有单位基本情况介绍;个人发出的信息在内容上要多一些,除了个人基本情况(姓名、性别、学历、住址、身高等)外,一般还包括受教育情况、个人能力和特长、个人求职意向、联系方式等。

个人就业信息一般都要整理成求职材料。对同学们来说,个人求职材料主要由三部分组成:个人简历、求职信、个人其他证明材料(也就是附件内容)。

2. 广义上的就业信息

广义上讲，是指一切有助于求职者进行择业和做出就业决策的信息。广义的就业信息包括的内容十分丰富，从宏观到微观可以分为以下两个层面。

（1）宏观信息。这主要是指国民经济和社会发展状态信息，特别是某一地区的国民经济和社会发展状态，值得所有求职者注意。以北京地区为例，北京地区的经济被称为"首都经济"，其主要特点就是以第三产业为主，全面发展高新技术产业、电子信息产业、文化产业和现代农业等。北京地区的经济结构决定了北京地区的人才需求结构，这对北京地区高职院校的同学们规划个人职业生涯、谋求事业发展会产生很大的影响。

宏观层次上的另外一个问题就是行业的发展状况。例如，零售业是传统产业，也是第三产业的一个重要组成部分。在进入 21 世纪后，零售业的发展出现了哪些态势？是否仍然以传统的百货商店为主要业态？是否仍然以传统的单店经营为主要组织模式？学习这个专业的同学们都知道，零售业发展到现在的阶段，随着电子商务的快速发展，百货商店早已不是一枝独秀了，超级市场、便利商店、折扣商店等各显其能；单店经营虽然还大量存在，但是连锁经营已经占据了主导地位，百货商店、超级市场、便利商店，都出现了连锁经营，而连锁经营对人才有其特殊的要求。了解这些，对于规划自己的职业生涯、谋求就业机会，将很有益处。

宏观信息还包括劳动力市场供求信息，特别是地区劳动力市场的供求状况，而对高职学生来说，直接影响将来择业、就业的自然是所在地区的大学生就业市场的基本状态。对于劳动力市场，我们要关注以下两点：一个是总体供求状况，也就是总的需求量是多少（有多少岗位提供给求职者）、总的供给量是多少（有多少人需要安置就业）；另一个是供求结构状况，也就是有哪些岗位可以提供给求职者、求职者是由哪些人员构成的。

宏观信息还包括我国现阶段劳动法规、人事劳动制度和政策，以及大学生就业制度和政策等。了解这些信息对于选择就业形式、维护就业权益等会有很大帮助。

（2）微观信息。这主要是指组织（企业单位和事业单位）信息和岗位信息。

第一，就组织信息而言，可以概括为这个组织的过去、现在和未来信息。

过去信息：这个组织是什么时候建立的，是一个老单位还是一个新单位？它过去的生产和经营状况如何？它过去的管理状况如何？

现在信息：这个组织现在的业务范围是怎样的？它是一个大型组织还是一个中小型组织？它在市场上的地位和影响力如何？它的员工结构是怎样的？是一个年轻化的组织吗？它的用人政策是怎样的？它招聘什么样的员工？

未来信息：这个组织的发展前景怎样？新员工会获得很好的发展空间吗？

第二，就岗位信息而言，主要包括以下几个方面。

它是干什么的？比如说，推销员是干什么的？客户代表是干什么的？银行柜员是干什么的？证券公司柜员是干什么的？出纳是干什么的？会计是干什么的？

它是怎样干的？也就是工作方式是怎样的。比如，同样是做销售，零售商店营业员和贸易公司业务员的工作方式就有很大区别;同样是做客户技术支持,有些单位要求员工必须走访客户,提供上门服务,有些单位则是通过电话、网络提供客户服务。

它的任职条件是什么? 有些工作要求应聘者踏实沉稳,有些工作要求应聘者善于交际沟通,有些工作需要应聘者思维缜密,有些工作需要应聘者行为果敢。有的要求高学历,有的对学历要求不高。有的要求专业必须对口,有的则没有很严格的专业要求等。

它的工作环境是怎样的? 有些工作在户外甚至野外进行,有些工作在室内进行。有些单位拥有良好的办公环境和设施,有些单位的办公环境和设施一般。工作环境对求职者的影响主要体现在两个方面:一方面是它会形成任职条件,如果应聘者不具备这样的条件就不会被录用,比如水下作业对任职者的身体要求;另一方面是在某些情况下,它实际上构成了任职者能够享受到的一种福利待遇,或者体现了一个职业的社会地位和社会声望,比如在高档写字楼里面的大公司工作,就是为很多人所羡慕的。

它的工作报酬如何? 工作报酬包括两个方面:一方面是有形的,是指物质上的收益,也就是工资、奖金、津贴、保险及其他福利;另一方面则是无形的,主要包括职业的社会地位和社会声望、员工在组织内能够得到的培训和学习机会、员工在组织内的发展空间等。事实上,对同学们来说,更应该看重这种无形的报酬,因为它们真正关系到你未来的成长和发展。

关于组织和岗位的信息,还包括很多其他的内容,在这里就不一一列举了。请你说说看,你还会关注组织和岗位的哪些信息?

(二)就业信息的特点

从求职应聘的角度看,就业信息主要具有以下特点。

1. 内容丰富

广义上看,国民经济和社会发展信息、行业动态信息、劳动力市场信息等,几乎无所不包;狭义上看,主要包括企业过去、现在和未来信息、岗位需求信息、岗位状况信息等。这些都会对求职者的职业选择产生影响,了解这些信息,对求职者而言都是非常有益的。

2. 传播面广、传播手段多样

目前,各类组织的人才需求大多会通过公开的或半公开的渠道广泛传播,目的是择优遴选和提高招聘工作效率。因此,对包括高职毕业生在内的求职者来说,了解不同的信息渠道和不同的传播手段,也有利于从众多的招聘信息中选择适合于自己的信息。这就要求学生在校期间要多接触各类信息的渠道和传播手段,尽早熟悉它们的特点,以避免"临时抱佛脚"的仓促应付。

3. 即时性和分享性强

招聘信息一般都具有即时性特点,任何组织的招聘都会有一个时间期限,过了这个时间期限,信息就会失效。另外,公开或半公开的招聘信息面向众多求职者,我们在知悉它们的同时,别人也会知道。现在就业市场供大于求,求职竞争十分激烈,谁及早发现信息，就可能捷足先登，先把握住机会。从某种意义上说，就业竞争也是时机的竞争。应该说，学校生活和社会生活相比，其节奏还是比较舒缓的，很多同学在毕业之际还来不及改变自己的学生生活习惯，在择业初期往往仓促上阵，因为准备不足而丧失掉很多机会。这就需要早做准备、早定目标，发现机会及时动手，因为机会从来都是青睐着有准备的人的。

二、就业信息收集的渠道

（一）通过学校获取信息

通过学校获取就业信息是一条主要的渠道，具体来说又包括以下3种。

1. 通过学校就业部门获取就业信息

高校都设有专门的就业部门，一般叫作就业指导中心，负责学校的就业工作。就业指导中心面向学生主要开展两个方面的工作：第一，开展就业指导，提供职业生涯咨询。这方面的工作主要是通过开设职业指导课程、举办职业生涯规划咨询来进行的。第二，提供就业服务。这方面的工作主要包括建立毕业生供需联系、举办校园招聘活动、向用人单位推荐毕业生、办理毕业生就业手续等。

就业指导中心专门负责毕业生就业工作，熟悉我国现阶段大学生就业政策，了解大学生就业市场的供求状况，能够为毕业生择业、就业提供很好的指导和咨询。

就业指导中心一般每年都要制定学校就业工作计划，其中包括就业信息的收集和发布。就业指导中心会定期或不定期地举办校园招聘活动，为用人单位招聘和毕业生求职牵线搭桥。就业指导中心在长期的工作中与用人单位建立了广泛而密切的联系，所以，集中了大量的有针对性的就业信息。因此，应该把学校的就业指导中心作为收集用人单位信息，寻求就业指导和帮助的主渠道。

利用学校就业指导中心这条主渠道，需要平时密切注意就业指导中心的信息发布情况。就业指导中心发布各种就业信息一般是通过校园海报、微信公众号和学校就业网站；就业指导中心还会把各种就业信息通过正式工作渠道发到各个教学部门，再由教学部门发布给每个学生。所以，也要注意与所在二级学院（系）的负责就业工作的老师或班主任保持密切的联系。

除就业指导中心以外，各个高校的教学部门（二级学院或系）也都十分重视毕业生就业工作，通常会由一位部门领导（二级学院的副院长、系副主任、党总支书记等）负责本部门就业工作。教学部门也会收集用人单位的就业信息，安排和落实毕业生就业。

总的来看，通过就业指导中心或教学部门获得的就业信息有以下几个特点。

（1）时效性强。学校就业主管部门会及时通过学校的校园网络等渠道发布相关的就业信息，并通过邮件、电话等方式责成各部门通知和组织学生。因此，就业信息的利用率很高。这也就需要同学们平时一定要密切关注，以免错过机会。

（2）针对性强。一般用人单位是在掌握了该校的专业设置、生源情况、教学质量等信息后，才与学校就业部门联系，发出岗位需求信息的，因此，这些信息是完全针对该校应届毕业生的；而学校也会根据用人单位的需求情况有针对性地推荐学生，力求使用人单位的人才需求和毕业生的择业需求达成一致。而在人才市场、报纸杂志以及网络上获得的需求信息，则是面向全社会所有求职人员的，其针对性必然较弱。

（3）可信度高。为了对广大毕业生负责，在把用人单位的需求信息公布给学生之前，就业主管部门已对用人单位及其就业信息进行了初步审核，对用人单位的需求信息表示怀疑的，一律剔除，这就基本保证了就业信息的可信度。因而，利用学校提供的信息，其安全性比较高。

（4）成功概率大。毕业生只要符合招聘条件，加之供需双方面谈合适，就业成功率较大。

2. 通过学校组织的校外实习获取就业信息

高职教育属于就业教育，所以实践教学所占比重较大。高职院校组织的实践教学一般包括校内实践教学和校外实践教学，校外实践教学就是与相关企业建立紧密的合作关系，根据校企协议，定期安排学生到企业从事实践活动，把理论教学和企业实践结合起来。有的学校还与企业共建"定向班""订单班"，组织学生到企业实践，在实践中学习和掌握操作技能。这样的安排不仅使高职教学更贴近企业实际，从而真正培养和增强了学生的职业能力，另外还使学生在毕业之前就能够零距离地观察企业，与企业进行双向"磨合"，为毕业时的择业、就业提供了很好的选择机会。所以，一定要珍惜这种校外实践活动，通过这些活动来认知企业、认知社会。

3. 通过学校老师获取就业信息

学校里很多老师都有十分广泛的社会联系，有些老师还在企业担任兼职，他们熟悉企业，又了解自己的学生。虽然这些老师并不负责学生就业事务，但是，如果能够与他们建立良好的师生关系，他们也会成为你最有价值的社会资源。所有老师都愿意自己的学生成长进步，他们是乐于举贤荐能的；而他们在企业的良好人脉和正面影响，也使得企业愿意接受他们的举荐。

（二）通过个人社会关系获取信息

在寻找就业信息的时候，千万不要忽略了自己的社会关系，即你的家人、亲戚、同学、校友、朋友以及朋友的朋友等，他们都可能在你择业和就业的过程中助你一臂之力。他们会因为特别的关系而关心你，为你提供他们所知道的消息和情况；他们所提供的消息和情况大多又和他们自己有着直接的关系，比如，他们所在单位有招聘需求，这种情况下，他们既可以为你提供信息，又可以和所在单位负责人员推荐。要知道，招聘单位每天可能收到数以十计甚至数以百计的求职信函，而且这些求职信函在内容上并无太大的差别，所述的求职资格和工作能力也都相差无几，谁也不比谁更为突出。那么招聘者面对如此众多的、没有多大区别的陌生人，有什么更好的方法去分辨呢？在这个关键时刻，如果本单位的人直接推荐你，也许就是最为有效的。

下面，可以把自己的社会关系再进行一个细分。

1. 家长和亲友

这是和自己关系最为密切的一群人，他们对你的就业问题会格外关注，把你的事情当成自己的事情来看待和处理。家长和亲友提供的就业信息一般来源于他们个人的社会关系或他们所供职的单位。这些关系相对稳定，因而所提供的信息可靠性会很强，安全性会很高；而且他们会竭尽全力去争取，所以成功的可能性也很大。

通过家长和亲友的途径也有一定的局限性。主要是他们的信息渠道也是比较窄的，他们能不能获得相关的就业信息往往会带有很大的偶然性，比如，他们所在的单位如果没有招聘需求，或者他们和人事部门不熟悉，也就不能提供什么帮助了。所以，家长和亲友这个渠道要依靠，但是不能依赖。而且他们推荐的就业机会也不一定是同学们自己所愿意的或者所能胜任的。

2. 同学、校友和朋友

这是真正属于自己的社会资源，虽然总的来说不会很丰富，但是，同龄人之间的友情完全值得信赖，而且，将来在社会上发展，更多的也是要依靠这样的社会资源。

同学、校友、朋友提供的就业信息一般具有这样几个特点：第一，往往就是他们本人所在单位的招聘信息，因而信息的可靠性比较强；第二，往往是所在单位领导委派他们和学校联系或同学联系，因而他们推荐的成功性比较高；第三，基本上属于小型单位的招聘信息，大型组织一般不会通过这种方式招聘员工；第四，基本上属于一线岗位的招聘信息；第五，同学、校友、朋友在提供信息的时候，往往还会同时介绍自己的亲身经历、体验和建议，使你不仅能得到就业信息，还能得到择业、就业方面的指点。

近几年，我国中小型民营企业发展很快，一些高职高专毕业生被录用后进步也很快，短短一两年就成长为骨干力量，有些甚至成为部门（包括人事部门）主管。这些同学在得到本单位招聘信息或者受到单位领导委派招聘员工的时候，会首先想到自己的母校，会首先推荐自己母校的同学。所以，同学们在学校期间，要尽可能地结识往届校友，和他们建立联系，争取他们的帮助。

（三）通过互联网获取信息

随着信息时代的到来，计算机网络的应用已相当普遍。通过网络发布招聘信息和求职信息，是近年来兴起的一种人才交流方式。这种方式借助于先进的高科技手段，将求职信息及招聘信息上网公开，用人单位和求职者可以通过网络互相选择、直接交流。网络人才交流最大的优势在于，无论求职者身在何处，任何时候都能获得大量招聘信息及就业机会，突破了一般的人才信息和招聘信息沟通的时空限制。网络人才交流，信息量大，规模效应明显。毕业生不仅可以自由地从互联网上取得各种求职信息，而且能利用互联网把自己的简历传到网上，供用人单位挑选。

利用互联网获取和发布信息，应该做到以下几点。

1. 学会并善于使用搜索引擎

搜索引擎指自动从互联网搜集信息，经过一定整理以后，提供给用户进行查询的系统。互联网上的信息浩瀚如海，而且毫无秩序，所有的信息像汪洋上的一个个小岛，网页链接是这些小岛之间纵横交错的桥梁，而搜索引擎则为你绘制一幅一目了然的信息地图，供你随时查阅。

搜索引擎提供的信息导航服务属于用户主动"拉"（pull）的行为，和单纯的浏览行为比较，搜索具有很强的目的性，用户可以快速满足自己的信息需求。

你如果需要找工作，可又不知道有什么岗位，就可以打开百度（或者 360，或者雅虎），在它的主页里有一个文字输入框，输入"招聘"，然后单击搜索按钮，这时百度就可以搜索出网上所有的招聘网站，你只要单击搜索结果的网站即可进入它的网站浏览。

2. 经常浏览专业就业网站

目前，国内有很多专业的就业网站，比如中国高校毕业生就业服务网、中国国家人才网、中国劳动网、中国人才网、北京市高校毕业生就业网、北京人才网、北京人事局考试网、前程无忧网、智联人才网等。要经常浏览，平时多关注，会从中获得很多有用的信息和知识。

3. 经常查看校园网招聘专栏

要十分关注自己学校的校园网。有些学校开设了专门的就业网站，有些学校在校园网内设置了专门的就业栏目。无论哪一种，都是学校及时、集中发布就业信息的地方。目前，各个学校的就业信息内容还是十分丰富的，一般都包括职业指导、就业咨询、招聘信息、校友回访、企业介绍、通告栏等，大家不妨上去看一看。

4. 关注企业网站

国内很多大中型企业和组织，现在都建立了自己的网站，发布企业的相关信息，其中也包括企业的招聘信息。建议在平时上网时，随时进入自己感兴趣的企业网站，形成对企业的了解和认知，这对将来的择业、就业决策是很有好处的。

（四）通过大众传播媒介获取信息

大众传播媒介既包括电视、广播、报纸、杂志等面向大众的传统信息传播媒体，也包括两微一端、数字杂志、数字报纸、数字广播、手机短信、移动电视、网络博客、桌面视窗等新媒体。它们所传播的信息，从同学们择业、就业的角度来看，可以分为两类：一类是关于经济和社会发展、关于企业经营管理的信息；另一类是有关人才需求、招聘求职的信息。

目前，微信已经成为人们生活交流的必备 App，有很多关于就业的官方公众号，例如，"中国大学生就业""大学生就业指导""成功就业"等。大家可以订阅这些公众号，随时随地了解最新信息。

同学们在阅读或观看这些媒体信息的时候，不仅要关注人才需求、招聘求职的信息，更要关注经济和社会发展、企业经营管理的信息，要有意识地把自己的关注范围扩大，有意识地开阔自己的眼界，因为这样的信息经常更能使我们受益，更有助于我们将来的择业、就业决策。

（五）通过劳动力市场获取信息

因为我国人事和劳动制度的改革还没有到位，所以，劳动市场在一定程度上还存在着分割状态，主要包括以下几种市场形态。

1. 人才市场

人才市场主要服务于具有中高级职业素质的劳动者。所谓中高级职业素质，一个是指学历层次，具有高职大专以上学历者；另一个是指能够胜任的组织内的中高级岗位工作。从学历层次上看，高职大专毕业生可以进入人才市场。

2. 劳务市场

劳务市场主要服务于具有初级职业素质的劳动者。所谓初级职业素质，一个是指学历层次在高职大专学历以下；另一个是指能够胜任的组织内岗位，一般是指一线操作性岗位工作。从这个方面看，高职大专毕业生在毕业的时候绝大部分从事的是一线操作性岗位工作。

3. 大学生就业市场

大学生就业市场是专门服务于应届毕业生的劳动力市场。这个市场又可以分为两类：一类是由学校组织的校园招聘市场；另一类是由社会专门机构组织的大学毕业生供需见面市场。从性质上看，大学生市场既具有人才市场的特点，也有劳务市场的特点。

大学生就业市场是应该重点关注的市场，特别是校园招聘市场，应该成为获取就业信息的主要来源。但是，对于其他市场也不应忽略。目前，各个地区专门为大学应届毕业生组织的定期和不定期的招聘活动是很多的，所以，同学们也要充分利用这类资源。以北京地区为例，目前可以为大学生提供服务的市场主要包括：北京大学生就业之家、北京市人事局毕业生就业服务中心、北京人才市场、人社部全国人才流动中心人才市场等。另外，还有其他一些人才专门机构也提供同样的服务。例如，北京外企人力资源服务有限公司，以及中全人才中心、中国国际人才交流中心等。

（六）通过业余时间兼职打工和实地考察获取信息

进入大学以后，很多同学会在节假日和寒暑假到企业兼职打工，既可以赚取收入，又能够了解社会、熟悉企业。建议同学们对自己的兼职打工做出计划安排，在不同的学业阶段确定不同的实践目标、选择不同的企业、从事不同的活动。例如，一年级的时候可以去麦当劳、肯德基这样的服务性企业，主要目的是增加社会知识，学习与人接触；二年级的时候可以选择与专业相关的企业或岗位，如旅游专业的同学可以到旅行社打工、做兼职；三年级的时候就要尽量选择自己打算进入的行业或相关企业，一方面可以锻炼今后的实际工作能力，增强职业适应性；另一方面也有利于寻找就业机会。

另外，在开始择业过程以后，还可以通过实地考察来收集就业信息，特别是当你已经初步选择一家单位之后，通过实地观察了解这家单位的一些外部情况。比如，你打算去一家酒店应聘,不妨事先到那里去看看,它的地理位置、环境氛围、员工状态、客流情况,都是可以通过观察了解到的。你对这家单位情况了解得越多,应聘的时候心里就越有底。很多同学对于应聘总是有一种紧张的感觉,原因之一就是你不了解对方。你如果了解了对方,紧张的感觉就会大幅减弱。其实在很多情况下,同学们了解对方要比对方了解你更容易,因为对方的很多情况在"明处",而你的很多情况在"暗处"。这是你的优势,为什么不加以利用呢?

三、就业信息收集的方法

收集就业信息是择业、就业的基础。就业信息的范围越广泛,择业、就业的视野就越宽阔;就业信息质量越高,求职成功的把握就越大。收集就业信息,主要包括以下3种方法。

(一) 多学习、多接触、多积累,开阔眼界,增长见识

多学习,不仅要学习专业知识,也要学习各种社会生活知识;不仅要学习书本知识,也要学习书本以外的知识,学习各种实践知识,掌握各种实践技能。比如,了解现代社会各种不同的信息传播渠道,学习通过不同的渠道收集同类信息,学会对信息进行筛选和甄别,知道如何评估信息,是一项十分有用的技能。

多接触,不仅要有自己的校园生活,也要有自己的校外生活,这种校外生活要安排得有目的、有意义、有价值。比如,学习旅游专业的同学,平时多走动,多游览各处景点,注意观察和发现所在地区的特色;学习连锁经营管理的同学,学会带着专业眼光逛商场商店,学会比较不同零售企业的特点特色。多接触,实际上也是学习的一种方式,是一种行动中的学习。

如果能够做到多学习、多接触,还一定要记住多积累。有些积累是在无意中完成的,比如,我们接触的社会生活越多、越深入,自然会形成我们的阅历。但是有些东西是需要我们有意识地去积累的。俗话说"好脑瓜儿不如烂笔头"。我们学习到的、接触到的那些对我们有启发、有意义的东西,要及时记录下来,定期或不定期地加以整理,一定会得到比仅仅靠无意积累更多、更有用处的东西。

通过多学习、多接触、多积累,达到了开阔眼界、增长见识的目的。接受高等教育,不仅是为了获得更多的知识,更是为了掌握更好的方法提高我们认识社会的水平。眼界开阔了、见识增长了,我们的职业生涯才能获得较高的起点和更大的空间,我们的择业和就业过程就会更加理性,目的性就会更强。

(二) 构建社会关系网络,储备个人社会资源

学生在接受高等教育之前所形成的社会关系,一般是自然形成的,被动的因素多一些,就是说同学们比较多的是接受某一种社会关系,而不是主动地去缔结某一种社会关系。接受高等教育之后,同学们要善于更主动地去构建真正属于自己的社会关系网络,储备个人社会资源,这对于将来的职业生涯发展是很有好处的。有不少同学就是通过同学、校友的推荐和帮助,获得了一份满意的工作。同学和校友这种社会资源,

将在你择业、就业之际发挥重要作用。

在高职院校学习期间，同学们所能构建的社会关系，当然最主要的是同学、校友关系等。除此以外，还可以考虑在兼职打工或者实习单位里面的同龄人的关系，甚至你的上级主管的关系，他们可能也正在找寻合适的同事和下属。老师的关系也可以考虑，但这主要看你的为人和才华能不能赢得老师的青睐了。

总的来说，大学阶段是建立个人社会资源的真正开始，能不能利用好这个起点，对于你的择业、就业和未来发展是有一定影响的。

（三）有的放矢，有备而来

无论是在学习期间还是在毕业之际，在收集就业信息的时候，一定要克服随意性，要有目的、有针对性地收集就业信息。如果说在一年级刚刚开始关注有关就业问题的时候，对就业信息的浏览可能会带有随意性和随机性，那么，随着时间的推移和信息量的增加，这种随意性和随机性就要逐渐减少，目的性和针对性就要逐渐加强。在此可以利用的一个基本方法就是"先宽后窄"，例如，可以先浏览行业信息，再浏览行业内知名企业信息，最后再选出感兴趣的若干企业（两三个），加以深入研究，当然，反过来的顺序也是可以的。无论你采取哪种方法，一定要事先加以考虑，先思而后动，就一定会收到不一样的效果。另外，在尝试不同方法的时候，要学会边用边比较，一方面你会发现不同方法各自的优劣特点；另一方面也可以从中发现更适合于你的那一种方法。总之，有的放矢、有备而来，你将获得事半功倍的成效。

第二节　就业信息使用

有效使用就业信息就需要对信息进行筛选，评估就业信息可用性，及时使用有效信息，把握好就业机会。

一、就业信息的筛选

收集就业信息是为了利用它们，在利用之前必须进行信息的筛选。为了更好地开展这项工作，我们需要搞清楚为什么筛选、怎样筛选等问题。

（一）就业信息筛选的目的

就业信息筛选的目的主要有两个：一个是真伪筛选，另一个是有效性筛选。

1. 真伪筛选

现在社会生活中鱼龙混杂的现象屡见不鲜，就业信息中的虚假信息也时有发生。这就要求我们学会识别。虚假信息可以分为以下几种类型。

（1）欺诈信息，即信息完全为假。信息发布者以非法侵占他人财产或劳动能力或其他资源等为目的，通过发布虚假信息而使当事人上当受骗。例如，招募传销人员的广告，会把传销说成是从事别的经营活动，而应聘者一旦陷入传销组织，人身自由就受到限制,不得不从事这种非法销售活动。

（2）夸张信息,即信息内容部分为真、部分为夸张之词。例如,一个企业打算招聘内勤人员,发出招聘广告,并对工作环境或工作条件进行了夸大描述。在这里,招聘内勤是真的,但是关于工作环境或工作条件的描述是虚假的。也有的企业在招聘广告中对工作报酬做出了夸大承诺,应聘者一旦被录用之后或即将被录用之时,却发现要获得那样的工作报酬,还有种种苛刻的限制条件。

（3）造势信息,即一个组织发布招聘信息的真实目的不是招聘人才,而是为企业做广告宣传,求职者一旦与之联系,却被对方以各种借口所拒绝。还有一种造势信息带有夸张信息的特点,就是本来只招聘很少的人员却说是要招聘很多人员,让人觉得这个企业规模很大、发展很快。

三种虚假信息中,第一种危害最大,后两种会给人以误导,是对求职者的不负责任。这些虚假信息对求职者来说,轻则浪费时间精力,重则个人权益可能遭到损失,所以针对这些情况也是需要事先加以辨别的。

2. 有效性筛选

真实的信息对于每个求职者的有效性是不一样的,对张三同学有效的信息,对李四同学可能就没有效用。信息的有效性可以从以下几个方面进行筛选。

（1）任职条件的有效性。任何一个组织招聘员工都是有任职条件的,区别在于任职条件的严格程度不一样。一个组织在招聘应届大学毕业生的时候,其任职条件通常包括：学历、专业、特长、性格、性别等。一条要求研究生学历、电气专业的招聘信息,对高职高专学生来说就没有效用；一条招聘前台文员,要求应聘者为女生的信息,对文秘专业的男生来讲,其有效性要打一些折扣——因为这个条件未必十分严格,你如果表现出色,用人单位也许会改变初衷；当然,如果你表现平常,这个条件就把你给限制住了。

（2）工作地点的有效性。有的单位招聘员工后要派遣到外地工作,这对于那些不愿意到外地工作的同学就没有效用。有些单位在招聘信息中对应聘者的家庭住址提出要求,有些单位虽然对此没有提出要求,但是作为应聘者,你自己必须考虑到这个因素。如果居住地点和工作地点距离较远或交通不便,那么,需要付出的时间和精力会很大,这样的就业信息还要不要考虑?

（3）招聘时限的有效性。绝大多数招聘信息都有一个时间限制,过了这个期限,招聘单位就不会再受理应聘要求。所以,在收集就业信息的时候,一定要看清楚或问清楚招聘时限,以免错过时机。

（二）就业信息筛选的原则

就业信息的筛选要把握以下原则。

1. 去伪存真、去粗取精的原则

就业信息的筛选中,识别真伪最重要。首先,对于完全虚假的欺诈性信息,一旦发现,马上丢弃。其次,对于夸张信息可以本着实事求是、去粗取精的态度,其真实内容可以为我所用，同时不被其虚假信息所误导，必要的时候向对方明确指出，以避免个人权益受到损害。

2. 辩证分析、积极对待的原则

对于就业信息的有效性，要进行辩证分析，采取积极对待的态度。比如，任职条件方面，用人单位招聘男生，作为女同学如果认为自身条件不比男生差，也不妨积极争取。

在依据有效性对就业信息进行筛选的时候，对那些含有希望和可能的信息，不要轻易放弃，而是要本着辩证分析、积极对待的原则做出最大限度的争取。当然，对于那些确定为欺诈的虚假信息要毫不犹豫地放弃，必要的时候还要进行举报。

（三）就业信息筛选的方法

就业信息筛选的方法就是对其进行验证和分析的方法，主要包括以下几种方法。

1. 查重法

查重法就是从多条渠道查看相同或相似信息，从不同角度验证信息。这个方法适合于对真伪信息的筛选。例如，网上收集信息与实地考察相结合，实地考察与相关人员访谈相结合。特别要留意有没有该组织的相关负面信息，如果发现有就需要格外谨慎。

2. 时序法

时序法就是将相同或相似信息按照发布的时间先后加以排列，这样做的好处，一是可以发现信息有没有前后变化内容，有没有需要谨慎的地方；二是可以取新舍旧，因为新的信息总比旧的信息更有效用。

3. 类比法

类比法就是将不同组织发布的相同或相似的就业信息进行对比，从中寻找对自己更有效用的信息。例如，在同一时间内，可能有几个单位发布了招聘相同岗位的信息，而每个单位的基本情况及其任职条件各不相同，借助于类比法，就可以根据自己的情况从中筛选，以便做出择优决策。

4. 辩证法

辩证法就是一分为二认识问题的方法。任何事情都有利有弊，而利与弊又是相对的、可以转化的。例如，有的单位需要员工经常出差，虽然比较辛苦，但是作为年轻人也能够借此增长阅历、锻炼才干，这对个人未来发展未必不是一件好事。有的单位，入职初期的薪酬待遇比较低，但是员工培训严谨规范、职业生涯通道明晰通畅、晋职机会公平公正，从长远来看，这样的就业机会更值得珍视。

二、就业信息的评估和使用

同学们对于经过筛选的就业信息，还要再做一次评估。你如果手里只剩下一条就业信息,那么就要决定是否使用;如果手里有两条以上的信息,就要决定使用它们的先后顺序。

(一) 就业信息评估的目的

就业信息评估是对就业信息有效性的进一步分析,或者说是对就业信息价值性的分析。

前面讲过,一条就业信息,因其任职条件等因素的限制,对不同的求职者的有效性是不一样的。进一步来说,一条有效的就业信息,对不同求职者的价值性也是不一样的。

有效性和价值性既有联系,也有区别:有效性是指招聘信息中所提出的应聘要求,是不是为求职者所具备。具备了就有效,不具备就无效。所以,对求职者来说,有效性是一种客观的、外在的东西,是看你是否具备别人提出的要求和条件。

价值性则不然,它是指就业信息是否符合你的期望、目标和要求。银行招聘柜员,提出五个方面的任职要求,王武同学符合这五个要求,因而这条信息对他是有效的。但是,银行柜员工作的稳定性特征却不符合王武的职业期望和从业目标,因而这条信息对他来说价值性不大。所以,就业信息的价值性是站在求职应聘者的立场上看的,是客观事物符合主观愿望的程度,符合程度越高,价值越大。

综上所述,我们知道了对就业信息有效性的评价和价值性的评价是不一样的,前者是一种客观认知,后者是一种主观判断;也可以说,前者是我们"能不能做"的问题,后者是我们"愿不愿意做"的问题。了解这个区别,我们就容易把握评估就业信息的原则了。

(二) 就业信息评估的原则

评估就业信息的原则也就是我们在做这件事情的时候应该注意的要点或者应该考虑的主要问题。主要包括以下几点。

1. 符合规划原则

符合规划就是要符合自己的职业生涯规划。第一是规划方向,也就是逐步明确自己将来在哪个行业、哪个领域发展;第二是规划目标,也就是将自己的职业生涯划分为不同的阶段,为每个阶段建立大致的努力目标;第三是规划自己的行动路径,也就是通过哪种渠道实现自己的目标。这样的规划肯定是大概的、粗略的,但是有规划必定胜过没有规划,因为有了规划,我们的行动就能够变得更为自觉。评估就业信息的价值性,首先要看它是否符合自己的职业生涯规划。如果不符合或不完全符合,基于现阶段就业市场的竞争形势,我们要考虑是否有必要调整或改变我们的原有规划。

2. 适合自己原则

适合自己原则的关键在于扬长避短。除去包括上面所说的内容以外,还包括:我们所获得的就业信息是不是符合我们的专业和特长、是不是符合我们的性格和个性、能不能让我们发挥优势。同学们应该了解，选择职业也要扬己之长、避己之短。比如，性格内向、不善交际的同学，如果选择销售岗位，不一定做不来，但是你为此而付出的代价可能会很大；如果选择内勤、文档管理等岗位，你可能会很快适应。再比如，学习会计专业的同学，如果性格外向、善于交际、敢冒风险，那么，选择一家会计代理公司做业务，可能比单纯做出纳更合适一些。

3. 实事求是原则

上面所讲的两条原则，比较适合于就业市场形势宽松，求职者个人条件出众的情形，而对很多人来说，也许没有这么自信，特别是在当前就业市场形势严峻的情况下，我们也许更多的要考虑现实问题。

所谓实事求是的原则，在这里实际上是一个折中的原则，既要考虑个人的职业生涯规划、考虑个人的能力特长，也要考虑现实生活提供给我们的可能性和可行性。我国大学扩招之后，毕业生人数每年以几十万人的幅度增加，而就业市场提供的岗位数量相对有限。这种情况下，需要不断调整自己的就业期望，在现实中经过曲折而持续的努力来达到自己的目标。所以，"先就业后择业"就是一个不错的选择，而我们评估就业信息的价值性也可以本着这样的原则：首先谋求在社会生活中的立足点，使自己获得独立生存的能力，然后再寻求不断的发展。从这样的原则出发，同学们会发现，大部分就业信息都是有价值的，关键看我们能不能抓住它们。坦率地说，实际生活中不少同学在求职应聘过程中屡屡受挫，主要原因不是就业信息的价值性问题，而是个人识别机会、把握机会的能力问题。

（三）就业信息评估的使用

就业信息经过评估并做出取舍决定之后，留下来的就业信息就可以为我们所用了。在利用就业信息的时候，要注意以下几点。

1. 充分发掘

绝大部分招聘信息的内容是有限的，通常只包括岗位任职条件和组织的简单情况。仅凭这些内容，求职者不一定能够做到充分了解，不一定能够把握住机会，所以，还需要在招聘信息的基础上进一步发掘，也就是围绕岗位工作，对该组织作更充分的信息收集。总之，对组织的信息发掘得越多，就会越有自信，把握机会的可能性就越大，成功的概率就会大幅提高。

2. 抓住重点

招聘信息虽然内容有限，但是也有重点，如果我们能在招聘信息的基础上再收集到更多的信息，就更有利于抓住其重点。所谓重点，即这家单位到底打算招聘什么样的人。一家单位招聘员工，无非主要看三个方面：工作态度、知识水平和结构、能力水平和结构，有的时候还要看过去的工作经历和经验。而招聘应届毕业生的时候，过去的工作经历和经验并不是很重要的（因为大家基本上都没有），知识水平和结构彼此也差不多（都是接受同层次学历教育），能力水平和结构方面，用人单位主要看的是潜在素质,也就是未来的可塑性,所以,工作态度常常是最关键的,它经常能够反映出一个人到底是个"什么样的人"。

把握住重点,我们就可以根据个人的实际状况,精心准备(准备求职材料,准备面试过程),把自己对用人单位最有价值的方面表现出来。能不能把握住用人单位招聘信息的重点,是应聘成功与否的关键。

3.及时使用

就业信息时效性很强,所以一定要行动迅速、反应及时,总的来说越早越好。这样做,一是有利于在激烈的求职竞争中抓住时机;二是有利于给用人单位留下较好的印象,表明你对这个机会是非常重视的。

4.学会总结

要知道,并不是每一个机会都能够被抓住,即使认为非常适合自己,同时又做了精心准备的机会,也可能被别人获得。失去一次两次机会并不可怕,关键是要学会总结。要学会从两个方面进行总结:一方面是对信息的分析,也就是对用人单位及其岗位工作的分析。很多时候失掉机会并不是你做得不好,而是这份工作或这个单位确实不适合你,你自己因为缺乏阅历而看不到这一点,但是用人单位却看得比较清楚。这样的机会丧失掉了未必是坏事。另一方面是对自己的分析,看看自己是不是没有抓住重点、是不是没有表达清楚、是不是无意中没有把什么事情做对。分析自己的时候,不妨与他人做一次交流,把自己求职的经过告诉对方,请对方帮助分析。如果可能,请老师特别是负责就业工作的老师帮忙分析就更好了,因为他们经常与用人单位接触,这方面的情况了解得更充分、更深入。

三、学会识别虚假信息、谨防招聘陷阱

前面已经讲过,目前社会上鱼龙混杂的现象时有发生,利用招聘宣传和就业信息进行欺骗、欺诈的大有人在,对此要小心谨慎,学会识别,避免上当。下面举一些比较常见的虚假信息和招聘陷阱,供大家学习识别之用。

(一)岗位骗招、高薪引诱的"陷阱"

招聘广告上常常铺天盖地的"高薪诚聘",开出的薪酬越高就越能吸引求职者的眼球。但是,等到求职者过五关斩六将接触到实质待遇问题时,职介或用人单位又玩起了数字游戏。有些单位甚至打出"保证年薪多少万以上"的承诺,这常出现在以业绩提成为主要收入的行业,而最后能否实现还需看求职者的工作表现及能力。求职者应当先衡量在没有业绩提成的情况下,固定底薪是否达到可接受的水平,不要被广告误导。

(二)套取私人信息、骗取财产的"陷阱"

求职者在应聘时还需要提防"暗箭伤人"。有些不法分子在报纸上刊登招聘信息,却是"醉翁之意不在酒"。他们的目的不在于招聘人才,而是诱使应聘者递上个人材

料，然后假冒他人身份到银行办理信用卡，最后拿着信用卡进行透支消费；或者对应聘的女性进行性骚扰；更有甚者，成为罪犯的"猎物"。因此，求职者千万不要心存"撒大网捞大鱼"的心理，要有目的、有针对地应聘，对自身资料要加强保密。

（三）各项收费的"陷阱"

求职者按招聘广告的地址到了用人单位，往往被要求预先支付诸如信息费、报名费、登记费、资料费、公证费、保证金、工装费、培训费、面试费、注册费等名目繁多的费用。比较常见的是采取多方收费方式，比如，甲方招聘，指定乙方培训，而由丙方进行鉴定；然后由乙方或丙方收取培训费或鉴定费。你被告知，培训后经鉴定合格，可以被录用；如不合格则不退回相关费用。其结果可想而知，大半应聘者不合格，剩下的合格者，也会被招聘单位在短期录用后以各种借口辞退。

（四）借考试、试用之名骗取劳动成果的"陷阱"

曾经有一个外语专业的学生小刘，通过招聘应聘一家公司，该公司以考查他翻译能力为由，发送一些英语材料让他翻译。可翻译了好几次之后，他仍没有得到该公司录用的表示，如此三番五次"考查"之后，小刘明白了，该公司只是叫他为他们免费翻译英文技术材料，根本不招人。

遇到这种情况，不妨采取"先小人后君子"的态度，事先和对方说好考查的次数和考查的标准，一次考查之后请对方告知考查结果。估计对方碰到这样认真而有心的人，知道你是个"厉害的主儿"，也应该知难而退了。

（五）非法中介的"陷阱"

1. 无照无证、打游击

最明显的非法职业介绍机构一般均为无"企业法人营业执照""职业介绍许可证"，只是所谓的"租一间房、一张办公桌、一部电话"，甚至假身份证、假公章、深藏小巷出租楼骗人的"双无"机构，这样的违法职介所行为很容易被人们辨认。其招聘信息，基本上都是虚假和不存在的，目的就是为了骗取求职者的报名费、职介费。

2. 有照无证、走偏门

非法职介中，已有相当部分具有独立的法人资格，它们大多注册在郊区私营经济比较集中的地方，或者在各大开发区或劳动密集型用人单位的周边地区租用办公场所，同时注册的"工商营业执照"上也多注有"劳务信息咨询""人力资源信息咨询""劳务输出"等经营范围。他们的目的是借信息咨询之名，行职业介绍之实，收取介绍费，而所介绍的工作往往不合求职者的心意。这类陷阱更具有欺骗性，一般求职者难以识别。

3. 滥广告、假信息

非法职介大多以张贴马路广告、派发小卡片等形式招揽求职者，而有的非法职介竟然还在专业性招聘报纸或刊物上刊登广告，有的更是利用互联网发电子邮件，信息量大、影响面广、具有极大的欺骗性。一些职介机构，为求壮大声势，在职位推介中，刊登一些已过期的所谓"招聘"，有些职介机构公布的招聘信息竟然只是拼凑报纸上、电线杆上抄来的招聘广告。

4. 职介与用人单位勾结

这是最令求职者头疼的问题：职介机构和用人单位勾结，欺骗、欺诈求职者。一些中介和单位共同编造子虚乌有的岗位，作为骗取钱财的工具。如果有应聘者前往，就不仅要在职介所支付介绍费，到用人单位进行"面试"或被"录用"时还要交纳报名费、手续费、培训费、考试费等，或者是要么"面试"都过不了关，要么被压榨完了试用期的廉价劳动力之后再因考核不合格被辞退。

这类"中介陷阱"的确令人头疼，但也不是不能防范：一个是观察这类机构的办公地点和办公场所，那些地域偏僻、条件简陋的中介机构，我们避开它们就是了；另一个是观察人员素质，多数情况下从事这类活动的人素质不会很高，言谈举止比较粗劣，我们不与其交往就是了。当然，最好的办法还是通过正规渠道。

（六）抵制诱惑，警惕传销陷阱

近几年来，随着高校毕业生就业压力逐渐增大，诱骗学生参与传销活动也呈抬头之势，对涉世未深、社会经验缺乏的大学生们构成了巨大的威胁。

传销是指组织者发展人员，通过发展人员或者要求被发展人员以缴纳一定的费用为条件取得加入资格等方式非法获得财富的行为，此行为已于 1998 年已经被明令禁止。但其活动在此后的几年中从未停止过，它们不断以新的、"合法"的面目出现，影响和危害极大。目前主要的新型传销主要指，不限制人身自由，不收身份证、手机，不集体上大课，而是以资本运作为旗号拉人骗钱，利用金钱吸引人，让你亲朋好友加入，最终让你血本无归。

目前主要为以下几种就业传销模式。

1. 以介绍工作为由骗取学生加入传销组织

以招工为由，利用年轻学生积极向上渴望成功的心态，掩盖非法传销的事实。"好工作"的诱惑是学生被拉下水的第一帮凶，部分学生求职心切，而传销组织宣扬的"好工作""高收入"使他们丧失了抵制诱惑的能力，加之传销组织采取限制人身自由等手段，导致一些在校学生迷失于传销漩涡中难以自拔。

2. 没有商品的"销售"

传销的利润来源不是靠零售产品而仍是靠"拉人头""骗取入门费"等特定表现形式。这些传销以骗来多少人为依据进行计酬和提成，所谓的商品只是作为一个媒介，并没有到消费者的手里。

3. 暴力与精神双重控制

传销实际上是有组织的犯罪活动，这是因为传销组织采取暴力和精神双重控制，使参加者很难脱离传销组织。不少人被"洗脑"后，深陷其中，不能自拔，对传销和变相传销理念深信不疑。除此之外，传销组织还逼迫参加者发展下线，继续诱骗朋友、同学加入。由于传销人员发展对象多为亲属、朋友、同学、同乡、战友，其不择手段的欺诈方法，导致人们之间信任度严重下降，引发亲友反目。

4. 利用互联网进行传销和变相传销

现在网络技术发达，学生几乎人人都是网民，在一些传销案件中，犯罪嫌疑人利用网络遥控，在短时间内发展学生参与其中，误入歧途。

因此，为了防止误入传销，大家一定要对传销有一定的认知，不要期待有馅饼砸到自己，要明白付出努力才能成功。遇到事情要多思考、多调查，理性投资，要求缴费并发展人员的活动都要时刻提高警惕。如不小心误入传销，要冷静处世，机智应对，找机会求助脱离传销。

 【技能训练】

训练项目1　收集、整理用人单位信息

训练目的：掌握用人单位信息收集的途径、方法和内容。

训练环境：课堂以外。

训练内容：选择用人单位、收集相关信息。

训练形式：课下以个人或小组方式开展。

训练过程：

（1）教师指导学生选择用人单位，说明收集信息的内容、途径和方法。

（2）学生通过网络、报刊、实地观察、走访等形式收集用人单位相关信息。

（3）学生整理资料，形成书面报告。

（4）学生在课堂上汇报书面报告。

（5）教师进行讲评和总结。

训练结果：用人单位调查报告。

训练项目2　收集、整理招聘岗位信息

训练目的：掌握岗位招聘信息收集的途径、方法和内容。

训练环境：课堂以外。

训练内容：选择用人单位招聘岗位，收集相关信息。

训练形式：课下以个人或小组方式开展。

训练过程：

（1）教师指导学生选择就业岗位，说明收集信息的内容、途径和方法。

（2）学生通过网络、报刊、实地观察、走访等形式收集用人单位相关岗位信息。

（3）学生整理资料，形成书面报告。

（4）学生在课堂上汇报书面报告。

（5）教师进行讲评和总结。

训练结果：岗位调查报告。

本 章 小 结

　　本章围绕就业信息这一中心,重点讲述了关于就业信息的获取、就业信息的使用以及各种招聘陷阱的应对措施等方面的知识,希望同学们认真研读,以期在短时间内获得有效信息,为求职的顺利进行开个好头。

第六章

求职材料准备

【知识目标】

1. 掌握个人简历的制作方法；
2. 掌握求职信的撰写方法；
3. 掌握网络求职的方法。

【技能目标】

1. 掌握个人简历的制作方法；
2. 掌握求职信的撰写方法。

【训练项目】

1. 制作个人简历；
2. 撰写求职信。

【案例导入】

何为毕业生求职的"敲门砖"？

2020 年，全国拥有 874 万高校应届毕业生，受国内和国际新冠肺炎疫情影响，平稳就业成了一项重大挑战，企业招聘和应届生求职的节奏均被打乱，春招不再是"金三银四"，各行各业的发展格局也呈现出明显差异。

燃财经采访了 7 位求职路上有故事、有话说的 2020 届毕业生。令人印象最深刻的是在北京面试 20 多家公司，甚至当了保安的志某。志某，专科学历，管理类专业毕业生。志某原本以为，北京这么大，只要找就有工作，自己好好干就行，并没有专心准备求职材料。受疫情影响，不少线下机构不能复工，曾找过线上教育的助教或辅导老师，也找过采购、销售相关的工作，结果要么是被人家拒绝，要么是自己觉得工作没前景。无奈之下，志某应聘了北京某大学的保安，不用提交简历，简单面试后即可上岗。

管吃管住,也比较稳定,一个月 3000 元工资。去了以后发现,同事基本都是一些初中、高中文凭的人,30 多岁了还在做保安,每天上班 8 小时外,就是在宿舍里玩手机。志某在他们身上看不到一点希望,干了一天就放弃了。

BOSS 直聘研究院分层抽取了 340 万 2020 届毕业生样本,对不同专业毕业生的就业竞争力进行深入分析。其中,专科生占 43.5%,本科生占 51.8%,研究生占 4.7%。报告涉及 924 个专业,均与教育部高等教育专业目录保持一致。结果显示,学历和专业背景在应届生的求职过程中始终扮演着重要角色,但在今年的纷繁复杂的求职市场上,情况也在悄然改变。

目前,许多高职学生面临同样的难题,他们不是没有工作,而是找不到合适的工作,想进的单位进不去,进去了的单位待不长。因为,任何一份工作,关乎的不仅是自己当下的生活,而且会影响整个职业生涯的走向。

案例分析:志某的求职经历带有普遍性。很多毕业生在求职之前,并没有结合自己的专业、兴趣和经历有针对性地制作一份求职简历,往往是"蒙头苍蝇胡乱撞",或者随大流,别人干什么我就干什么。用人单位招聘一名员工的成本是非常高的,他们往往做足准备,带着审视的眼光,仔细挑选合适的人才。如果我们毕业生只想"打无准备之仗",势必战败。所以,提前准备好求职材料,早做好求职的准备,增强求职信心,对毕业生顺利就业十分重要。

很多毕业生在收集到有效就业信息后,就花大量时间在买服装和化妆上,殊不知在求职中第一个让你栽跟头的很可能就是简历。据统计,2019 年全国高校毕业生人数是 834 万人,一些热门行业的企业,在不到一个月的时间内就收到数以万计甚至更多的简历。例如,2019 年中国人民银行国内各省机关简历网申平均通过率仅为 33%,直属总行通过率仅是 24%。由此可见,简历筛选是淘汰人数最多的一个环节。所以,一份令人耳目一新的简历,可能让毕业生在求职征程中"拔得头筹"。那该准备些什么呢?让我们在这一章来了解这方面的知识。

第一节　个人简历

简历是为了求职而对个人以往学习、生活和实习等相关经历进行高度概括,并通过线上或线下等方式向意向单位传达自己能够满足应聘岗位要求,进而获得下一步测评机会的一种文本形式。毕业生要摆脱这样一个认知误区,优秀的简历能够帮助自己攻无不克、赢得机会,"优秀"并不意味着"适合",就像一件婚纱,做工和质地都能达到顶级标准,但是穿错场合就失去了它原有的价值。

一、个人简历的制作

高职毕业生的一份简历,一般包括个人基本信息、教育经历、工作或实习经历、项目经历、校园活动、证书、语言、兴趣爱好和自我评价等模块。

（一）基本信息

基本信息虽然不是决定毕业生能否进入下一轮测评的关键要素，但是它是简历的必填模块。

基本信息包括必填信息和选填信息两部分。必须填写的信息包括3部分，分别是姓名、电话和邮箱；可选择填写的信息包括性别、民族、出生日期、政治面貌、年龄、籍贯、照片、健康状况、联系地址、QQ或微信、婚姻状况、身高体重、现居城市、求职目标、期望薪酬、到岗日期等。如果用人单位要求写上选填信息时，就根据需要加上相应的信息。

1. 必填信息

（1）姓名。此处填写户籍登记所用的姓名，一般置于简历最顶端，取代简历标题的位置。很多高职毕业生在简历最上端写上"简历"或"个人简历"，其实这是画蛇添足。事实上，HR每天面对数以十计或数以百计的简历，在醒目的位置最想看到的是求职者的名字。对HR而言，求职者的名字，既最具有辨识度，又方便开展工作。值得注意的是，若求职者的名字有生僻字，最好在旁边标注一下拼音。

（2）电话。毕业生在简历上填写的电话必须是正在使用的，且可联系到的号码。在发送简历的邮件正文中，最好也标记上联系方式。当简历发出后，毕业生最好24小时开机、随身携带手机，将手机调至非静音状态，以便随时接听HR来电。若因各种原因没能够及时接听来电，在方便的时候要及时回拨，以免错过招聘单位来电。HR很可能以短信的形式通知毕业生面试等流程，切不可因联系方式错失工作机会。我国手机号码长度是11位，建议采用短横线按3-4-4方式对数字进行分割，如130-1234-5678。

（3）邮箱。高职毕业生应当选择简单、易记的大品牌邮箱，这类邮箱既容易记忆又能够被大多数邮件服务器兼容，如163、126和139邮箱等。邮箱的用户名建议设置为毕业生姓名的拼音，如已被注册或占用，可加数字（生日或幸运数字等）后缀，这种邮箱用户名也方便HR辨别是谁。

需要注意的是，由于QQ本身偏娱乐性，所以不建议毕业生求职时使用QQ邮箱。

2. 选填信息

（1）求职目标。高职毕业生在求职之前，如果求职目标已经确定，最好填写此项。同时，简历正文部分应该围绕求职目标制作，突出自己应聘的优势和竞争力。这样做的好处：一是增强简历的针对性；二是方便HR快速筛选简历；三是说明毕业生求职目标和方向明确，容易给人留下好印象。

如果意向岗位涉及多个行业，可以标注具体行业，如销售岗位，涉及汽车行业、医药行业，可标注是汽车销售还是医药销售。

通常一份简历建议只填一个求职目标，如果两个岗位相近且处于同一职级水平，可以填写两个求职目标。如果求职者有多个求职目标，最好针对不同求职目标有针对性地制作不同的简历。

毕业生在求职时，应该根据应聘岗位需求及时修改简历，使自己的简历尽可能符合岗位要求，力求自己处于不败之地。

（2）现居城市。现居城市和联系地址两者择其一填写即可,建议填写居住城市。如果毕业生现居城市和应聘岗位处于同一个城市,建议毕业生填写此项,这样更有利于增加被录取的机会。如果毕业生现居城市和应聘岗位处于不同城市,建议毕业生在简历或邮件中填写"如果能够通过简历筛选,本人可以自行解决食宿,准时参加接下来的测评",让 HR 减少安排你食宿的顾虑,为了能够赢得一个心仪的岗位,这样做还是非常值得的。

（3）照片。高职毕业生应该根据招聘要求来决定是否放置照片,如果放置"照片",建议粘贴彩色照片。如果在招聘要求里提到"形象气质良好"等字眼,最好附上照片,尤其一些市场、公关、销售类的岗位,高颜值是加分的。

应届生应该到正规照相馆拍摄正装证件照,照片背景蓝、白、灰各留一版,并保存处理过的电子照片。照片应该放在简历的右上角或基本信息的右侧,再根据需要,适当调整大小。

（4）出生日期。出生日期和年龄两者择其一填写即可,建议填写出生日期。年份用 4 位数字表示,月份用 2 位数字表示,如"2001.05"。对于一些有年龄要求的岗位,建议填写出生日期,这样可以节省 HR 和毕业生的时间。

（5）性别。如果应聘岗位中对性别没有明确要求,建议不填写该项。若出现"男性或女性优先"的字眼,建议填写。

（6）身高体重。一般建议不填写,身高体重对于多数岗位是无关紧要的信息。除非一些特殊岗位,如空乘人员、模特等可以填写。

（7）到岗日期。如果企业属于急招,而毕业生又能够在有效的日期到岗,建议填写此项。

（8）健康状况。如果应聘餐饮、食品和医药等岗位,建议填写此项。"健康状况"根据本人的具体情况填写"健康""一般"或"较差";有严重疾病、慢性疾病或身体伤残的,应如实简要填写。

在填写简历中的基本信息时,高职毕业生应该按照岗位要求进行无关信息的删减,如果填写基本信息过多,就会让人眼花缭乱,抓不住重点。

（二）教育经历

一般建议应届毕业生将教育经历放在基本信息下面的第一个模块,尤其一些校招企业,会比较重视应届毕业生的身份。当然,随着毕业生工作经验的增加和工作年限的增长,当工作经历足以替代学校光环的时候就可以把教育经历后置了。

可能有的毕业生会说:"我是专科学历,学校不够好。"首先,并不是所有的企业都很重视教育背景,毕业生要自信,相信自己是最好的;其次,当毕业生教育背景之外的经历可以弥补不足的时候,教育经历就可以后置了。事实上,许多求职成功的人教育经历都很一般。如果毕业生上岗后、兢兢业业、吃苦耐劳,干出一番成绩,又有谁会在意你是哪个学校毕业、什么学历呢? 说这些就是希望高职毕业生要自信,心中充满阳光,踏踏实实走好脚下每一步,相信明天,相信未来。

1. 学历排序

学历排序应该按照由高到低、由晚到早的顺序，先写获得的最高学历，比如高职毕业生，应先从大专开始，再写高中，一般不建议填写初中及以下教育经历。

需要注意的是，在读学历不管是否毕业都可以填写上，截止日期可以填写预毕业时间。另外，学历的起止时间填到月（年份用4位数字表示，月份用2位数字表示），前后要衔接，不空断（因病休学、参军入伍等都要如实填写），要填某年某月至某年某月，如"2018.09—2021.07"。

2. 院系、专业

就院系和专业而言，HR更想看到的是毕业生的专业，专业更能体现一个人的教育背景，因为同样一个专业，不同的学校可能划分在不同的院系，当用人单位提供简历模板的时候，如果教育经历一栏空间有限小，可以只填写专业，不填写院系。如果毕业生应聘的岗位和专业对口，这个时候就可以把专业加粗强调。例如，"2018.09—2021.07在北京某职业学院金融学院金融专业学习"。

3. 成绩排名

成绩排名是选填项。如果毕业生的成绩排名较靠前，可以用排名的方式来表述。例如，专业排名第3名，专业共有100人，可以简写成"排名：3/100"。如果毕业生的成绩排名中上，专业人数又比较多，排名就显得不好看了。例如，专业排名第30名，专业共有1000人，简写成"排名：30/1000"就显得很别扭，这个时候可以用百分比来表示，那就是"排名：专业前3％"，这样就很容易吸引HR的注意了。如果毕业生的成绩不是很好，这部分就可以省略了。

4. 课程

课程是选填项。如果毕业生所应聘的岗位和专业不对口，这个时候，可以填写所学过的与岗位要求接近的课程，以此增加被录用的筹码。

5. 荣誉

荣誉是选填项。写在简历上的每个荣誉都要经得起面试官的拷问，能够切合自己的实际感受，不能乱编乱造。毕业生应多写最高学历所获荣誉，少写其他学历获得的荣誉，如果其他学历获得的荣誉很具光环，可以加分，也可以写上。比如高职毕业生，可以多写在大学期间获得的荣誉，在高中时获得的"成绩进步奖"就不要再写。

如果毕业生在大学期间不止一次获得过某一奖项，可以合并同类项，没有必要一个年份写一次。例如，"二等奖学金（2019—2020年第一学期），一等奖学金（2018—2019年第一学期），二等奖学金（2018—2019年第二学期）"可以写成："一等奖学金1次（1/100），二等奖学金2次（5/100）"。

（三）工作或实习经历

由于相关的工作经历或实习经历最能体现求职者胜任一个岗位的能力，所以HR在筛选简历时最看重的就是这一模块。而一份合格的简历，篇幅最大的模块往往就是工作经历或实习经历模块。

对应届生而言,一般没有正式的工作经验,那么实习经历就显得尤为重要,所以在校生要抓住空闲时间和寒暑假进入企业实习,不断充实自己。一般而言,在找工作之前,毕业生至少要有两份相关岗位的实习,这样才能确保在应聘时处于优势地位。

在校生需要实习经历,是不是什么样的工作都可以干呢?当然不是!要尽可能去找一些含金量高、能真正提升自身能力的工作。有的在校生为了赚取生活费而干一些兼职,如家教、超市收银员、商场促销员等工作,如果不是生活特别困难,建议还是不去为好。在校生的时间是比较宝贵的资源,一定要把有限的时间放在最有价值的事情上面。

下面看一下撰写该模块的注意事项。

1. 实习时间

通常情况下,实习时间应该在 3 个月以上,这样既证明求职者经验丰富,又体现求职者的稳定性。实习时间越短,越意味着求职者不足以胜任岗位,且稳定性越差。因此,实习时间越长,求职者越具有竞争力。实习时间在 3 个月以上被认为是深度实习。

然而,对大多数在校生而言,实习时间在 3 个月以上是不可能的。尤其是高职学生,本来学制就只有 3 年,学习时间非常紧张,可能只有寒暑假的时间才能用来实习,实习时间一般是一两个月。但是,实习时间短,并不代表没有含金量。这个时候就需要毕业生会总结自己的实习成果,让经历看起来既专业又丰满。

2. 实习单位

很多高职学生实习结束了,还不能准确地说出自己实习单位的名称,让实实在在的经历看起来像造假一样。所以,毕业生要做个有心人,能够准确描述公司名称、部门名称、岗位名称,切不能错字、漏字。

如果毕业生实习的企业规模较大,可以在公司名称后面标注 500 强企业、A 股上市公司、某行业龙头企业等,以此吸引 HR 的眼球。

3. 实习内容

应届高职毕业生在撰写实习内容时,往往遇到以下问题:一是实习经历少,没有什么可写;二是实习经历与岗位需求不匹配;三是实习内容琐碎,技术含量低;四是描述方式不当,实习经历没有闪光点。

事实上,实习内容是 HR 关注的重中之重,但又是最难撰写的部分。在校生要想避免出现以上问题,就要早做准备。从大一就要有清晰的职业规划,有目的地寻找实习机会为自己充电,不断积累经验。当然,毕业生也不能编造实习经历,在有经验的 HR 面前,很容易就会暴露出来,给企业留下不诚实的印象。

在实习时是选择大公司还是选择小公司呢?在大公司实习时,实习生可能会从事一些基础性的工作;在小公司实习时,实习生可能会做一些具体的工作。大公司经历可以充实毕业生的实习背景,小公司可以学习到一些技能。所以,大公司和小公司的实习经历都需要,也都很重要。不论是在大公司还是在小公司,不论从事什么样的工作，同学们都要做个有心人，抓住一切机会努力提升和改进自己，路是一步一步走出来的。

一些学生做了不少工作，但是在制作简历时，却无从下手、寥寥数笔，这样岂不是吃了大亏。在实习的过程中，同学们要做好笔记，将实习内容化为文字语言，在简历中充分地表达出来。撰写技巧如下。

（1）用数字量化成果。要学会用数字说话。在一份简历中，华丽的文字不如实实在在的数字更有说服力。简历中常见的数字包括金额、日期、时间、百分比、分数等。同时，学会合理的使用绝对数字和相对数字能够让表达更加出色。比如，在实习期间搜索了大量的行业数据，可以转化为：累计处理和分析10万条数据；在公众号上发布了文章，使阅读量迅速提升，以转化为：发布50余篇文章，35篇被转载，转载量达1万以上，阅读量达2万以上，环比增速20%。从上面的例子可以看出，同样的实习经历，用数字表达出来，更具有冲击力。

（2）用经历突出优势。有些毕业生的实习经历可能会比较丰富，那么我们是不是要把所有的经历都要写在简历上呢？答案是否定的。筛选实习经历应该遵循相关性原则，相关性强的经历要重点写，相关性不强的经历少写或不写，不可以"眉毛胡子一起抓"。有时候，不相关的经历过多，使实习经历显得杂糅，反而使得HR反感，降低简历的关注度。实习经历同教育经历，也是按照时间顺序倒序排列，越临近的实习经历越能表现一个人的综合能力。但考虑到相关性，还是要把相关性强、凸显竞争力的经历放在最前面，然后再按照时间顺序排列。

（3）用专业术语增强雇主认同感。不仅是毕业生，一些工作多年的人也不会使用专业术语描述自己的工作经历。每个岗位都有自己的专业性词汇，用专业性词语对经历进行描述，可以将一些普通的经历"点石成金"，达到事半功倍的效果。例如，"发传单"写成"市场推广"，"谈合作"写成"渠道拓展"，"打印复印"写成"信息整理"，"问卷填写"写成"社会调研"等。另外，学会使用一些行为词，突出自己在团队中的作用。例如，形容工作流程的动词"参与""担任""查阅""促进"等，表现领导力的行为词"负责""组建""制定""监管"等，表现解决问题能力的行为词"解决""排除""化解""实现"等。

（四）项目经历

项目经历一般在实习经历之后，能够体现应聘者在某一领域的研究能力和实战经验。高职毕业生一般很少有项目经历，如果有，就一定要写上，尤其是与岗位需求相关的项目经历，肯定会给应聘者加分，如会计事务所参与审计的公司等。项目经历可以是在用人单位参与的项目，也可以是在学校参与的项目；可以是一个完整的项目，也可以是项目中的一部分。

（五）校园活动

校园活动一般在实习经历、项目经历之后。对高职学生而言，校园活动是必不可少的一部分，参加学生会、社团或比赛的经历都是校园活动，如校级学生会、演讲协会、数学建模、漫画街舞等。校园活动可以很好地锻炼大学生的领导能力、策划能力、组织能力和协调能力,增强团队意识、大局意识、责任意识。

需要注意的是,在 HR 眼里,并不是所有的校园活动都有价值。如果在一个组织里只是一个干事或参赛没有获奖,除非做出了突出贡献,或与岗位需求密切挂钩,一般不用填写。有的学生不止参加过一个组织、活动或比赛,只需要描述和岗位需求相关的经历。

(六)其他信息

高职毕业生的简历,除了以上五个模块外,还包括证书、语言、兴趣爱好等。和前面几个模块一样,并不是所有的信息都要列上,只列与岗位需求相关的、增加自己竞争力的 2~4 个栏目即可。

1. 证书

简历中的证书一般是指与岗位相关的资格证书、认证等。例如,与会计专业相关的初级会计证书、注册会计师、国际注册会计师等,与金融专业相关的证券从业资格证、银行从业资格证、金融分析师等,与建筑行业相关的 CAD、安全员、施工员、预算员等,此外,还有导游证、教师资格证和计算机等级证书等。

对一些岗位来说,相关证书比较具有竞争力,可以在简历开头或邮件正文中进一步强化标记;一些证书有多门考试,如果没有完全考完,可将通过的科目标记出来,如注册会计师(CPA,已通过经济法、财务成本管理、风险战略与公司管理)。

2. 语言

一些毕业生往往将外国语言相关技能放在基本信息模块,其实放在简历末尾其他信息模块更为合适。英语能力的强弱以考取的证书来体现,如英语三级、CET6、雅思等。大部分高职毕业生通过了英语三级考试,如果一个求职者通过了英语四级,无疑会给自己加分。如果英语成绩考得还不错,可以在等级后面标注上分数,如 CET4 在 600 分以上、雅思 7 分以上等,考得不好的话就没有必要写出。

除了证书外,如果参加的相关比赛、培训、实习等可以体现英语的能力,也可以写在简历上。如"国际创新创业大赛全程英语答辩""作为志愿者为 G20 峰会国外厂商提供翻译服务"等。

3. 兴趣爱好

由于兴趣爱好与行业相关,所以很多招聘信息中列出,有某方面特长的毕业生优先考虑。例如,喜欢炒股,应聘金融行业会加分;喜欢演讲辩论,应聘公关、营销行业会加分;喜欢网游,应聘电子游戏行业会加分等。事实上,如果简历上有与岗位相关的兴趣爱好,更容易通过网申。

如果毕业生有多个兴趣爱好,没有必要全部列出来,挑选几个自己比较擅长且与应聘岗位相关的即可,一般不要超过 5 个,还可以在后面加一个括号进行描述。比如应聘会计岗位,写上"喜欢阅读(平均一年阅读 20 本以上,对《卖竹竿的小贩为什么不会倒?》《会计拉面》有深刻的理解和感悟)"；应聘销售岗位，写上"喜欢演讲辩论(曾以一辩身份参加省教育厅组织的《买的不如卖的精》的竞赛并获得一等奖)"。这样的描述无疑会为简历锦上添花。

如果毕业生没有比较特别的爱好，可以不写，像"宅""逛街"等这类比较大众的爱好，写与不写并没有什么区别。当然，特别消极的爱好也不能写，如睡觉、侃大山等。

（七）自我评价

自我评价模块可写，也可不写；可放在简历开头，亦可放在结尾。撰写自我评价的目的是增强竞争力、凸显自己的优势。在自我评价中应该重点突出两点：一是我非常渴望得到这个岗位；二是我能够胜任这个岗位，全模块围绕这两点展开，争取快速吸引 HR 的眼球。

自我评价的内容不宜过多，一般在 200 字以内，切不可凑字数。在自我评价中，应该避免出现"学习能力强""吃苦耐劳""认真负责"等假大空的描述。

二、制作简历的注意事项

制作简历的目的是获取所应聘岗位下一步测评的机会，俗话说"人靠衣装马靠鞍"，撰写规范和排版规则就显得尤为重要，在制作简历时，应注意以下几个方面。

（一）内容客观真实

简历是毕业生对自己过往的梳理和阐述，在撰写的时候可以适当地添加一些修饰词，但前提是这些经历都实实在在的发生过，不要过度夸大或无中生有。哪怕你的简历只有一处造假，即便你真的非常优秀，也很可能会被淘汰。诚信，是大部分企业的底线，尤其刚毕业的大学生，企业录取你的原因可能就是因为你是"一张白纸"。

另外，简历中要避免出现"你""我""他""她""它"等人称代词；不建议使用"幽默""冷笑话"等带有感情色彩的词汇。制作简历不是一气呵成的事，当你完成一份简历时，站在用人单位的角度，再把简历认真修改一遍或多遍。

（二）排版简洁工整

应届毕业生往往从网上下载简历模板，并配上鲜艳的颜色、花哨的图标，自认为简历很凸显个性。其实，HR 就像批阅高考作文的考官，他们想看到的是简洁工整的简历。HR 在浏览简历时，会根据惯性思维从每个模块获取关键信息，而不是满屏幕寻找信息。

HR 通常从每个模块的标题开始浏览，建议将标题加粗，用下划线或浅底色强调。各模块标题垂直方向上左对齐，不建议居中，整个版面行间距、段间距、页边距应保持一致，整份简历看上去美观、简洁。

（三）筛选相关信息

一般情况下，好的简历一张纸就够了。如果你是一名 HR，在校招火热季节，每天收到数以千计甚至数以万计的简历,转头又看到一份三四页,甚至十几页的简历,是不是心里更加郁闷了?因此,筛选与应聘岗位相关的经历,删除性质形似的经历,不仅突出了简历重点,而且很好地做到了换位思考。

简历并不是越长越好,相反,无关内容不但不会为求职者加分,反而会成为应聘的障碍,只有与招聘岗位相关的经历才是真正有效的经历。如何筛选相关信息?在投递简历之前,认真阅读招聘信息,有针对性地修改和优化简历,不失为一种行之有效的方法。前面已经讲过,HR浏览一份简历的时间非常短,他们抓的就是关键词,关键词就是与岗位需求相关的内容,毕业生可以将这部分字体加粗凸显出来。

另外,随着大数据时代的到来,很多招聘网站都进行关键字筛选。一方面,根据求职简历关键字将相关招聘信息发送给应聘者;另一方面,根据用人单位招聘需求中的关键字将相关简历发送给招聘者,所以,相关性越高越容易匹配到心仪的工作。很多大型企业的网申,就是通过关键字进行筛选简历,如四大银行、国家电网等。

需要注意的是,简历中的各模块都是按照时间顺序倒序排列的,但是有相关性极高的信息时,相关性优先。

(四)不要填写薪水

实践证明,应届毕业生简历上不应该写上对薪水的要求。对薪水要求过高,企业可能认为你不值这个价,雇不起你;对薪水要求过低,企业可能觉得你干不了大事、担不起责任。笔者曾经参加中国某某大学的辅导员面试,一名女生在自我介绍时主动提起了对薪水的要求,最终被考官问得"哑口无言"。作为一名应届毕业生,对行业和岗位都了解不深,还不能有水平地填写期望薪资,还是保守地选择不写。

三、个人简历参考案例

例文1 金融类岗位

孙晓晓

185-××××-×××× | ××××@163.com

求职意向:证券公司

教育经历

××财经大学	市场营销	本科

2019.09—2021.07

- GPA:3.95/4.0(专业排名前三)
- 主修课程:金融市场学、货币银行学、国际金融学、投资学、国际贸易、公司财务、保险学原理
- 荣誉/奖项:一等奖学金2次(1%的比例),二等奖学金1次(5%的比例),校级优秀团干部

北京××职业学院　　　　　　　　市场营销　　　　　　　　　　专科

2016.09—2019.07

- 专业排名：前两名
- 主修课程：政治经济学、微观经济学、宏观经济学、财政学、会计学
- 荣誉/奖项：获得两次国家奖学金，优秀毕业生

实习经历

××基金管理有限公司　　　　　　固定收益部　　　　　　　　研究员助理

2020.12

- 运用 Moody、S&P Global 等外资评级网站搜集行业相关数据，对宝塔石化、飞马国际等 60 余支信用债评级调整原因进行分析，对由担保违约和诉讼情况导致的违约进行重点分析，撰写 2 篇汇总报告，得到高度肯定
- 收集并整理区县级财政经济数据，利用 KMV 模型分析地方政府的偿债能力，协助研究员对 10 余支地方政府的信用资质以及城投债进行评级

中国农业银行北京分行　　　　　　对公业务　　　　　　　对公客户经理助理

2019.07—2019.09

- 协助对公客户经理进行不动产信息登记，核对客户财务报表数据的准确性和真实性，任职期间参与某 A 股上市公司 3 亿元规模的贷款需求信息整理工作
- 协助大堂经理完成客户引导，指导客户办理开卡、存款、理财等相关业务，协助客户完成累计近 3000 万元的理财产品购买

项目经历

国际青年创新创业技能大赛国赛　　　　　　　　　　　　　　小组长

2018.09—2019.01

- 该项目由英国国家创新创业教育中心和中英创新创业教育联盟北京主办，北京××职业学院承办，自全市 27 所职业院校 200 多支队伍参赛
- 负责赛场布置及排练；赛前准备工作、赛中盯会工作、赛后材料梳理工作，负责校外联络，得到学校老师和领导的充分肯定

校园活动

对外××大学校学生会　　　　　　外联部　　　　　　　　　　部长

2019.12—2021.01

- 招募外联部成员，重新建立外联部组织架构，设立校内联络组、招商组、预算管理组，制定部门管理制度，部门成员由最初 10 人，扩张为 35 人
- 任职期间，获取现金赞助金额达 3 万元，以及价值超过 15 万元的会员卡、设备租赁等活动物资；累计活动参与人数达 5000 人，单次活动覆盖人数均超过 1000 元

专业技能

- 技能：Word（熟练）、PowerPoint（熟练掌握商务 PPT 制作）、Excel（掌握数据透视表）

- 语言：CET6（633）、普通话（流利）
- 证书：证券从业资格证、基金从业资格证
- 爱好：读书（累计阅读金融方面书籍 90 多本）

例文 2　市场营销类岗位

张　强

130-××××-×××× | ××××@126.com

求职意向：市场营销主管

教育经历

北京××职业学院　　　　　　市场营销　　　　　　　　　专科

2018.09—2021.07

- 专业排名：前两名
- 主修课程：微观经济学、市场营销、经济法、消费者行为学、消费心理学、国际市场营销、市场调查
- 荣誉/奖项：获得两次国家奖学金,优秀毕业生

实习工作经历

唯品会（中国）有限公司　　　　市场销售部　　　　　商务助理实习生

2019.07—2020.12

- 负责唯品会线上活动的提报,为品牌争取更多的资源位,负责促销活动、系统设置等,与品牌方确定活动承担力度,签订确认函,并负责素材、样品等一切的对接
- 分析每日销售数据和流量,及时调整品牌定位和活动方向,分析竞品价格,保持竞争优势

屈臣氏集团有限公司　　　　　市场部　　　　　　　　助力实习生

2018.12—2019.01

- 对接印刷和安装供应商,**整理北上广共 200 十店铺信息及支付档期等资料**,最终敲定合适的供应商,并推动完成宣传物料设计与安装
- 筹备屈臣氏实习生见面会,负责流程创意与策划,与行政部门协商解决场地和物料等问题,零成本实现活动落地,见面会促进了实习生之间的相互了解,也深化了大家对屈臣氏文化的认同,获得高度肯定

项目经历

AIESEC 出境公益部

- 领导 **10 人团队**开展工作,成功输送不同城市高校共 **80 余位在校大学生**去东南亚、非洲国家参加海外志愿者项目,获得优秀负责人荣誉称号
- 参加组织 AIESEC 区域迎新大会,负责各高校成员之间的联络沟通或活动宣传工作,**吸引与会成员超过 500 人**

校园活动

| 北京某职业学院校学生会 | 外联部 | 副主席兼外联部部长 |

2019.12—2021.01

- 招募外联部成员，重新建立外联部组织架构，设立校内联络组、招商组、预算管理组，制定部门管理制度，部门成员由最初 10 人扩张为 35 人
- 所在部门连续 2 年被评为学生会最佳部门，本人连续 2 年被评为优秀学生干部

大赛奖项

- 第五届"互联网＋大学生创新创业大赛"银奖
- 国际青年创新创业技能大赛国赛金奖

技能/证书及其他

- 大赛获奖：华为杯案例分析大赛二等奖
- 技能：PowerPoint（熟练掌握商务 PPT 制作）、Excel（掌握数据透视表）
- 语言：CET6（625）、普通话（流利）

第二节 求 职 信

求职信属于自荐信的一种，大多用于企业求职，如国有企业和民营企业。一般情况下，求职者将求职信放在邮件的正文，而不是以单独的文件形式作为附件。

求职信和简历既有区别又有关联。从关联上来看，两者都是对求职者过往经历的描述，HR 从任一文件中都能初步了解求职者。从区别上来看，简历越是缺乏竞争力，越需要求职信来弥补不足，吸引 HR 的关注，主要表现在：一是简历内容比较全面，是对求职者过往的梳理、概括，求职信更具有针对性，求职者可就某一方面的竞争优势展开描述，征服 HR，求精不求全；二是简历更加客观、正式，求职信可融入个人感情，从主观上表达自己对岗位的喜爱和称职。

一、求职信的结构

求职信讲究开门见山，开篇要突出重点和亮点，能够吸引 HR 继续看下去。如果随便从网上下载一个模板，将自己的经历粘贴进去，可能起不到任何效果，反而会弄巧成拙。HR 在查看求职信时，看的不是求职者的遣词造句，而是求职者概括和凝练的经验、知识和技能。

从结构上来说，求职信包括开头、正文和结尾三个部分。其中，正文一般分三段，每段都有不同的作用。第一段，告诉对方你是谁；第二段，告诉对方你能做什么；第三段，告诉对方你为什么渴望得到这个职位。

（一）开头

开头称谓得当，注重礼节。一般为"尊敬的××（公司名称＋职位），您好"，例如，

"尊敬的华为研发部经理,您好""尊敬的北京大学老师,您好"等。如果求职者知道对方的姓氏和性别,还可以写成"尊敬的刘女士,您好""尊敬的赵先生,您好"。不管对方是谁,级别高低,都要礼貌称谓,注重礼节。

（二）第一段

第一段开门见山、自报家门。告诉对方你是谁、毕业院校、应聘岗位等基本信息。另外,一些能够使对方增加好感的信息,也可以添加上去。例如,如果你是金融类专业的毕业生,HR可能比较看重相关证书和实习经历,你可以把这些核心信息传递给对方。

（三）第二段

第二段能力展示、征服对方。该部分是求职信最重要的一个模块。求职者要尽可能地把自己与岗位相关的经验和技能展示给对方,告诉对方你是优秀的,你能够帮助企业解决哪些方面问题,尤其是那些不能够在简历中描述的技能和能力,一定要展示出来。求职者可以从教育经历、实习经历和证书等方面展开描述。例如,你从事过的与岗位相关的实习经历;你了解岗位所需的知识和技能;你具备哪些素质可以胜任该岗位等。

（四）第三段

第三段表达敬意、展示诚意。这一段描述的就是入职动机,既要表达对公司文化、理念和产品等方面的认同和赞赏,又要诚恳地表达自己渴望得到职位的强烈愿望。要想描述好这部分,就要提前下功夫。通过各种方式（网页搜索、咨询亲友等）了解企业的文化和背景、主要业务和产品、应聘岗位的具体工作内容等。例如,曾经在该公司实习、使用过公司的产品或服务、听过公司的讲座等,越有细节越真实。

（五）结尾

结尾简洁致谢。本段不需要写一堆大而空的套话,能够表达自己希望成功入职即可,例如,"感谢您在百忙中给予我的关注,衷心期待您的回复""真诚希望能有一次面试的机会。祝您工作顺利,身体健康"等。

最后还要写上自己的联系方式,方便后期联系,主要包括姓名、电话和邮箱等。

二、求职信的格式

求职信分为纸质版和邮件正文式。两者内容一致,结构相似,其实邮件正文式排版更加精简。撰写求职信时,注意以下基本的规则。

（一）字数

建议不超过一页A4纸。与岗位技能相关的部分应占到50%～60%。

（二）字号

字号建议选用四号、小四或五号等,行间距设置为20磅,段前段后各6磅,一般没有固定要求，尽量与简历保持一致，页面美观、方便阅读即可。

（三）字体

字体与简历保持一致即可，可选用宋体、黑体或楷体等。

（四）加粗

想要重点强调的部分加粗即可，不必加下划线、波浪线或标红。

（五）打印

选用白色 A4 纸打印，与简历保持一致，黑白打印即可。线下投递，简历在上，求职信在下，曲别针装好；线上投递，应届生可将求职信命名为"求职信—姓名—学校—应聘岗位"。

三、求职信参考案例

例文 3　纸质版求职信

求　职　信

尊敬的中国银行投资部领导：

您好！

我是北京某某职业学院 2021 届金融学院金融专业应届毕业生×××，在校友会上得知贵公司"项目承做"岗位正招聘新人，结合自己过往的学习和实习经历，我非常有信心可以胜任此岗。

较强的学习能力，扎实的专业背景。在校期间，连续获得国家奖学金 2 次，专业排名保持前三名，已考取证券从业资格证、基金从业资格证，正在准备 CPA 考试。

相关的实习经历，真实的业务知识。曾在北京银行投资部实习 2 个月、参与立项、实地调研、公司改制到上市辅导的多个流程；协助工作底稿的撰写和整理。

优秀的沟通能力，良好的抗压能力。曾任校广播站站长，具有较强的沟通表达能力。曾担任校文艺部部长，组织 600 余人的迎新晚会；实习期间多次加班至凌晨两三点，周末无休，保质保量地完成上级交给的各项任务。

校友会上，非常荣幸聆听了贵公司投资部×××经理（学长）的讲座，我非常喜欢贵公司的文化，非常欣赏公司取得的巨大成绩，非常渴望加入这个大家庭。

真诚希望能有一次面试的机会。

祝您工作顺利，身体健康！

×××

电话：130-××××-××××

邮箱：××××@126.com

例文4 邮件式求职信

求　职　信

尊敬的中国银行投资部领导：

您好！

我是北京某某职业学院2021届金融学院金融专业应届毕业生×××，希望应聘"项目承做"岗位，下面是我的基本信息。

教育经历：专科，金融专业，2次国家奖学金，专业排名前3，已考取证券从业资格证、基金从业资格证。

实习经历：曾在北京银行投资部实习（2个月），参与立项、实地调研、公司改制到上市辅导的多个流程；协助工作底稿的撰写和整理。

沟通、抗压能力强：曾组织600余人活动；能够加班，曾高效协同写论文、实习和考证等多项任务。

其他技能：熟练使用 Word、Excel、PowerPoint、CET4、计算机 C 语言二级。

曾荣幸聆听贵公司投资部×××经理（学长）的讲座，非常喜欢贵公司的文化，欣赏贵公司取得的伟大成绩，真诚希望能有一次面试的机会。

×××

电话：130-××××-××××

邮箱：××××@126.com

第三节　英语求职材料

随着经济社会的快速发展，国际交流日益频繁，社会对求职者的要求也越来越高。英语作为一门国际性语言，它的普及程度明显高于其他语种，已经渗透到我国的各个领域。因此，对于一名高职毕业生来说，制作一份优秀的英语简历，不仅能够拓宽你的求职道路，更向用人单位展示了你的英语水平，求职路上定会助你一臂之力。本章主要讲述两种常见的英语求职材料——英语简历和英语求职信。

一、英语简历的结构

英语简历的基本信息比中文简历少，一般只填写姓名、电话、电子邮箱和地址等，如果用人单位没有要求其他信息，就不必填写，也不需要放照片。

（一）姓名

一般情况下，英文名称的名字在前面、姓氏在后面。例如，"刘伟（Wei Liu）""李子峰（Zifeng Li）""司马军（Jun Sima）"等。一些求职者喜欢给自己取一个英文名字，以便交流，这也是可以的，最好起个与自己中文名字相近的英文名字，方便记忆。

（二）电话

英文简历中的电话号码也采用 3-4-4 样式，只是英文简历偏国际场景，前面应加上中国内地的国际区号＋86，如＋86-180-××××-××××。

（三）电子邮箱

英文简历中电子邮箱的填写方式同中文简历，不再赘述。

（四）地址

英文地址的表述方式不同于中文地址，英文地址是由小到大，中间用逗号隔开，即"×村/社区，×镇/街道，×县/区，×市，×省，×国"。例如，山东省菏泽市牡丹路 100号 101 室的英文为：Room 101，No. 100，Mudan Road，Heze，Shandong。

（五）教育经历

英文简历教育经历主要填写学校名称、学位名称、专业名称、绩点（GPA）或排名、相关课程、学习时间和学校地址等。

（六）实习经历

英文简历中的实习经历同中文简历实习经历，也是简历中最核心的部分。

实习单位名称是 HR 比较关心的地方，首字母须大写，名称加粗处理。如果你实习单位规模较小，没有官方名称，可以使用翻译软件进行转化。

在英文简历中，要对实习单位做简要介绍。如果你实习的单位是知名企业，如世界 500 强等，可以不再介绍，如果是一些不太知名的企业，最好描述一下主要业务和所取成绩。

（七）其他信息

其他信息主要包括语言、技能、证书和兴趣爱好等，该模块的具体标题根据实际内容确定。一般非技术岗位，该模块放置在简历最下方；技术类岗位，则作为一个单独的模块放置在简历的核心位置。

常见写法是语言等后面加上括号，做进一步阐述和解释。英文简历一定要注意正确使用标点符号，在括号的前面需要添加空格，括号内部不加空格，逗号的后面也要添加空格。如 Certification：ACCA certified（association of chartered certified accountants）。

二、英语简历的格式

应届毕业生制作英语简历，往往是通过百度等翻译工具将中文转化成英文，其实这只是简历的初始版本，后期还需要加工、修改。无论是从字体还是排版，英文简历都有一套规范的标准。

下面将从字体、段落和时态等方面对英文简历进行规范，帮助同学们制作一份完美的英文简历。

（一）字体

主要从字号、加粗、斜体和大小写四个方面对字体进行规范。其中，字号、加粗、斜体是突出重点的一种形式。每个模块标题的字体都比正文大 1～2 号,但各模块间应保持一致。下面按照字号从大到小的顺序来讲。

1. 姓名(name)

二号字体,字号与中文保持一致,加粗。

2. 教育经历(education)、实习经历(experience)

10～16 号字体,加粗,全部大写或首字母大写。

3. 模块下每段经历的标题中的组织或企业名称

字号大小同正文,10～15 号,加粗,首字母大写。

4. 模块下每段经历的标题中的部门名称、岗位名称

字号大小同正文,10～15 号,不加粗,斜体。

5. 正文

10～15 号,不加粗,关键信息可加粗。

(二)段落

主要从行间距、段间距和页边距三个方面对段落进行规范。

1. 行间距

一般为 1～1.5 倍行距,由字体的样式和大小决定。

2. 段间距

指模块与模块的间距,段前间距一行。

3. 页边距

上下左右页边距一般在 1～3 厘米,可根据实际情况进行调整。

(三)对齐

最左边的标题和文字左对齐,右边的标题和文字右对齐,中间部分垂直对齐。

(四)标点符号

简历中所有的标点符号都采用英文半角格式,逗号、分号、句号、冒号、问号和感叹号与后面的内容须留一个半角的空格,但标点符号的前面不可以留空格。

(五)时态

简历是对求职者过去的经历进行描述,因此,英文简历一般都是采用过去式。如果有一段经历仍在持续,就用现在完成时。描述经历时,不要使用主语和人称代词,经历的描述以强势动词作为开头。如 analyzed the financial strategy to the merger between A and B。

三、英语求职信

在我国,英语求职信主要用于外资企业的求职。同中文求职信一样,也是围绕着应聘岗位描写,但英文求职信格式不同于中文求职信,具体来看一下。

（一）英语求职信的格式

英文求职信包括开头、正文、结尾和署名等。

1. 开头（heading）

主要是写信人和收信人的姓名等信息。写信人的姓名、地址和日期一般写在右上角,收信人的姓名、地址等信息写在信头日期下方的左角,无须再写日期。

2. 日期（date）

例如,2020 年 4 月 30 日,格式为：Apr 30,2020,或 Apr 30th,2020,或 30th Apr,2020 等。

3. 企业名称和岗位（company name）

此为非必填写项,在日期下方写上企业名称和岗位。

4. 称谓（salutation）

写信人对收信人的称呼用于,可以是 Dear Sir or Madam、Dear Hiring Manager。知道对方姓名、性别时,可写成 Dear Mr. ××等,称呼后可用逗号(英式),也可用冒号(美式)。

5. 正文（body of the letter）

称呼语后空一行,再写正文。正文有两种形式：一是缩进式,每段首行第一个单词的首字母向右缩进,以五个字母为宜,第二行及以后左面顶格；二是齐头式,每行都是左面顶格。

6. 结束语（complimentary close）

在正文下面空一行或两行再写结束语,从信纸中间偏右处开始写,第一个单词的首字母要大写,句末用逗号。结束语因收信人而异,如 Very truly yours、Sincerely、Yours sincerely 等。

7. 签名（signature）

在结束语下面空一行或两行签名可放左边,也可放右边,同结束语位置。

8. 附件（enclosure）

求职信可以有附件,附件个数不限,标记在求职信的左下角,Enclosure 或 Encl. ,多个附件时用复数形式。

（二）常用句式模板

1. 开头句式

（1）I am writing to present my credentials for the position of [Position Name], a position for which I am well qualified. I am confident that you will quickly recognize my ability to make major contributions to your company's [Business area].

（2）My interest in the position of [Position Name] has prompted me to forward my resume for your review and consideration.

(3) I am very interested in talking with you about employment as a〔Position Name〕,and hope you will give my candidacy strong consideration. I feel I have the necessary skills and interest to be an excellent contributor to your organization.

(4) I am interested in a position as〔Position Name〕with〔Company Name〕. My resume highlights strong project experience with this kind of position.

(5) I am writing to apply for the position of〔Position Name〕. I have solid qualifications to support this application and would appreciate your consideration of the enclosed resume.

2. 结尾句式

(1) Thank you for your consideration,and I look forward to hearing from you.

(2) I would appreciate the opportunity to further discuss my credentials with you during a face-to-face interview. I look forward to hearing from you shortly.

(3) My enclosed resume further illustrates my professional competency in the〔Field of work〕. Thank you for reviewing my credentials,and I look forward to hearing from you.

(4) Thank you for reviewing my credentials,and I look forward to hearing from you shortly.

(5) I hope that we will have the opportunity to discuss my qualifications further during a personal meeting. Thank you for your consideration.

3. 表达个人能力和经验的句子

(1) I have established an outstanding reputation as a strong profit contributor.

(2) My work has led to the successful introduction of 12 new products,now accounting for over $230 million in annual sales revenues.

(3) In all cases I have been consistently recognized for my strong contributions and professional leadership.

(4) I also have solid experience in quality assurance and led the application of control charting methodology in real-time process control of a large insulation product line. This effort resulted in a 19% reduction in scrap and a 60% reduction in customer complaints.

(5) I have played a key role in helping to land over $50 million in site remediation engineering projects in the past two years alone.

第四节　网 络 求 职

随着互联网时代的到来,人力资源管理也迈进了网络时代。不论是企业招聘人才还是求职者应聘,网络求职都在取代传统的求职模式,逐渐成为求职者的首选。在互联网的大背景下，传统求职方式信息不对称、成本高、效率低的弊端逐渐显现，同时互联网又在逐渐渗透到各行各业，更多企业选择也采用网络招聘的形式。网络求职低成本、获取信息方便、查收信息快捷、双方交流互动方便等优势，给用人单位和求职者都带来了巨大益处，同时也推动了地区间人才流动和经济社会的发展。

尤其是新型冠状病毒肺炎，彻底改变了 2020 年春季招聘的方式，各大高校纷纷由线下转战线上，网络成为企业招聘和毕业生求职的首选。

一、掌握网络求职技巧

高职毕业生如何利用网络进行高效的求职呢？下面让我们一起来看下。

（一）树立网络求职意识

自新型冠状病毒爆发以来，高校就业工作者和 2020 届毕业生对网络求职可能有更深的理解和认识。自招聘会线下转战线上后，网络求职成本低、效率高、学生覆盖面广等优势逐渐显现出来。虽然线下求职不会被完全取代，但是线上求职会占据越来越大的分量，这种线上与线下相结合的求职方式已然成为常态。作为一名应届毕业生，要及早树立网络求职的意识，合理规划职业生涯，熟悉招聘网站，掌握网络求职技巧。

（二）提高网络求职能力

1. 提高简历制作水平

网上求职时，用人单位首先看到的是求职者的简历，只有简历审核通过，才能进入面试环节，所以简历质量对网络求职影响很大。应届毕业生制作简历时，应特别注意以下几点：一是简历内容真实客观；二是排版简洁工整；三是筛选与岗位需求相关的关键信息；四是求职目标明确。一份优秀的简历，会为你的求职增加筹码。

2. 优化邮件投递细节

邮件标题是邮件投递的首要环节，直接决定了简历是否会被 HR 打开，标题要包括姓名、应聘岗位以及有助于申请到该职位的其他信息。例如"牛珊珊—北京××职业学院—财务管理岗""左小平—××建筑大学—工程测量岗—每月可实习 8 天"等。部分邮箱可能对附件大小有限制，除了将简历以附件形式发送外，还可以粘贴到邮件正文中，方便 HR 查看，高效快捷。邮件发送的时间建议是每天上午 8:30—9:00，合适的时间更容易让自己的简历优先被查看。邮件发送之后，还要进行常规检查，确保自己的简历发送成功。

3. 增强专业知识和技能

当今社会是凭本事吃饭，真才实学才是毕业生的面子。用人单位最看重的是求职者与岗位需求相关的专业知识和技能。机会是留给有准备的人，如果你没有丰厚的知识和专业的技能，机会摆在面前也抓不住。因此，拥有比竞争对手强的知识和技能，才能"左右逢源"，抓住机会，赢得心仪岗位。

4. 提升自身综合素质

除了专业知识和专业技能外,在这个鼓励创新创业的时代,创新意识、团队合作意识、良好的交流沟通能力以及亲和力等,都是求职者必不可少的核心能力,同学们都要逐渐培养起来,不断充实自我、提升自我。

二、警惕网络求职陷阱

由于网络求职都是线上活动,求职者不能够全面了解用人单位情况,所以一些不法分子利用应届毕业生初入社会,阅历少,辨别能力差,考虑问题简单、表面、理想的特点,制造求职陷阱,牟取非法利益。根据现在的法律法规,如果用人单位可以提供正规的营业执照和企业代码,就能在相关网站发布招聘信息。目前,常见的网络求职陷阱有很多,如骗取押金陷阱、骗取劳动成果、岗位名称陷阱、工资陷阱、试用期陷阱及高薪陷阱等,他们抓住应届毕业生社会经验不足的特点,处心积虑地设置陷阱。

为了避免掉进求职陷阱,造成身心伤害,毕业生们要增强防范意识,提高防范能力。下面介绍几种应对措施。

(一) 谨慎选择求职网站

虽然就业压力逐年加大,但是也要理性求职。教育、人社及其他与就业相关的部门都会开办网上招聘专栏,上面的信息都经过严格把关、逐一审核,因此发布的信息较为真实。一些大型的专业人才网站都设立了严格的审查制度,也很少出现欺诈情况,而一些不知名的小网站则容易出现违法招聘。应届毕业生一定要到信誉度高的网站求职,遇到拿捏不准的问题时,及时与老师、家人、亲戚朋友沟通。

(二) 判别公司合法合规性

网络求职存在风险隐患,毕业生求职前应对应聘企业的经营情况进行调查。一是通过国家企业信用信息公示系统查询企业的注册登记、许可审批、年度报告、行政处罚、抽查结果、经营异常状态等信息;二是通过天眼、启信宝等第三方信息平台,对全网数据检索、与政府公示系统信息对接,汇集企业经营相关的各类数据;三是通过看准网、职友集等查看员工评价。

(三) 判别公司经营情况

企业的稳定性主要看经营情况,主要是公司的商业模式和盈利模式是否可持续。选择求职单位前,需要弄清楚企业提供的服务、生产的产品和赚钱的方式,以及现有产品和服务的回笼资金能否支撑企业正常运营。如果应聘一些知名企业,可到新浪财经、网易财经等网站查看企业近几年的盈利情况。在面试之前,最好了解一下企业最近发生的有影响的事件,不仅有助于了解企业近况,还可将这些信息应用到面试中。

(四) 牢记不掏钱原则

我国有关法律明确规定:企业不得向职工收取货币、实物等作为入厂押金。凡是附加了"报名费""考试费"等条件的招聘信息,应聘者一定要高度警惕,以防上当受骗。

（五）注意保密原则

求职者在登记电子简历时，尽量填写完整，保证个人信息的真实性，但一般不要留下详细的家庭地址（可写学校地址）和家庭固定电话，只留下电子信箱联系即可。不要随意将自己的生活照片发到网站。

三、常见的求职网站

为了方便从网上搜集招聘信息，请毕业生们提前收藏招聘网站。

常见的综合性招聘网站，如前程无忧、智联招聘、中华英才网、猎聘网、看准网、BOSS 直聘、拉勾网、58 同城、卓博人才网、人才热线、智通人才网、全职招聘、锐仕方达、科锐国际等。

常见的大学生求职网站，如应届生求职网、高校人才网、全国事业单位招聘网、实习生、大街网、职徒简历等。

常用的面试软件，如钉钉、企业微信、脉脉、领英、KK、263 云通信、蓝信、赤兔等，求职者可以在面试之前试用一下，以防面试时出现问题。

求职类 App，如智联招聘、前程无忧、脉脉、斗米、BOSS 直聘、猎聘同道、招财猫直聘、兼职猫、51 好工作、领英、店长直聘、拉钩、智联卓聘、中华英才网、蜂鸟众包等。

兼职类 App，如斗米、兼职猫、蜂鸟众包、口袋兼职、阿里众包、蚂蚁兼职、微差事、兼课兼职等。

除了以上求职网站外，毕业生还要关注本校就业网站、就业公众号和兄弟院校的相关网站，北京高校的毕业生还可关注首都教育、成功就业等公众号。

【技能训练】

训练项目 1　制作个人简历

训练目的：根据教材中简历的制作方法和注意事项，掌握制作简历的方法，并结合自身情况和求职意向，制作一份个人简历，以备求职使用。

训练内容：制作一份个人简历，主要包括个人基本信息、教育经历、工作或实习经历、项目经历、校园活动、荣誉证书、兴趣爱好和自我评价等模块。

训练形式：学生个人在课下进行。

训练过程：

（1）教师课堂对训练进行布置和说明。

（2）学生课下进行，完成后上交老师。

（3）教师逐一批阅，给出修改意见。

训练结果：完成一份个人简历。

训练项目 2　撰写求职信

训练目的：根据教材中求职信的结构和格式，掌握撰写求职信的方法，并结合自身情况和求职意向，撰写一份求职信，以备求职使用。

训练内容：

（1）撰写一份求职信，包括开头、正文和结尾三个部分。

（2）描述清楚"你是谁""你能做什么""你为什么渴望得到这个职位"。

训练形式： 学生个人在课下进行。

训练过程：

（1）教师课堂对训练进行布置和说明。

（2）学生课下进行，完成后上交老师。

（3）教师逐一批阅，给出修改意见。

训练结果： 完成一份求职信。

本 章 小 结

　　本章通过学习使同学们对求职材料的准备有一个整体上的初步认识，了解了个人简历的制作方法。个人简历包括哪些模块、各模块的细节以及注意事项；了解了求职信的撰写方法，求职信的结构及撰写格式；了解了网络求职的方法，网络求职技巧、网络求职陷阱，以及常见的求职网站。本章的重点是求职简历的制作，希望同学们通过学习这一部分内容，能够掌握个人简历的制作方法，提前准备求职材料，并有意识地在毕业前丰富简历经历，为找到理想工作，做好充分的准备。

第七章

应聘面试策略与技巧

【知识目标】

1. 面试注意事项与答题思路；
2. 笔试准备与注意事项；
3. 要灵活运用面试笔试基础知识。

【技能目标】

体验面试场景，掌握如何进行自我介绍，掌握面试中的基本礼仪，掌握模拟面试问题的回答技巧。

【训练项目】

1. 模拟面试；
2. 面试礼仪训练；
3. 面试问题回答技巧。

【案例导入】

初次面试遭拒的经历

金融专业的毕业生小吴，在同学中属于佼佼者，他的理想职业是当银行职员。为了增加面试的成功系数，家境并不宽裕的他，向亲戚、朋友借了一些钱，一咬牙买了一套名牌西装，这身"行头"使他看上去脱去了"学生气"。

在学校组织的招聘摊位上，小吴递过了自己的简历。主管边翻看，边不时地点着头。接着，主管问小吴一些学业方面的情况，主管当即给他写下了一个电话，并通知了具体面试的时间和地点。

看来成功在望，小吴心头不禁一阵狂喜。当主管再次抬起头，打量了他的"行头"后，眉头开始皱了起来："这位同学,如果你不介意,我想谈一个别的话题。能告诉我你身上这套'行头'的来源吗?"主管说完后,犀利的目光紧盯着小吴,使他不得不道出了实情。

听了小吴的表述,主管婉转地说了这样一番话:"一般来说,应聘注意自己的形象是对的,但在着装上我们只要求干净整洁就行。你的父母并不富裕,为求职无谓地增加他们的经济负担,我们很难认同。从你'举债'求职的动机来看,说明你在求职中存在着浮躁的心态。在此,我收回我的意愿,希望你能在下次招聘会上展示真实的自己。"

事情发生了骤变,小吴措手不及。他还想解释点什么,主管微笑着向他摇着头,开始叫下一位应聘者。出了招聘大厅,小吴只感到大脑里一片空白,他万万没想到的是:一套不合时宜的"行头"竟然使他丢失了一次近在咫尺的成功机会。

案例分析:小吴同学的面试经历带有特殊性,又具有普遍性。很多同学主观地认为面试时一定要穿名牌服饰,其实是一种错误的观念。面试时同学们的着装只要保证干净,简洁大方即可。名牌服装并不能穿出自信,真正好的着装使你与周围人相处融洽,能够比较好地放松自己在面试环境中,提高面试成功率。

应聘面试是成功就业的关键环节。高职大学生参加面试时,通过向用人单位展示自己专业水平、仪表气质、口才和应变能力,从而给面试主考官留下深刻的印象。面试已成为用人单位常用的一种招聘方法。如何认识和把握面试与应聘的技巧,是能否顺利达到求职择业的重要手段。通过本章的学习,希望同学们把握好面试及面试后的环节,从而顺利被用人单位录用。

第一节　面试材料准备工作

"凡事预则立,不预则废。"对于毕业生来说,面试是给用人单位留下美好第一印象的关键,关系到能否成功就业,可谓是就业成败的一件大事,更应该认真对待。一家公司只给你一次面试机会,你展现给招聘人员的第一印象是你面试成功的第一步。要保证这个印象是你最完美的一面,就要用心做好各方面的准备工作。

一、准备面试公司资料

某学院高职毕业生张娜,在学校是个不错的学生,用人单位看了她的简历后也对她比较感兴趣。面试那天,她提前半小时到达单位。但是当考官问她对本公司文化的理解时,却发现她对该公司一点也不了解。本来,她可以拥有半个小时的面试时间,结果因为很多问题她答不上来,面试进行了短短10分钟就草草结束。原来,她根本就不了解这家公司,她自称所拥有的表达和策划的优势,也无法展现。公司人力资源部经理感叹道:"为何不把这早到的半小时,用来上网了解我们机构呢?"

一般不说,主考官不太愿意录用像张娜这样,对应聘单位及所应聘的岗位一无所知的应聘者。张娜的失败也提醒我们,毕业生应面试前应对所应聘的单位做全方位、深入的了解。孙子兵法有云:"知己知彼,百战不殆。"要想面试成功,一定要广泛收集各方面的资料和信息。有了充分的资料准备，即便"临场发挥"也会是相当精彩和出色。

收集应聘公司资料的方法如下。

1. 清楚招聘公司的性质和背景

应聘者要尽可能了解清楚招聘公司的性质和背景，清楚它是哪个行业，行业地位如何；公司规模及性质，如是合资还是国有还是私营，机构的规模；它的口号和形象是什么；单位的业务情况，如过去的业绩如何？业务来往对象有哪些？单位的主营什么业务？发展前景如何？另外，对招聘公司的内部组织、员工福利、一般起薪、工作地点等也应尽可能了解清楚。

2. 研究招聘岗位说明

准确把握该岗位在该公司的要求，即使是同样的职位，不同公司的工作内容也常常是不一样的。例如：同样招聘出纳，因公司的大小，公司的性质不同，所注重的东西也不同，大公司出纳会分出报销、公积金、收费等很多岗位；而小公司却要全面统管货币资金收支的人员。其次根据岗位要求仔细地跟自己实际情况对比，分析出自己强项和弱项，准备好岗位要求的知识和技能，掌握和温习相关知识和技能，并要好好准备与职位相关的题目和答案。

3. 公司资料收集途径

毕业生确定了面试公司后，可以向朋友、同学或亲戚打听，也可以向在该单位工作的熟人咨询，还可以通过公司的内部宣传资料、企业网站、公众号、微博、官方抖音、报纸、杂志、广告宣传手册等来了解情况，掌握公司的性质、规模、特色、组织结构、金融状况、发展前景、企业信誉，对员工的工作要求、职责以及给予员工的报酬、晋升等方面的信息。

如果应聘者一天要参加5～6场面试，那根本没时间准备，那么太多的机会就等于没有机会，不如选中2～3家单位，精心准备，做到每次面试都有备而来。从而提高面试成功率。

试一试：收集一家你准备去面试的公司资料，分析一下你的资料来源途径有哪些？

二、准备展示自己的资料

在某省2017年高校毕业生就业市场招聘会主会场的真实一幕。招聘单位人员问："带成绩单了吗?"学生回答："没有，太匆忙，漏了。""来应聘，成绩单都不带，学习在他心目中又能是个什么地位?"用人单位代表说。

其实90%的用人单位，都强调"非常看重在校成绩，尤其专业课成绩"。他们认为，成绩单所反映的，不仅是知识水平问题，而且反映了一个人做人做事的态度，反映了一个人有多大的培养价值与发展潜力。能上大学，基础应该不差，上了大学却成绩不好？这是个态度问题。学习是学生的主业，他都不放在心上，将来会把工作放在心上吗？

毕业生在面试时大多与用人单位是初次接触,彼此之间了解很少,甚至有许多学生在求职前尚未拿到毕业证书。因此,毕业生需要通过具体的材料,向用人单位展示自己在校学习阶段的基本情况及其他情况来推荐自己。毕业生应了解用人单位对应聘者的专业、能力、个性等专门要求,有重点的做好自荐材料准备。

自荐材料包括以下几个方面。

(1)个人简历、求职信、推荐书等。

(2)学习成绩材料。包括学习成绩单、英语和计算机等级证书等。

(3)荣誉证书。如三好学生、优秀学生班干部、优秀团班干部、优秀团员、工作积极分子、优秀毕业生,以及各种社会实践活动,各种竞赛活动的获奖证书等。

(4)科研成果证明材料。发明专利证书,论文,有一定价值的科研成果报告等。

(5)其他能力或已具备某方面素质的材料。如汽车驾驶证、技能鉴定证、上岗证或其他培训获得的证件等。

简历是面试的有效工具。熟悉你的简历,并做好深入讨论你的简历的准备。对于可能提出的有关你的经历、工作、教育和个人目标的问题,要准备好令人满意的回答。

想一想:你都准备了哪些资料?

三、准备自我介绍

某公司招聘一名销售经理助理,要求求职者是市场营销专业,而刚毕业的大学生聂品却是文秘专业,面试时主考官不太满意她的专业,但还是说:“请介绍一下你的基本情况。”聂品答:“主考官好!我叫聂品,三只耳朵,三张口,就是没有三个头。从事营销工作,重要的是要具备收集信息的能力和良好的沟通能力。假如贵公司需要我发挥智慧的话,我虽然做起工作来没有三头六臂,但从事营销工作我一定会有‘三只耳朵’——倾听、收集八方市场信息;一定会有‘三张嘴巴’——用伶牙俐齿说服客户,靠如簧巧舌与客户谈判。”

鉴于聂品出众的口才和敏捷的思维,该公司放弃了对专业的要求,录用了聂品。在这个案例中,聂品很好地将姓名的介绍与工作需要联系起来,体现了高超的表达技巧和思维能力,赢得了公司的认可。

自我介绍是面试开场的第一出戏,只能成功不能失败。自我介绍的目的是宣传自己、表现自己,给面试考官留下良好的印象,最终让用人单位能录用自己。因此,根据所求公司、求岗位的特点。要明确目的,围绕这一目的宣传自己、表现自己。对自己的介绍内容要根据用人单位的条件和招聘者的心理需求选择介绍内容。

(1)开始要介绍自己的概况,如姓名、学业等。然后要将你的求职愿望、打算、所具备的条件等方面向面试考官作系统阐述。

(2)要力求简洁明了,突出重点。

(3)在态度上要诚恳平实,不过分渲染自己的业绩,不过高的评价自己和为了推销而“推销”自己。以免给面试考官留下华而不实、自我炫耀的印象。

（4）是介绍而不是详谈，即使你有能力胜任所求的职位。在自我介绍时也不要对技术、能力、资历等和盘托出。留在后面随着面试的深入再表露出自己的成绩，会给对方以诚实谦逊、含而不露的美好印象。

自我介绍要形成自己的套路、自己的特色，要向孔雀学习，用 2 分钟向整个世界展示自己的美。准备自我介绍的最好方法是认真写下来，反复修改，然后大声地读出来、背下来。旁观者清，请亲朋好友帮助，找出自己找不出的毛病。事先多演练几次，效果自然就不一样了。

试一试：写几份不同风格和针对不同岗位的自我介绍，并大声读出来。

四、形象准备

刘莫是一个"95 后"的高职毕业生，在学校的时候，他习惯了自由自在的生活方式，是一个很有个性的人。第一次去面试的时候，刘莫刚进门就把面试官吓了一跳，头顶棒球帽，身穿 T 恤和迷彩裤，脚蹬球鞋，歪着脖子坐下来，一边说话一边不停地用脚点地踩节拍，整个过程就像唱 RAP，面试结束的时候还合着拍子着来了一句："你，是不是，觉得我，很特别？"这着实让面试官大跌眼镜，难道这个求职者以为这里是秀场吗？

虽然现在的面试氛围讲求轻松自然，但面试本身还是一件严肃的事情，可是有些人偏偏把好好的面试间变成了自己的秀场来展示才艺，让严肃的面试官感到莫名其妙。追求时尚讲求个性的毕业生面试时，千万不能马虎，在面试时一定要注意自己的着装，注重个人形象。

英国人力资源专家曾做过研究，三种人更容易得到工作：漂亮的、个子高的、有礼貌的。所以面试前建议你好好审视一下穿着，这就是"形象定位"。"形象定位"必须充分考虑自己的工作需求。

（一）服饰准备

服装、外貌同交谈一样，是面试官了解应聘者的重要内容。从某种程度上说，绝不亚于面试中的语言对白。如果一个应试者能镇定自若，注意仪态，穿着得体，面试时就能脱颖而出。应试者衣着服饰要注意以下几个方面。

（1）男同学穿深色西装，打领带，衬衣袖口要注意清洁。

（2）女同学忌讳服饰过于繁杂，鲜艳，应该避开大红、橙色、粉红、紫色等颜色。

（3）尽量减少佩戴首饰，要突出大学毕业生年轻，有朝气的一面，以清新的形象示人。

（4）皮鞋要擦去灰尘和污痕，鞋带要系牢，男生的鞋子颜色一般不要比裤子颜色淡，女生不要穿鞋跟儿过高的鞋子。

（二）面试礼仪

通过一个人的行为、态度、肢体语言、着装打扮，甚至眼神、语气在内的很多细节，可以向招聘者透露应聘者的素质。求职的礼仪，实质上是求职者的修养在求职过程中礼节礼貌方面的体现。求职中的礼节礼貌是对我们以往形成的礼仪习惯的一次检验，需要我们在平时的生活中不断积累。礼仪常常体现在我们生活中最细微之处,它反映我们的家庭教养、朋友氛围,透视出我们在中小学时期甚至幼儿园阶段的教养。求职时礼仪平时的积淀在求职过程中短暂的展示。所以,平时要多对自己的礼仪修养"盘点""修整"。

1. 提前赴约

一般情况下提前 15～20 分钟到达面试单位,可以利用这段时间观察该单位,准备一下要回答的重点问题,稳定自己的情绪。如遇到意想不到事无法按时参加时,一定打电话给招聘单位解释清楚原因。

2. 面带微笑

微笑很重要,可让考官心情愉悦。首先微笑要真诚、自然。其次微笑要适度、得体。含而不露,笑而不狂。要牢记,任何一位面试官都喜欢落落大方的人。

3. 稳重体姿

体姿主要包括行姿、坐姿和站姿。行要轻而稳,挺胸抬头,眼要平视。坐要直,略微向面试官那边倾身,但身体不要僵硬。站要正直,重心要在两腿中间,平肩、挺胸、收腹、收臀、两手自然垂于身体两侧。

4. 眼神自信

眼神要坦荡,柔和正视考官,不要躲躲闪闪,目光游移不定,给人缺乏自信或者隐藏不可告人的秘密的印象。另外,也不要死盯着考官,招致不满。

5. 谈话礼貌

不要打断考官的话题,注意倾听对方的谈话内容,对重复的问题不要表示出不耐烦。如果对考官的话没听懂或没听清,应等考官把话说完再提出:"很抱歉!刚才您说的是……吗?""您刚才这句话我没有听清,能否再重复一遍"等。忌用"口头禅"、方言、土语等不为他人理解的语言。不要讲太多专业名词,可能面试考官不是与你相同专业的,太多的专业名词有卖弄之嫌。

6. 注意细节

细节对同学们面试成功有重要影响。面试官除了通过细节观察面试者个人修养外,有时细节还可能暗扣考题。比如,正式面试时问你:"对抽烟怎样看?"你的回答一般会遵循着社会公众思路说抽烟有害健康,然而,刚才在该公司休息室,有人却观察到你迫不及待连抽了两支烟。显然你言不由衷、言行不一,应聘必然失败。

有时在你未到面试现场前,用人单位已安排了试题。比如:在你路过之处放一把碍脚的笤帚,看你是否扶起它,把它放置妥当;故意不设烟灰缸,看你往哪里弹烟灰;在你座椅附近放置几团废纸,看你是否收拾起来,等等。总之,对个人日常习惯的考察,最有效的就是这些不经意的"小事"。而小事却看出大问题,所以同学们一定要重视细节问题。

7．不感情用事

无论面试官说什么,你不要认为他无知和幼稚,不一定你自己就对,不要和他争辩。如果从心里产生对他的抵触情绪,这就为专心听他说话制造了心理障碍。

想一想：面试前你应该准备些什么？

第二节　面试现场准备

一、常见面试类型

某高职院校市场营销专业的毕业生刘芸,应聘销售人员,面试官并非一本正经坐在展台里,而是站在展台边,看似亲切地与学生交流。"把你派到大西北工作,车子在戈壁滩上开几个小时见不到人咋办?"应聘的刘芸认真地答:"既然选择了销售这个岗位,我做好了吃苦的准备。而且我对做销售很有兴趣。""销售不是有兴趣就能做的,需要能力。"面试官立刻否定了女孩的说法。"我想既然有兴趣,我一定会努力做好。"刘芸落落大方的回答得到了围观者的赞许。

可是面试官显然不满意:"起码从现在看,我觉得你的能力不行。"刘芸顿时满脸通红:"我会努力锻炼自己的能力的。""好,那你说销售人员需要具备什么素质?"没等刘芸缓过神来,考官的问题又来了。"勤奋、刻苦。""光有刻苦就行了吗?""还有聪明才智。""聪明的人太多了。""那还有技巧。""什么样的技巧……"这一串的问题,让旁观者感觉考官在有意抬杠。5分钟后,刘芸一脸疲倦地从人群中挤了出来。"提问太快了,一串接一串,有20多个问题。我来不及回答,气都喘不过来了。从来没有遇到过这样的面试。"刘芸回顾说。

刘芸碰上的就是一个典型的压力面试类型。在求职应聘的过程中,最让同学们揪心的就是面试环节了。知道面试种类有哪些吗?为什么有些公司面试好几轮每次都是不同的形式呢?下面就将为同学们介绍一下常见的面试类型,同学们可以根据面试类型的不同,采取不同的面试技巧,从而顺利通过面试。

（一）根据面试标准化程度分类

结构化面试：指面试题目、面试实施程序、面试评价、考官构成等方面都有统一明确的规范的面试,如公务员面试和一些银行、国企统一组织的面试。

非结构化面试：对与面试有关的因素不作任何限定的面试,也就是通常没有任何规范的随意性面试,如一些企业聊天式的提问面试。

半结构化面试：指只对面试的部分因素有统一要求的面试,如规定有统一的程序和评价标准,但面试题目可以根据面试对象而随意变化。如无领导小组讨论等。

（二）根据面试对象分类

单独面试：指主考官个别地与应试者单独面谈。

小组面试：指多位应试者同时面对面试考官的情况,如无领导小组讨论。

（三）根据面试进程分类

一次性面试：指用人单位对应试者的面试集中于一次进行。

分阶段面试：可分为两种类型，一种叫"依序面试"，另一种叫"逐步面试"。依序面试一般分为初试、复试与综合评定三步；逐步面试一般是由用人单位面试小组成员按照由低到高的顺序，依次对应试者进行面试。

（四）根据面试风格分类

压力性面试：将应考者置于一种人为的紧张气氛中，让应考者接受诸如挑衅性的、刁难性的刺激，以考察其应变能力、压力承受能力、情绪稳定性等。

非压力性面试：在没有压力的情景下考察应考者有关方面的素质。

（五）根据面试内容设计的重点分类

常规面试：主考官和应试者面对面以问答形式为主的面试。

情景面试：突破了常规面试考官和应试者那种一问一答的模式，引入了无领导小组讨论、公文处理、角色扮演、演讲、答辩、案例分析等人员甄选中的情景模拟方法。

综合性面试：兼有前两种面试的特点，而且是结构化的，内容主要集中在与工作职位相关的知识技能和其他素质上。

（六）根据面试途径分类

电话面试：不需要直接面对面而是以电话交流为途径的面试。

视频面试：指通过视频聊天的方式对求职者面试。

现场面试：指面试官与求职者面对面直接交流沟通。

二、面试的主要内容

某政法职业学院的毕业生柳留，在面试时，面试官说："你是学法律的，我们公司的一个法律顾问刚离职，文件都要交接了，没人接。你先做个自我介绍吧。"柳留说："主考官好！我叫柳留，我想从三个方面来简单介绍一下我自己，我在大学期间得过学校的优秀学生，也得过各种学生干部的奖励。学习成绩一直稳居我们班级前十，得过三等奖奖学金。我所做的项目《××××》参加国家挑战杯大赛得过国家三等奖，北京市特等奖。并且有三年的学生会工作经历。总之，我觉得大学三年铸就了我踏实的工作作风，希望能为贵公司做出更大贡献。谢谢。"

结果可想而知柳留面试没有通过，柳留注意到了面试的礼仪，注意到了语体的规范，表达也有一定的逻辑性。但是却忽略了互动，使他的面试失败了。他没有根据主考官问题中设定的"公司缺法律顾问，工作无人交接"的情境去重新整合自己的介绍内容，而是原封不动地把自己事先准备好的自我介绍重复了一遍，起到了相反的效果。

面试是用人单位直接与应聘者面对面地考核、录用的形式。用人单位通过面试各种层出不穷的新奇提问，防不胜防的明枪暗箭提问，对应聘者的面对面的观察，选拔出所需的优秀人才。"面试如此之刁，引无数求职者折腰"，那用人单位在面试时主要测评哪些内容呢？

（一）仪表风度

仪表风度是指应试者的体型、外貌、气色、衣着举止、精神状态等。像国家公务员、教师、公关人员、企业经理人员等职位，对仪表风度的要求较高。研究表明，仪表端庄、衣着整洁、举止文明的人，一般做事有规律、注意自我约束、责任心强，这也是用人单位看重应试者仪表风度的重要原因。

（二）专业知识

了解应试者掌握专业知识的深度和广度，其专业知识是否符合所要录用职位的要求，这是对专业知识笔试的补充。面试对专业知识的考察更具灵活性和深度。所提问题也更接近空缺岗位对专业知识的需求。

（三）工作实践经验

一般根据查阅应试者的个人简历或求职登记表，做些相关的提问。查询应试者有关背景及过去工作的情况，以补充、证实其所具有的实践经验，通过工作经历与实践经验的了解，还可以考察应试者的责任感、主动性、思维力、口头表达能力及遇事的理智状况等。

（四）口头表达能力

面试中应试者是否能够将自己的思想、观点、意见或建议顺畅地用语言表达出来。考察的具体内容包括：表达的逻辑性、准确性、感染力、音质、音色、音量、音调等。

（五）综合分析能力

应试者是否能对主考官所提出的问题，通过分析抓住本质，并且说理透彻、分析全面、条理清晰。

（六）反应能力与应变能力

反应能力与应变能力主要看应试者对主考官所提的问题理解是否准确，回答的迅速性、准确性等。对于突发问题的反应是否机智敏捷、回答恰当。对于意外事情的处理是否得当、妥当等。

（七）人际交往能力

在面试中，通过询问应试者经常参与哪些社团活动，喜欢同哪种类型的人打交道，在各种社交场合所扮演的角色，可以了解应试者的人际交往倾向和与人相处的技巧。

（八）自我控制能力与情绪稳定性

自我控制能力对于国家公务员及许多其他类型的工作人员（如企业的管理人员）尤为重要。一方面，在遇到上级批评指责、工作有压力或是个人利益受到冲击时，能够克制、容忍、理智地对待，不致因情绪波动而影响工作；另一方面工作要有耐心和韧劲。

（九）工作态度

一是了解应试者对过去学习、工作的态度；二是了解其对现报考职位的态度。在过去学习或工作中态度不认真,做什么、做好做坏都无所谓的人,在新的工作岗位也很难说能勤勤恳恳、认真负责。

(十) 上进心、进取心

上进心、进取心强烈的人,一般都确立有事业上的奋斗目标,并为之而积极努力。表现在努力把现有工作做好,且不安于现状,工作中常有创新。上进心不强的人,一般都是安于现状,无所事事,不求有功,但求无过,对什么事都不热心。

(十一) 求职动机

了解应试者为何希望来本单位工作,对哪类工作最感兴趣,在工作中追求什么,判断本单位所能提供的职位或工作条件等能否满足其工作要求和期望。

(十二) 爱好

应试者闲暇时爱从事哪些运动、喜欢阅读哪些书籍、喜欢什么样的电视节目、有什么样的嗜好等,可以了解一个人的兴趣与爱好,这对录用后的工作安排常有好处。

三、面试的应对技巧

面试官:"你为什么想到本公司来工作?"

某高职院校会计专业的毕业生吴玥回答:"说实话,对于我们这些学会计的应届毕业生来说,能进'四大'中的任何一个都是梦寐以求的。而且通过你们的职业交流和我们自己得到的信息,其实'四大'中的每一个都有自己比别人强的地方。德勤最吸引我的其实来自一篇网上的报道,当然我并不知道是真是假。它说在德勤工作压力的确比较大,处处有压力、处处有挑战、处处有升职。我觉得这倒挺适合我的,我是那种喜欢压力的人,有压力的时候,出成绩就比较快。"

可以看出,这是一个精彩答案,真诚可信,同时暗示了自己是那种不怕压力的"优良品种"!

(一) 问题回答技巧

1. 把握重点,简捷明了,条理清楚,有理有据

一般情况下回答问题要结论在先,议论在后,先将自己的中心意思表达清晰,然后再做叙述和论证。否则,长篇大论,容易让面试官感到不得要领。面试时间有限,神经有些紧张,多余的话太多,容易走题,反倒会将主题冲淡或漏掉。

2. 讲清原委,避免抽象

面试官提问总是想了解应试者的具体情况,切不可简单地仅以"是"和"否"作答。应针对所提问题的不同,有的需要解释原因,有的需要说明程度。不讲原委,过于抽象的回答,往往不会给主试者留下具体而深刻的印象。

3. 确认提问内容,切忌答非所问

面试中如果对面试官提出的问题,一时摸不到边际,以致不知从何答起或难以理解对方问题的含义时，可将问题复述一遍，并先谈自己对这一问题的理解，请教对方以确认内容。对不太明确的问题，一定要搞清楚，这样才会有的放矢，不致答非所问。

4. 有个人见解，有个人特色

面试官有时接待应试者若干名，相同的问题问若干遍，类似的回答也要听若干遍，面试官会有乏味、枯燥之感。只有具有独到的个人见解和个人特色的回答，才会引起对方的兴趣和注意。

5. 知之为知之，不知为不知

面试中遇到自己不知、不懂、不会的问题时，回避闪烁，默不作声，牵强附会，不懂装懂的做法均不足取，诚恳坦率地承认自己的不足之处，反倒会赢得面试官的信任和好感。

（二）紧张消除技巧

面试成功与否关系到高职毕业生的前途，所以面试时往往容易产生紧张情绪。有些高职学生可能由于过度紧张而导致面试失败。因此必须设法消除过度紧张的情绪。这里介绍几种消除过度紧张的技巧，供同学们参考。

1. 面试过程中注意控制谈话节奏

进入试场致礼落座后，若感到紧张先不要急于讲话，而应集中精力听完提问，再从容应答。一般来说人们精神紧张的时候讲话速度会不自觉地加快，讲话速度过快，既不利于对方听清讲话内容，又会给人一种慌张的感觉。讲话速度过快，还往往容易出错，甚至张口结舌，进而强化自己的紧张情绪，导致思维混乱。当然，讲话速度过慢，缺乏激情，气氛沉闷，也会使人生厌。为了避免这一点，一般开始谈话时可以有意识地放慢讲话速度，等自己进入状态后再适当增加语气和语速。这样，既可以缓解自己的紧张情绪，又可以扭转面试的沉闷气氛。

2. 目光可以对准提问者的额头

面试中在回答问题时眼睛不知道往哪儿看。经验证明，魂不守舍，目光不定的人，使人感到不诚实；眼睛下垂的人，给人缺乏自信的印象；两眼直盯着提问者，会被误解为向他挑战，给人以桀骜不驯的感觉。如果面试时把目光集中在对方的额头上，既可以给对方以诚恳、自信的印象，也可以鼓起自己的勇气，消除自己的紧张情绪。

（三）语言运用技巧

面试中应聘者的语言表达艺术标志着应聘者的成熟程度和综合素养。对求职应聘者来说，掌握语言表达的技巧尤为重要。那么，面试中怎样恰当地运用谈话的技巧呢？

1. 口齿清晰，语言流利，文雅大方

面试时要注意发音准确，吐字清晰，还要注意控制说话的速度，以免磕磕绊绊，影响语言的流畅。忌用口头禅，更不能有不文明的语言。交谈中，应随时注意面试官的

反应。比如，面试官心不在焉，可能表示他对自己这段话没有兴趣，面试者得设法转移话题；面试官的皱眉、摆头可能表示应聘者言语有不当之处。应聘者应根据对方的这些反应，就要适时地调整自己的语言、语调、语气、修辞，包括陈述内容。

2. 语气平和，语调恰当，音量适中

面试时要注意语言、语调、语气的正确运用。打招呼时宜用上语调，加重语气并带拖音，以引起对方的注意。自我介绍时，最好多用平缓的陈述语气，不宜使用感叹语气或祈使句。声音过大令人厌烦，声音过小则难以听清。以每位面试官都能听清你的讲话为原则。语速要适中，一般情况下，面试语速应与一般交谈语速一样，每分钟 180 个字左右。

（四）手势运用技巧

在日常生活交际中，人们都在自觉不自觉地运用手势帮助自己表达意愿。那么，在面试中怎样正确地运用手势呢？在与面试官交谈中，一定要对面试官的谈话表示关注，要表示出你在聚精会神地听。面试官在感到自己的谈话被人关注和理解后，才能愉快专心地听取应试者的谈话，并对应聘者产生好感。一般表示关注的手势是：双手交合放在嘴前，或把手指搁在耳下，或把双手交叉，身体前倾。

（五）沉默打破技巧

面试开始时，应试者不善"破冰"（即打破沉默），而等待面试官打开话匣。面试中，应试者又出于种种顾虑，不愿主动说话，结果使面试出现冷场。有时面试官长时间保持沉默，有意来考验应试者的反映。遇到这种情况，许多应试者因没有思想准备，会不知所措，陷入困境。应付这种局面的方法如下。

（1）顺着之前谈话的内容，继续谈下去。如您对我刚才的回答还有什么疑问吗？

（2）预先准备一些合适的话题，乘机提出，来打破僵局。打破沉默时语音语调不要生硬，避免使场面更显尴尬。实际上，无论是面试前还是面试中，应聘者主动致意与交谈，会给面试官留下热情和善于与人交谈的良好印象。

最重要的是，如果能够在面试时，提出漂亮的问题，录取的概率将会大幅提高。所以，面试前，先谨记 10 个可以反问主考官的问题，以便到时候可以提出。

① 贵公司对这项职务的工作内容和期望目标是什么？有没有什么部分是我可以努力的地方？

② 贵公司是否有正式或非正式教育训练？

③ 贵公司的升迁管道如何？

④ 贵公司的多角化经营，而且在海内外都设有分公司，将来是否有外派、轮调的机会？

⑤ 贵公司能超越同业的最大利基点为何？

⑥ 在项目的执行分工上，是否有资深的人员能够带领新进者，并让新进者有发挥的机会？

⑦ 贵公司强调的团队合作中，其他的成员素质和特性如何？

⑧ 贵公司是否鼓励在职进修？对于在职进修的补助办法是什么？

⑨ 贵公司在人事上的规定和做法如何？

⑩ 能否为我介绍一下工作环境，或者是否有机会能参观一下贵公司？

同学们，请谨记你所进行的每一次求职面试就是在短时间内把自己充分展示给对方，从而成为转变你的职业生涯和生活方式的一次机遇。

四、面试常见问题答题思路

面试官："你为什么想做这个职位呢？"

应试者曹萌："我想做销售，是因为销售工作符合我对职业的很多期望值。首先，能'多劳多得'。其次，能够让我跑来跑去，接触不同的人，而不是整天坐在办公室里。我的性格特别外向，出去跑业务会使我觉得更有活力。最后，我觉得销售工作最能提升一个人的整体素质。一个好的销售要学会察言观色、坚持不懈、不怕冷漠和拒绝等很多本领，而这些本领能够帮助一个人在事业和生活上取得双重成功。"

由于面试的企业情况不同，人员构成不同，所设计的提问涉及专业、社会等方方面面，提问目的不同，对答案的认可就不同，而且关于社会问题的解答，也没有固定的答案。因此，企业提问的用意无从猜测，也不应猜测（应聘面试决非猜灯谜）。我们主张的是回答问题不要丢掉做人、做事的基本原则。

（一）浅层问题

所谓浅层问题，是针对后面的问题比较而言的。它们比较简单，没有涉及复杂社会层面或深刻的内心层面。回答这类问题，需简单明了。

1. 工作对你来说有什么重要意义？

思路：不应说收入、薪水、家庭，而说工作的挑战性、成就感。

2. 你为什么到本公司来工作？

思路：强调用人单位的前景、名望，社会上很多人对该公司的羡慕感、向往感。

3. 如果录用你，你可以干多久？（两年以后你希望在哪里？）

思路：他想考察你的稳定性。任何公司都不愿录用朝秦暮楚之人。可以回答：只要职位适合自己，学有所用，工作有长进，愿意长期干下去。

4. 你最突出的特长是什么？

思路：强调团队合作能力、做事效率及用人单位所需的主要职业素质。

5. 你最突出的弱点是什么？

思路：不能直接回答自己的弱点，比如"我懒惰"而是化腐朽为神奇，例如："我对自己要求过于严格""我办事讲究完美""我没脾气"等。

6. 能否用一句话谈谈你自己？

思路：是一个初来的普通职工形象，不能太浪漫、太理想化。在底下需事先准备，如"我是一个勤奋向上的实实在在的人。"

7. 你业余时间干什么？

思路：强调自己的社会适应性。如参与社会活动、社交活动，参加某某协会、某种社会实践等。

8. 你对本公司有什么问题要问？

思路：说明该公司已有了录用你的意向。你不应放弃这个表达自己兴趣和热情的机会。你应就公司或岗位的前景提问。

9. 与他人一起工作或独立工作，你更喜欢哪一种？

思路：两种都肯定，然后选择更喜欢的。可以这样回答："独立工作效率更高，与他人一起工作更愉快，在必要时，我更喜欢与他人一起工作。"

10. 你最喜欢哪门课？（你最不喜欢哪门课？）

思路：喜欢的课应是该公司所需所用的，不喜欢的课应与该公司无关。如果拿不准，就说喜欢体育课、英语课；不喜欢照本宣科的课。

（二）深层问题

所谓深层问题，是说这类问题牵涉面广，比较特殊、少见，回答难度较大，而且答案往往不固定，需根据当时情景灵活运用。

1. 如果你碰上一件十分紧急的任务，请问你怎样让你手下的员工加班呢？

思路：考的是你有无领导才干和协调能力。越是紧急任务，就越需协调、协商。应先召集骨干协商，再召集全体动员，用商量的口气说话。

2. 给你一部小轿车，限一星期，有把握学会驾驶吗？

思路：考的是信心，实际上不可能做。因此一定回答能够学会。

3. 公司晚上要加班，你却接到家里电话，去火车站接亲戚，你怎么办？

思路：考的是协调意向。在管理工作中，少有非此即彼的对立策略，多是在矛盾中协调。因此，决不能采取一边倒策略，说什么"我要留在公司加班"或"我要去接火车站接亲戚"。而应当说："我会全力使冲突消除，使矛盾淡化，让双方利益都不受损失。"

4. 你有什么与众不同之处？

思路：考察自信，特别考察是否自负。你的回答应先平和再现出棱角。

可以回答："在日常工作中，我与他人一样努力工作；可是一旦遇上困难、挫折，我的特点是越战越勇。"

5. 能否描述一下你最好的朋友？

思路：其实想描述的是你自己。最好的朋友必然与你有相当的一致之处。你的回答应挑拣这家公司易接受乃至欣赏的"你最好的朋友"来描述。

6. 你最近读了一本什么书？

思路：这道题目要引起相当的重视。不论多忙，都要精心准备。因为不可能随机应变。认真读一本书：文学、学术著作都可以，但要较新出版，作者和该书有相当的知名度。边读边做读书笔记，最好再读点评论。这样，你的回答充实且有高水平。

注意：千万别听说过一本书，没读过却回答起来。那样经不住盘问，整体面试毁于这一道题。

7. 你的座右铭是什么？

思路：座右铭能在一定程度上反映应聘者的性格、观念、心态，这是面试官问这个问题的主要原因。座右铭最好能反映出自己某种优秀品质，参考答案——"只为成功找方法，不为失败找借口"。不宜说那些易引起不好联想、那些太抽象和太长的座右铭。

8. 你是一个顾家的人吗？

思路：很难确定考官到底喜欢还是讨厌顾家的人。如果你遇上的面试官是个儒家风范的老者，那么当然选择回答顾家；可惜现今的面试官大多是比你大不了几岁的年轻人，实干家，实用主义者，那么多半要回答不顾家。

保险的回答是："我顾家，但我更顾工作；家是后方，工作是前方，相辅相成。"

9. 告诉我们一些你的简历上没有的东西

思路：需要精心准备，不大可能随机应变。最好讲一个小故事，让故事透射出你的一种个性、思想。千万别去重复简历中已有的概念，如"我很坚强"，那样就失去了一次展示自己的机会。

10. 你喜欢什么样的领导人？

思路：不能将之描述成高大全的领导干部形象，那样你在面试官眼里是个浪漫主义者。应当实际一些，拣领导人最重要的描述，例如，"他可以有很多缺点，比如爱发脾气。但是，他应当热爱工作，关心下属，对我而言，他应当支持和帮助我。"或者，"我喜欢民主型、开放型的上司，但实际上，我的适应能力很强，我会适应各种各样的领导。"

（三）偏题的问题

面试遇到偏题，必然心中犹豫不决，不知道如何回答，想来想去，最后答错。其实，偏题的出现，是面试官在压力面试时，根据每个人情况不同，临时提出的问题，只不过是事先没有准备而已。回答这类问题时就一个原则：站在公司的角度、站在老板的角度去回答问题，也就是说，让你进行一下换位思考。只要你的立场是站在公司的角度，一般就问题不大，起码正确百分之八十了，这点千万要记住。

偏题分析举例如下。

1. 如果我们公司这次没有录取你，但过一段，被录取的人中有没能渡过试用期的，腾出位置来，再通知你，你还会再来吗？

分析：这是一个很尖锐的问题，一箭双雕，既看一看你对公司的认可程度，又在考察你的性格。

错误回答：

(1) 为什么我还要再来？我又不是找不到工作。

(2) 我不想等待，再说那时我可能早就被另一个公司录取了。

(3) 现在没有录取我，说明公司没有看好我，我来了也没有意思。

这样回答的结果：只好带着舍不得这家公司的遗憾，另谋高就。

正确回答：那就说明我是一个"替补队员"了，能给一个强队当"替补队员"，也是很光荣的事，我肯定会高高兴兴地来。再说，"主力队员"都是从"替补队员"干起来的。只要我今后工作努力，肯定会从"替补队员"升为"主力队员"的，现在，我既然是"替补队员"，就说明我还应该付出比"主力队员"更大的努力，才能满足公司的要求。我相信我肯定能努力成为公司的"主力队员"，为公司做出我最大的贡献。谢谢老师给我的机会。

这样回答的结果：没准公司现在就可以录用你了。

2. 如果公司给你的工资标准没有达到你简历上的工资要求，你还来我们公司吗？

错误回答：

(1) 这是我的工资底线，如果达不到，那我可能就会考虑另外一个公司了。

(2) 那我大概不一定会来了，因为我认为我的要求并不高。

(3) 如果那样的话，那就是我跳槽后的工资还低于原来的工资，我要考虑一下。

这样回答的结果：因为相差无几的工资差额，永远失去一个发展机会。

正确回答：工资是我需要考虑的一个问题，但公司更是我要考虑的问题。我更看中的是一个公司的企业文化、发展前景，以及我在公司的发展平台。对于一个青年人，前途要比"薪情"更重要。再说，每个公司都有自己的工资标准，我相信，只要我的能力达到公司的职位要求，公司也不会给我比别人低的工资，如果我的能力达不到公司的职位要求，我提的工资再高，也是不合适的。

这样回答的结果：公司的 HR 会投来赞许的目光。

3. 你在公司里工作，如果同办公室里的一个人能力没有你强，但工资却高于你，你会不会有想法，心理能平衡吗？

错误回答：

(1) 我当然不平衡，那我做事还有什么干劲？

(2) 如果他的能力比我强，我不会有想法。如果没有我强，我肯定心理不平衡。

(3) 如果公司对待员工是这样的不公平，肯定企业文化有问题，这样的公司只有走人。

这样回答的结果：由于公司不会录取，心中又增加了一个不平衡。

正确回答：工资是员工最敏感的问题，公司一般都会尽量处理好，如果那个同事的能力不如我，工资还高于我，肯定是他在其他方面强于我。或者他能为公司解决一些我们不知道的问题,所以,老板给他定了高于我的工资。在公司里,我不想与别人横着比,因为这里面有许多我不知情的东西。我喜欢把自己与自己竖着比,只要自己比自己过去升值了,就有成就感;只要认为公司给我的报酬与我的能力匹配,心理就不会不平衡,还会感到干得挺有奔头。

这样回答的结果:肯定第一轮就把你纳入公司人选。

（四）其他问题

所谓其他问题,是指在上述两层浅深问题之外,还会出现的比较难应对的特别的问题。

1. 你对待遇有什么要求?

思路:有些年轻人错误地接受了西方发达国家的思维,以为说低了工资是没有自信、贬低自身价值的表现。在中国企业内,聘用一般员工,均倾向“物美价廉”,人好用,付给他的薪水不要高。

一提高薪,招聘者可能会反感:本领不大,好高骛远,狂。因此应聘者可以适当提出薪金要求,可以从两方面提出待遇:一是要求同岗同酬,薪水不低于同类工作人员;二是表示将来我用我的才干和业绩来改善我的待遇。

2. 如果公司安排的岗位与你应聘的职位不同,行不行?

思路:一般来说不会真那样让你调换岗位,它只是个问题,考察你能否应变。因此不能贸然问考官那是什么岗位。应从两方面回答:一是希望应聘原岗位,表现你不是为了有个工作,什么岗位都无所谓;二是表示如果变更的岗位能发挥才干、学以致用,也在考虑范围内。

3. 如果单凭兴趣,你会选择什么职业?

思路:决非想知道你的兴趣,而是想考察你对理想与现实关系的处理。每个人都有理想的职业,而如今的选择都有些无可奈何。你的回答决不能顺着原题说。而是要说:“我选择职业首先考虑建功立业,兴趣只是儿童时代的想象。”

4. 你用什么方法来消除疲劳感?

思路:想考察你的生存态度,应回答积极的生存方式,如体育运动,唱歌弹琴等。

5. 可否请谈谈你的家庭?（谈谈你的社会关系）

思路:想考察你的文化背景、思想氛围。必须回答出你对伦理道德(忠孝节义)的理解及此种观念的来源、环境和背景。

6. 你受到挫折或失败或委屈,怎样处理?

思路:不是考察如何转败为胜,而是考察生存态度、心理健康。因此,要回答积极的方式化解郁闷,如运动、找好友聊天、郊游。

7．如果把你安排到本公司的驻外地（一般都明确说明陕西、甘肃等地区）办事处行吗？

思路：没有公司会把新来的、不熟悉工作的人员安排到外地去。驻外人员都是精干人员。这里纯粹是考察你的艰苦奋斗的决心。可以这样回答："我能吃苦，适应性也强，只要岗位能发挥我的才干，我就去。"

8．依你现在的水平，能否找到比我们公司更好的公司？

思路：考察你是否心高气傲、这山望着那山高。所以要表现出踏踏实实的态度，回答应该十分肯定："贵公司很适合我。"

9．你的长远目标和短期目标是什么？

思路：长远目标是专业上的；短期目标是岗位上一年内要达到的。

10．你走进我们公司，有什么印象、感觉？

思路：决不说吹捧话，如"特有气势"。而是先谈企业文化标识，如颜色、厂徽；再偏重谈人文气氛，如安静、有秩序、有礼貌；最后确认"这里是我建功立业的地方"。

11．在你一生中，你最想做的事情是什么？

思路：凡牵涉到"一生""终身"字眼，大多就与品质道德有关。这里是考察你的伦理道德。可以回答："报答父母和老师的恩情。"

12．你想开公司当老板吗？

思路：如果说不想，显得窝囊；如果说想，显得狂妄。所以中庸是答题思路。可以回答："将来能力素质达到，我可能当老板。如今，我只想干好本职工作。"

面试官到底想听你说些什么？别忘了一条宗旨，他们是在选好职员。一个好员工是：不只为薪水工作的人；可靠的人；有头脑、有精力、有热情的人；严于律己、组织性强、目标明确、善于把握时间的人；工作认真负责、任务完成出色的人；守时、按时上班或提前上班、下班后仍继续工作甚至在办公室干到很晚的人；热爱学习、有培养前途的人；机智灵活、善于应付各种形势、对工作环境适应力强的人。

所以在招聘面试中，应该不失时机地展示或声明你真正拥有上述优点。

第三节　笔　　试

笔试对于在各类考试中"身经百战"的大学生来说并不陌生。但是，相比于中考、高考等教育活动中的选拔性考试，求职择业中的笔试是有着特殊的意义和要求的，需要求职者重视。

一、笔试的种类及作用

（一）笔试的主要类型

用人单位一般通过笔试考核求职者的专业水平、心理个性、综合知识面、解决问题等能力。

1．专业水平

专业考试主要是检验应聘者担任某一职务时是否达到所要求的专业知识水平和相关的实际能力。此类考试的题目专业性很强，用于考查求职者的专业知识、专业技能。考查知识面广，但深度、难度并不高。现在越来越多的企业事业单位开始使用这种考核方法。如外资企业招聘雇员要考外语；公检法机关录用干部要考法律知识；国家机关招聘公务员要考行政管理方面的知识。

2．心理个性

心理测试是很难做任何准备的，有效的测试根据卷面完成的数量和质量来判定其个性、态度、兴趣、动机、智力、意志等心理素质。虽然可以选择朝着用人单位喜欢的方向选择，勉强通过最大的弊端在于进了公司，也会发现自己处在一个十分不适合自己的氛围中。因此最好遵照自己最本能的想法。

3．综合知识

用人单位从自己的实际出发，考察毕业生的文化基础是否扎实，文字表达能力水平高低、既有基本素质考察，又有专业能力考察，还要检验政治素养。其特点是涉及面广，知识的综合性强，题目往往较灵活，但难度一般不大。考试形式有选择、是非、问答、作文或论文写作。随着就业竞争的日益激烈，以及对用人要求的提高，目前，这类考试呈增加的趋势。

4．问题解决能力

主要考察创新意识、决策能力、逻辑思维、沟通能力、控制能力等。一般用人单位设置一个情景或一系列问题，让应聘者策划活动方案，解决方案等。应聘者尽可能施展自己的才华，充分展现自己。还有一些是精灵古怪的智力题和八卦题，它们的答案正确与否并不重要，重要的是你有没有按照正确的思维方式来思考问题。

（二）笔试的作用

1．素质和能力的初步考评

笔试可以有效地测量应聘人员的基本知识、专业知识、管理知识、综合分析能力和文字表达能力等素质及能力的差异。在笔试中，用人单位可以根据自己对人才的知识及能力的要求来设置相关的题目和评价标准，进行测试、考核、评价。

2．留档记录

笔试可以作为衡量求职者能力的留档记录，是决定求职者去留的最科学的法律文本。在笔试的过程中，主观因素很难掺杂在里面，因此，笔试的成绩也相对客观。

3．具有一定的说服力

笔试的结果是根据一定的标准答案评定出来的，这个标准答案是客观的评价标准，它弥补了面试中根据个人爱好、感情来评分的缺陷。笔试成绩往往可靠、公平、真实且排名简易,对用人单位来说,是检查和核实求职者真才实学的办法。因此,笔试成绩是比较有说服力的。

二、笔试准备

笔试考的不仅是知识,也是对应聘者个人能力和素质的考验。参加笔试,要做好必要的准备工作,不能匆匆忙忙,慌慌张张地备战。一般来说,在考试前要做好如下准备。

(一)保持良好的身心状态

要适当减轻思想负担,不可给自己施加过大的压力,否则适得其反。

笔试的前一天要注意休息,保证充足的睡眠,避免考试时精神不振,影响正常思维。

要适当参加一些文体活动,从而使高度紧张的大脑得到放松休息,以充沛的精力去参加考试。

(二)做好充分的知识准备

1. 学以致用,理论联系实际

现在的求职考试越来越强调用学过的知识来解决实际问题,具有很强的实用性。

从考试准备角度讲,知识分为两大类:一类是主要靠记忆掌握的知识;另一类是必须通过不断的运用来掌握的知识。

实际上,现在应聘考试主要是考应聘者对知识的运用能力。因此,在复习过程中必须始终突出一个"用"字,通过各种实践,把学得的知识运用到工作实际中去解决各种具体的问题。

2. 提纲挈领,系统掌握

在知识与能力这两者中,知识无疑是基础,没有扎实的基础知识,也就无从谈什么能力的培养和提高。掌握知识的一个有效方法就是把零散的知识化为系统。但是应聘笔试往往范围大,内容广,使应试者在复习时无从着手,存在着一定的随意性和盲目性。

因此,在着手应聘复习时,应首先打破各学科的界限,认真梳理各科要点,整理成一个条理化、具体化的知识系统总纲目,然后按照这个总纲目有计划、有步骤地进行复习。一般说,凡是与求职有关的一些知识如文史知识、科技知识、经济知识、法律知识和一般的电脑知识,均要系统地复习一遍。

复习的方法可用"单元复习法"。即把教材中某些具有相似点的知识放在一起组成单元,然后通过分析、比较、归纳,寻其共性和特性,使自己能对这一单元的知识有个较完整、具体的了解,以逐渐提高分析、鉴赏和写作各类文章的能力。

然而复习和学好以上知识的目的也不单只为了应聘考试,所以复习时绝不要照搬参考资料,也不要机械地记忆,而是要把所学知识作为实践的例子,精心设计,深入分析,积极思考,举一反三,使自己在学习中有所悟,有所得。

3. 多读多练,提高阅读能力

提高阅读能力,对扩展知识面和回答应聘考试的各类问题很有益处。要提高阅读能力,首先得坚持进行阅读实践。知识的获得,主要依靠传授;能力的提高则必须通过实践。因为许多知识学过了,但不一定就会用,还必须经过一定的练习,才能真正理解消化。复习时经常做些阅读训练,有助于阅读能力的提高。

在做阅读训练时,一定要做到"眼到"和"心到",特别是心到。即对每个问题都仔细揣摩,认真思考,分析比较,综合归纳,多问几个为什么,这样才不至于白练。切不可图数量,赶进度,也不能光对答案,不求其所以然。只有肯动脑子,才能有悟有得,才能长本事。否则,练得再多,也提高不了自己的阅读能力。

4. 正确理解,提高语言转换能力

应聘笔试中一个极其重要的考试是将你阅读理解了的东西用自己的话把它们表达出来,这在阅读考题时叫"语言的转化"。

这种转化有三种形式。①把题中比较抽象、概括的话做出具体的解释;②把考题中的具体阐述恰当地加以概括;③把考题中比较含蓄的语言加以明了和正确的阐发。

很显然,要将作品的真意换成自己的语言,并非一件易事,它已经含有更多的思维加工成分,而这正是检测阅读水平高低的一个重要方面。

5. 敏锐思考,提高快速答题能力

为了适应招聘考试中的题量,还应该尽快培养自己快速阅读、快速思维和快速答题的能力。

因为现代阅读观念不仅着眼于信息的获取,还特别重视速度。所以在准备笔试的时候一定要提高做题速度。

三、笔试的应对技巧

笔试成绩的高低,不仅与自己的知识水平和考前复习有关,还与自己的答题技巧有关。要有良好的考试心理状态,要了解考试的规则和具体要求。考试时切不可违反规则,否则不但被取消录用资格,还会使人怀疑你的品格,以至于影响其他单位的录用。

(一) 先易后难,先简后繁

笔试题型多,内容多,又要限时答好,必须合理安排答题时间。拿到考卷,先要看清注意事项,答题要求,然后从头到尾大略看一下试题,了解题目类型,分量轻重,难易程度,根据先易后难,先简后繁的原则确定答题步骤。

(二) 精心审题,字迹清楚

在具体答题时,必须认真审题,切实弄清题目要求,逐字逐句分析题意,按要求进行回答。书写时,力求做到字迹清楚,卷面整洁,格式、标点正确,不写错别字。

（三）积极思考，回忆联想

有些试题的设计，从理论和实践两方面检查应试者的基础知识和技能，并以综合运用为主，检验考生的实际水平和学习灵活性。

因此，有的试题是具有一定难度的。考试时要积极思考，努力回忆学过的知识，并进行联想，将已学过的有关内容相互联系起来比较分析，积极思考，找出正确答案。

（四）掌握题型，答题精细

要了解各科考题的特点，熟悉每种题型的答题方法，防止出现不必要的差错。常用的题型有填充题、问答题、选择题、判断题、再生题、应用题、作文题等。

掌握科学答卷的方法，是笔试最重要的技巧。在求职考试中胜出，主要是依靠平时的努力学习和不断积累，因此打好基础、积极准备、沉着应对才是考试过关的关键。

【技能训练】

训练项目 1　模拟面试

训练目的：通过模拟面试训练让学生掌握面试技巧，克服真实面试过程中出现紧张的情绪，有针对性地解决学生在面试准备、面试过程中暴露的问题，提高学生面试能力和临场应变能力，提高企业面试通过率。

训练内容：面试基本程序和要求，面试行为控制技巧。

训练形式：分小组进行情景模拟，通过扮演面试过程中的招聘者与应聘者角色，使体验者正确把握面试过程的方法技巧。

训练过程：

（1）教师课前进行情景设计，可以让学生结合第 6 章收集的企业、岗位信息，针对具体岗位进行面试模拟。

（2）练习面试中如何进行自我介绍，注重陈述内容的侧重点，语言的组织，表情、表达等。

（3）学生讨论，点评模拟应聘者语言和行为不当之处。

（4）教师在课堂上进行讲评和总结。

训练结果：体验面试场景，掌握面试技巧。

训练项目 2　面试礼仪训练

训练目的：通过礼仪演示、学生模拟练习，了解、体会、掌握求职面试礼仪，培养礼仪修养。

训练内容：

（1）职业化形象塑造，打造良好的第一印象。

（2）求职仪表礼仪、仪容修饰，注意细枝末节。

（3）职业化举止训练：站姿、坐姿、走姿、手势（递接资料、握手）。

（4）阳光自信的表情神态：微笑训练、目光交流的技巧、致意礼仪。

（5）面试交谈礼仪：注意声音形象，称呼和介绍、回答问题的礼节。

（6）面试结束时的礼仪：结束的时间、告别的方式。

（7）电话沟通：注意聆听、获取信息、确认并记录、手机礼仪。

训练形式：表演面试礼仪，分小组进行模拟练习。

训练过程：

（1）礼仪演示，体验面试礼仪。

（2）学生模拟练习。

（3）教师在课堂上进行讲评和总结。

训练结果：练习并掌握面试礼仪。

附：

面试常见不当行为

（1）缺乏尊重，无视礼仪；

（2）着装不当，举止不雅；

（3）腼腆害羞，踌躇不前；

（4）面试迟到，不知所措；

（5）不苟言笑，紧张焦虑；

（6）妄自尊大，口若悬河；

（7）断章取义，主观武断；

（8）轻易插言，自以为是；

（9）言语琐碎，词不达意；

（10）条理不清，逻辑混乱；

（11）面试胆怯，缺乏信心；

（12）怯于提问，不善表达；

（13）移花接木，答非所问；

（14）诚信不足，敷衍了事。

训练项目3　面试问题回答技巧

训练目的：角色扮演、讨论和总结，掌握问题回答技巧。

训练内容：

（1）克服紧张情绪。

（2）有效沟通"三A原则"①，有效倾听、恰当表达、适度提问。

（3）经典面试问题的应答技巧，应对面试中的"陷阱"。

（4）化解面试中的挫折，化被动为主动。

训练形式：演示招聘者与应聘者提问过程，观察应聘者语言表达。

---

① "三A原则"：第一个A是指接受对方，第二个A是指重视对方，第三个A是指赞美对方。

训练过程：

（1）面试提问模拟。

（2）学生讨论，点评模拟应聘者语言和行为不当之处。

（3）教师在课堂上进行讲评和总结。

训练结果： 掌握求职面试提问语言交流技巧。

本 章 小 结

本章通过学习应聘面试策略与技巧让同学们对应聘面试有初步掌握，了解面试首先弄清目的，即该招聘单位想录取什么样的人才；知道面试需长时间准备，不可仓促应聘；掌握面试着装，面试礼仪；清楚面试可以先有训练，后去实践；能够比较清楚准备笔试参考资料。以此提升同学们的面试成功率，顺利地就业。

第八章

职业素质养成

【知识目标】

1. 了解职业素质的基本内容及其特点,了解提高职业素质的途径;
2. 了解职业形象和职业礼仪;
3. 了解职业技能提升的途径与方法;
4. 了解终身学习的重要性。

【技能目标】

通过训练和测试,理解责任感、服务意识,合作意识等对职业活动顺利进行的重要作用,对个人职业生涯发展的重要影响,帮助同学们培养良好的职业素质。

【训练项目】

1. 工作责任意识训练;
2. 服务意识训练;
3. 团队合作训练;
4. 职业素质分解对比;
5. 工作态度测试。

【案例导入】

孟婉的职业成长路

北京某高校会计专业学生孟婉同学毕业后,选择了去云南的一家环保科技公司做统计员。她到公司后一直处于学习阶段,日常工作就是做表格,核对数据。4 个月后由于公司岗位变动,人员离职等原因,孟婉同学被调岗做仓库管理员,当时她考虑到公司的需要,也坦然接受了岗位的变动。仓库管理员做了一个月后,她又正式回到统计员的岗位,此次统计员的岗位工作内容全面,不仅统计日常数据,还兼职管理部门部分文职工作还有其他协调工作。半年后,她又迎来了岗位调整,因公司需要,调岗至人力资源专员,其实对于孟婉同学来说,这是一个巨大的挑战,她不是该专业出身,不知自己能否胜任。公司领导的信任和支持,给了她很大的鼓舞,最终接受这个职位。一年后,孟婉同学在人事岗位上也渐渐能独当一面,工作成绩也得到了一致的肯定。回顾前期的经历,孟婉同学感触颇多,她说"从毕业到现在,可能一些同学换了好几家公司,但是对于我,却是在一个公司做了好几个工种。回顾这段工作经历,不怕苦不怕累,能从单位需求发展考虑问题很重要。有能力的话要多学习,多接触不同工作内容。我们做的每个工作都不是白做的,每个工作都要努力做好。之前我从统计调岗至仓库管理员再调岗至统计员,期间自己也有想法也曾不愿意,但考虑到公司需要,自己最后选择接受,既然接受就去做好。现在我从事人事工作,回头再看自己曾经的工作,曾经的经历,觉得那些经历都很宝贵,那些工作有助于我现在开展的人事工作,让我成长很多。"

案例分析:学习会计专业的孟婉同学由统计员岗位调到人事岗位,她凭借的是认真负责、踏实肯干,将公司的需要和个人的成长很好地结合起来。孟婉出色的表现逐渐得到公司的认可,公司给了她更大的发展平台和空间,她在这个过程中也得到了更大的锻炼和提升。从她身上,我们看到了良好的职业素质对个人职场成长的重要意义。

当今的时代充满激烈的竞争,而经济的竞争、科技的竞争,归根到底是人才的竞争。而人才的竞争关键是素质的竞争。同学们作为新时代青年,人生奋斗的黄金期与全面建设社会主义现代化国家的宏伟征程高度契合,生逢伟大时代、肩负强国使命,有着广阔的建功舞台,应该清楚地认识到:个人素质的提升,不论对眼前的求职择业,还是对将来的成长成才都是至关重要的。良好的职业素质不是与生俱来的,而是在职业生活中逐渐养成的。同学们只要认真对待,不断提高自身素质,都会具备优秀的职业素质,成为受人尊敬的职场人。

第一节 职业素质

职业素质是大学生就业和获得职业发展的核心,是企业在人才招聘过程中衡量应聘者能力的主要标准和尺度,良好的职业素质能够提升同学们的社会适应性和就业竞争力,促进大家顺利就业,从"高校学生"的身份顺利转变为"单位员工"。同学们要结合自身的实际情况,掌握提高职业素质的途径,为日后的职业发展打下坚实的基础。

一、职业素质的定义

职业素质是指劳动者在一定理和心理条件基础上,通过教育培训、职业实践、自我修炼等途径形成和发展起来的,在职业活动中起决定性作用的、内在的、相对稳定的基本品质。简单地说,职业素质就是劳动者对社会职业了解与适应能力的一种综合体现[①]。一般说来,劳动者能否顺利就业并取得成就,在很大程度上取决于本人的职业素质,职业素质越高的人,获得成功的机会就越多。就高职学生而言,职业素质可以理解为是学生通过在校期间的职业教育及实习实践期间环境影响而形成的顺利从事某种职业活动的基本品质或基础条件。学生能否顺利就业并获得未来职业生涯的发展,取决于他们的职业素质的高低。

二、职业素质的内容

职业素质是人的综合素质的主体和核心。包括职业精神、职业道德、职业意识、职业技能等方面。

（一）职业精神

职业精神是与人们的职业活动紧密联系,具有职业特征的精神与操守。职业精神与人们的职业活动紧密联系,是人必备的品质修养,也是现代企业录用人才时的重要标准。职业精神是由多要素构成的,它的内涵可以从工匠精神、劳动精神、劳模精神等方面得到体现。

社会主义是干出来的,新时代也是干出来的。人人都有通过勤奋劳动实现自身发展的机会。党的十八大以来,习近平总书记在多个场合都表达过尊重劳动、关心劳动者的理念,让劳模精神、劳动精神、工匠精神深入人心。劳模精神、劳动精神、工匠精神,是劳动人民在从事社会生产的劳动实践中锤炼形成的。劳模精神是工人阶级伟大品格的具体体现,生动诠释了社会主义核心价值观,表现为"爱岗敬业、争创一流,艰苦奋斗、勇于创新,淡泊名利、甘于奉献"。劳动精神是关于劳动的理念认知和行为实践的集中体现,在理念认知上表现为全社会尊重劳动、崇尚劳动、热爱劳动;在行为实践上表现为劳动者辛勤劳动、诚实劳动、创造性劳动[②]。工匠精神是一种钻研技能、精益求精、敬业担当的职业精神。

1. 工匠精神[③]

十九大报告中提出,"建设知识型、技能型、创新型劳动者大军,弘扬劳模精神和工匠精神,营造劳动光荣的社会风尚和精益求精的敬业风气"。二十大报告中提出,"加快建设国家战略人才力量,努力培养造就更多大师、战略科学家、一流科技领军人才和创新团队、青年科技人才、卓越工程师、大国工匠、高技能人才。""工匠精神"是一种职业精神,它是职业道德、职业能力、职业品质的体现,是从业者的一种职业价值取向和行为表现。"工匠精神"的基本内涵包括敬业、精益、专注、创新等方面的内容。

---

① 职业素质,https://wiki.mbalib.com/wiki/%E8%81%8C%E4%B8%9A%E7%B4%A0%E8%B4%A8♯.E4.BB.80.E4.B9.88.E6.98.AF.E8.81.8C.E4.B8.9A.E7.B4.A0.E8.B4.A8.

② 如何理解坚持弘扬劳模精神 劳动精神 工匠精神,http://www.wenming.cn/ll_pd/llzx/201812/t20181212_4934099.shtml.

③ 学习十九大报告 传承工匠精神,http://sh.people.com.cn/n2/2017/1128/c372900-30972314.html.

（1）敬业。敬业是从业者基于对职业的敬畏和热爱而产生的一种全身心投入的认认真真、尽职尽责的职业精神状态。干一行爱一行，这一切都要从敬业开始，中华民族历来有"敬业乐群""忠于职守"的传统，敬业是中国人的传统美德，也是当今社会主义核心价值观的基本要求之一。

（2）精益。精益就是精益求精，是从业者对每件产品、每道工序都凝神聚力、精益求精、追求极致的职业品质。所谓精益求精，是指已经做得很好了，还要求做得更好。正如老子所说，"天下大事，必作于细"，要想做出成绩，只能专心致志地做一件事情，把其做精、做到极致，方能成就无限完美。作为从业者，要认准目标，执着坚守，耐得住工作上的枯燥与寂寞，经得起职场上的诱惑与韧劲，为自己的意念执着，追求技艺的极致，大胆创新和突破，才能练就令人叹为观止的完美技艺。

（3）专注。专注就是内心笃定而着眼于细节的耐心、执着、坚持的精神，在工作中要踏实严谨，一丝不苟，是职场上需要严格遵循的工作标准。细节决定成败，严格遵循工作标准，认真做好工作的每个细小环节，把每个细节都做到极致、做到完美，这是一切"大国工匠"所必须具备的精神特质。从中外实践经验来看，工匠精神都意味着一种执着，即一种几十年如一日的坚持与韧性。

（4）创新。创新就是要追求突破、追求革新。"工匠精神"还包括追求突破、追求革新的创新内蕴。强调把"匠心"融入生产的每个环节，既要对职业有敬畏、对质量够精准，又要富有追求突破、追求革新的创新活力。从古至今，热衷于创新和发明的工匠们一直是世界科技进步的重要推动力量。

习近平总书记多次提到要在全社会弘扬精益求精的工匠精神，激励广大青年走技能成才、技能报国之路。"中国制造 2025"强国战略需要更多、更出色的技术人才和能工巧匠。现在国家高度重视高职教育和工匠培养，高职院校主要是培养技能型人才特别是高技能人才的，专业技能是高职院校学生择业竞争的硬实力，高职学生要在理论学习和实训实践中，要注重匠德和匠心，学习发扬工匠精神。

2. 劳动精神

党的十八大以来，习近平总书记在多个场合、多次提及劳动和劳动者："劳动是一切成功的必经之路。当前，全国各族人民正满怀信心为实现'两个一百年'奋斗目标而努力。实现我们确立的奋斗目标，归根到底要靠辛勤劳动、诚实劳动、科学劳动。""我们要在全社会大力弘扬劳动精神，提倡通过诚实劳动来实现人生的梦想、改变自己的命运。""劳动是财富的源泉，也是幸福的源泉。人世间的美好梦想，只有通过诚实劳动才能实现；发展中的各种难题，只有通过诚实劳动才能破解；生命里的一切辉煌，只有通过诚实劳动才能铸就。""在全社会弘扬劳动精神、奋斗精神、奉献精神、创造精神、勤俭节约精神，培育时代新风新貌。"习近平总书记关于劳动和劳动精神的话，是我们正确理解劳动精神的重要依据。劳动精神是每一位劳动者为创造美好生活而在劳动过程秉持的劳动态度、劳动理念及其展现出的劳动精神风貌。勤劳勇敢、爱岗敬业、诚实守信的实干精神，是劳动精神的深刻内涵；锐意进取、建功立业、甘于奉献的奋斗精神，是劳动精神的更高体现；精益求精、执着专注、追求卓越的创新精神，是劳动精神的专业要求①。

习近平总书记强调，"要在学生中弘扬劳动精神，教育引导学生崇尚劳动、尊重劳动，懂得劳动最光荣、劳动最崇高、劳动最伟大、劳动最美丽的道理，长大后能够辛勤劳动、诚实劳动、创造性劳动。"现实中，在一些青少年中出现了不珍惜劳动成果、不想劳动、不会劳动的现象；社会上在有些人的眼中，收入高低成了评判职业高低的重要依据，热衷于追求财富、地位、权势。事实上，挥洒劳动的汗水、体会劳动的艰辛，才能收获劳动的快乐，也才能真正理解劳动的内涵。

2020年3月，中共中央、国务院印发《关于全面加强新时代大中小学劳动教育的意见》，强调劳动教育是中国特色社会主义教育制度的重要内容，就全面贯彻党的教育方针，加强大中小学劳动教育进行了系统设计和全面部署。2020年7月，教育部印发《大中小学劳动教育指导纲要（试行）》，面向学校，重点针对劳动教育是什么、教什么、怎么教等问题，细化有关要求，加强专业指导。

劳动教育具有树德、增智、强体、育美的综合育人价值。通过劳动教育，学生能够理解和形成马克思主义劳动观，具备满足生存发展需要的基本劳动能力，形成良好劳动习惯。高职院校是培养第一线劳动者的重要场所，高职教育强调学生的专业实践能力，最好毕业就能顶岗。高职学生想要掌握出色的专业技能首先要端正劳动观念，增强动手能力和操作能力。加强劳动意识培养是高职学生适应社会需求、贴近岗位、顺利步入社会的必要条件。

3. 劳模精神

"劳动模范是劳动群众的杰出代表，是最美的劳动者。劳动模范身上体现的'爱岗敬业、争创一流，艰苦奋斗、勇于创新，淡泊名利、甘于奉献'的劳模精神，是伟大时代精神的生动体现。"2016年4月26日，习近平总书记在知识分子、劳动模范、青年代表座谈会上的讲话，诠释了劳模精神的内涵。这一表述道出了劳模能在广大劳动者群体中脱颖的根本原因，也为广大劳动者提出了奋斗的目标和方向。"爱岗敬业、争创一流，艰苦奋斗、勇于创新，淡泊名利、甘于奉献"六个词汇中，爱岗敬业是本分，争创一流是追求，艰苦奋斗是作风，勇于创新是使命，淡泊名利是境界，甘于奉献是修为。做一个守本分、有追求、讲作风、担使命、有境界、有修为的人，是每一位劳模的精神风范，也是每一位劳动者应该追求的目标。

在我们党团结带领人民进行革命、建设、改革各个历史时期，广大劳动模范以高度的主人翁责任感、卓越的劳动创造、忘我的拼搏奉献，创造了不平凡的业绩，铸就了令人钦佩的劳模精神。像不怕苦不怕累、艰苦奋斗的铁人王进喜；"高标准、严要求、行动快、工作实、抢困难、送方便"的纺织工人赵梦桃；带领团队埋头苦干20余载，建成500米孔径射电望远镜（FAST）的中国天眼之父南仁东；把高铁干成中国名牌的于延

---

① 弘扬劳动精神，以今天的奋斗成就明天的光荣，https://baijiahao.baidu.com/s?id=1665479465294155572&wfr=spider&for=pc.

尊等。在他们身上、在长期的劳动实践中沉淀起来的精神,是社会发展的动力源泉。高职学生了解劳模事迹,学习劳模精神有助于全面提高学生职业素质,更好地成长成才。

(二)职业道德①

在职业活动中,一切符合职业要求的心理意识、行为准则和行为规范的总和称为职业道德。它是一种内在的、非强制性的约束,是用来调整职业个人、职业主体和社会成员之间关系的行为准则和行为规范。具有职业性、实践性、继承性、多样性的基本特征。职业道德的基本要求是:爱岗敬业、诚实守信、办事公道、服务群众、奉献社会。

在中共中央、国务院 2019 年 10 月印发的《新时代公民道德建设实施纲要》中要求,"推动践行以爱岗敬业、诚实守信、办事公道、热情服务、奉献社会为主要内容的职业道德,鼓励人们在工作中做一个好建设者"。可见,明确职业道德内涵、倡导践行职业道德,不仅是新时代公民道德建设的重要内容,对于推进中国特色社会主义事业、建设社会主义现代化国家也具有重要意义。

1. 爱岗敬业

含义:爱岗敬业最基本的要求就是"干一行爱一行,爱一行钻一行"。爱岗就是热爱自己的工作岗位,热爱本职工作,敬业就是要用一种恭敬严肃的态度对待自己的工作。爱岗与敬业是相辅相成相互联系的。爱岗可以说是敬业的基础,敬业是爱岗的具体表现,不爱岗就根本谈不到敬业,不敬业也很难爱岗。

意义:爱岗敬业既是反映从业者道德的一面镜子,也是影响个人成长、成功的重要因素。各行业的从业者都应当立足本职、尽职尽责、脚踏实地,只有这样才能达到为人民服务的目的。只有做到爱岗敬业,才能担当时代大任,完成国家赋予的使命。

基本要求:树立正确的职业态度;树立正确的职业理想;不断提升职业技能;遵守职业纪律;正确处理选择职业与自身条件的关系。

2. 诚实守信

含义:诚实守信就是表里如一,说老实话,办老实事,做老实人;信守诺言,讲信誉,重信用,忠实履行自己承担的义务。它是从业者,在行业内立足的根基。诚实主要体现在职业活动就是实事求是的待人做事,不弄虚作假。守信主要体现在言而有信、遵守契约、信守承诺。每一位从业者对自己的言行都有承担责任的义务,都要在具体的职业活动中体现出诚信品质、一诺千金的职业道德素养。

意义:诚实守信在社会生活中有着极为重要的作用,其既能促进从业者身心健康发展,也是职场人生存和创业的基础,还是衡量个人职业道德修养的重要标准。诚实守信作为优秀的道德品质和职业道德历来很受重视,是自己通往职场的有力通行证。诚信的品质比实际技能更加可贵,是从业者的立身之本,也是事业走向成功的基础

---

① 社会主义职业道德,https://baike.baidu.com/item/％E7％A4％BE％E4％BC％9A％E4％B8％BB％E4％B9％89％E8％81％8C％E4％B8％9A％E9％81％93％E5％BE％B7/6195387?fr=aladdin.

组成。

基本要求：具备诚实可靠的本质；做实事办真事；言必出行必果；维护企业荣誉；保守企业秘密；忠诚所属企业。

3. 办事公道

含义：办事公道是指对于人和事的一种态度，是指从业人员在本职工作中，要做到待人处事公正、公平。在从事职业活动时，应站在公正的立场上，严格遵守相应职业的道德规范。要树立正确的是非观，要合乎公理和正义。在遇到不讲原则、不奉公守法的威胁和干扰时要勇于面对并积极向组织寻求帮助。

意义：办事公道为从业者个人发展创造了公平公正的竞争环境。每个行业的从业者作为国家和社会建设的当事人，其地位、权利、义务以及人格等方面都是平等的。随着市场经济的发展，人们的法治观念、民主意识不断增强，也越来越要求从业者做到处事公平，进而创造一种办事公道、透明公开的社会环境。

基本要求：坚持实事求是，立场坚定；坚持照章办事，不徇私情；坚持公私分明，防患未然；坚持公平公正，无私无畏。

4. 服务群众

含义：服务群众就是从人民群众的利益出发，为群众着想，为群众办事，时刻听取群众的意见，了解群众的需要。简而言之就是为全心全意为人民服务，在服务过程中要做到热心、耐心、虚心、真心，一切从群众的利益出发，为群众排忧解难，为群众出谋划策，提高服务质量。服务群众不仅仅是对某一社会群体的要求，也是对全社会所有从业者的要求。

意义：服务群众有利于树立崇高的职业理想，增强职业荣誉感。一切依靠人民群众、一切服务于人民群众，既是中国共产党多年来的根本宗旨，也是我党群众路线的重要内容，还是新时期职业道德的最高境界。

基本要求：牢固树立马克思主义群众观；自觉遵守行业规范；自觉履行职业责任；自觉担当社会义务。

5. 奉献社会

含义：奉献社会就是积极自觉地为社会做贡献。奉献社会并不意味着不要个人的正当利益，不要个人的幸福。而是要求每个有崇高理想和人生追求的公民，在个人利益与社会利益发生冲突时，自觉地将社会利益摆在第一位，将个人利益放在集体利益之后。

意义：奉献社会是社会主义职业道德的最高境界和最终目的，也是从业者应具备的最高层次的职业道德修养。在社会主义市场经济条件下，倡导无私奉献精神，可以推动企业与从业者提升服务质量、增强竞争实力，从而赢得市场。

基本要求：正确认识奉献与利益的相融性；正确处理奉献社会和吃苦耐劳的关系；明确思想信念，建立崇高理想。

（三）职业意识[①]

职业意识是人们对职业劳动的认识、评价、情感和态度等心理成分的综合反映，是支配和调控职业行为和职业活动的调节器。包括诚信意识、责任意识、团队意识、自律意识、学习意识和创新意识等。

1. 诚信意识

诚信意识是人对符合社会发展方向与时代潮流的诚信准则内化为个体的道德意识，它是诚信准则在个体知、情、意三方面的统一与协调的状况。"人无信不立"，诚信是人立身处世的根本，在推动人的全面发展方面起着重要作用。它不仅是人际交往的基本原则，而且还有利于个体的道德修养以及身体健康的发展。将诚信意识内化为自己的生活习惯与生活态度，可以潜移默化地帮助大家成长。

2. 责任意识

责任意识就是对本职工作负责，忠于职守，尽职尽责。树立责任意识是从业人员最基本的职业素质。无论选择什么职业，也无论是否满意这一职业，只要选择了岗位，就必须尽职尽责地做好本职工作，这是对每个从业人员最基本、最起码的要求。

3. 团队意识

团队意识是指在职业活动中，从业者个人以及所在的部门与其他劳动者、协作单位之间要精诚团结，互助互爱，密切协作，以共同做好工作、实现特定目标。从业者互帮互助，密切协作，齐心协力，共同奋斗才能发挥集体的智慧和力量。随着生产力的发展，生产的社会化程度越来越高，行业与行业，企业与企业，以及企业内部各部门、各成员之间相互联系、相互依赖的程度也越来越高。要自觉维护团结、加强与人合作、理解关心他人，形成良好的团结协作氛围。

4. 自律意识

自律意识是指在没有人现场监督的情况下，能自我约束、自我监督、自我抉择、自我调整、自我激励的自觉意识。从业者要分清职业与业余的不同，在工作中，能够克制自己的偏好，克服自己的弱点，约束自己的行为。

5. 学习意识

学习意识是我们对于学习的一种潜在看法。当我们看到一种新的事物时，有良好的学习意识的人便会去探究为什么。时代进步、社会发展突飞猛进，新的知识不断出现。每个人要想使自己有所成就，只有具备良好的学习心态、意识、不断充电、吸氧、与时俱进才能保持自己跟上时代步伐，才有可能实践人生价值，职业生涯的成功。

6. 创新意识

创新意识是指人们根据社会和个体生活发展的需要，引起创造前所未有的事物或

---

① 职业意识，https://baike. baidu. com/item/％E8％81％8C％E4％B8％9A％E6％84％8F％E8％AF％86/380031?fr＝aladdin.

观念的动机，并在创造活动中表现出的意向、愿望和设想。它是人类意识活动中的一种积极的、富有成果性的表现形式，是人们进行创造活动的出发点和内在动力。创新意识是决定一个国家、民族创新能力最直接的精神力量，能促成社会多种因素的变化，推动社会的全面进步。大学生是思想活跃、容易接受新生事物、最富创新精神的一个群体，祖国未来的发展靠青年学生，发展的希望在创新，培养学生创新意识的重要性不言而喻。

（四）职业技能

职业技能是做好职业应该具备的专业知识和能力，是就业所需的技术和能力。例如会计的职业技能包括点钞、珠算、电算化、手工做账等。没有过硬的专业知识和职业技能，就无法做好岗位工作。就大学生而言，职业技能就是将来就业所需的技术和能力，是否具备良好的职业技能是能否顺利就业的前提。

高职院校各专业的培养方案都是针对社会需要和专业需要所制定的，旨在使学生获得系统化的基础知识及专业知识，加强学生对专业的认知和知识的运用，掌握扎实的专业技能。与大学本科专业相比，虽然高职院校的学生学期短，但掌握的技能却是大学生难以达到的，职业院校走出来的学生受到很多企业的青睐，较为容易被就业市场吸纳。作为专业技术技能型人才，高职院校学生应该具备良好的专业理论基础，能够运用理论指导实践，在校期间积极参加实习实训，获得较强的实操能力，作为将来职业需要做好储备。

三、提高职业素质的途径

职业素质是职场制胜、事业成功的核心，职业素质的高低，是职业生涯成败的关键。职业素质不仅对个人职业生涯发展产生影响，对企业和社会也会产生不同程度的影响。就个人而言，提高职业素质有利于促进人的全面发展，缺乏良好的职业素质就很难取得突出的工作业绩，更谈不上建功立业。就企业而言，提高员工职业素质有利于提高企业劳动生产率，具备较高职业素质的人员可帮助企业节省成本，提高效率，从而提高企业在市场上的竞争力，实现自身的生存与发展。就社会而言，职业素质的高低直接影响着国家经济的发展，提高国民职业素质有利于推动社会发展和科技进步，是人民生命财产安全和社会稳定的前提。

企业对大学生职业素质的需求具有层次性和隐性递增性，这些职业素质可分为基本层、提升层和精英层。大学生具备基本层职业素质就达到了能够就业的水平，而提升层和精英层职业素质则决定了其在企业能否获得持续的发展。对于大学生而言，我们的目标不仅是能就业，还要培养能在企业得到更高发展的可持续就业所需的职业素质。

（一）加强知识学习与技能培养

高职院校各专业的培养方案是针对社会需要和专业需要所制定的。学生应该积极配合学校的培养计划，完成学习任务，为将来进入职场做好储备，要以职业发展为目标制订合理的学习计划,明确专业学习目标,既要掌握书本上的知识和技能,也要掌握学习方法,学会学习,同时也要积极参加实习实训活动,培养提供自己的专业能力,并通过实习实训教学,真正了解职业活动的内容以及在企业运作管理中的作用。另一方面,职业资格证书已经成为职业准入的标准,它反映了从业者的职业素质。考取具有权威性的职业资格证书考试,必将提升个人的职业素质。

(二)做好职业生涯规划

职业生涯规划的目的是围绕个人的人生目标,明确人生阶段的任务,有计划、有步骤地去完成,最终实现自己的人生目标。高职生从入学开始,就要上好专业认知课,明白专业培养目标,了解专业发展方向,逐步树立正确的职业理想,形成正确地职业态度,明白人生价值主要是通过自己的本职工作来体现。

(三)培养职业意识

职业意识影响职业目标的确定、职业能力和素质的提升,进而影响就业准备。高职院校是培养与社会现代化建设要求相适应的高素质职业技术型人才的摇篮。高职学生经过专业的学习和训练,完成学业后,就会选择职业进入企业、公司。在校学习期间,高职学生就应该增强熟悉与自己所学专业对应的职业群,关心这些职业或职业群的变化情况,了解与自己所学专业相关的职业资格证书。要认识到提高就业竞争力必须树立并强化职业意识,要进行职业生涯规划,有针对性的提高素质与能力,为职业生涯的发展奠定基础。

(四)培养职业道德

职业道德养成的主要途径是学习和吸收,在学习新事物的同时学会融会贯通。在学习活动中要把良好道德品质的养成放在首位,自觉遵守道德法则。要在自我管理、自我教育中自觉遵守学生守则,遵守校规校纪,做遵纪守法的进步青年。同时,高职生也要向楷模和典范学习,从细节做起,从培养自己良好的行为习惯着手,形成符合企业需求的职业化的行为习惯。

第二节　职业形象与职业礼仪

【案例导入】

塑造良好的职业形象

小李与小白是同学,俩人应聘到一家公司。上班第一天,小李化了精致的妆容,身着一套深色职业套装。而小白身穿一套休闲服,脚踏运动鞋。第一天数十名新员工里却只有小李穿了正装。培训经理指派小李作为班长代表新员工发言得到了领导的赏识,派到公司的重要部门报到。小白想不通,无论能力还是形象她都超过小李,为什么上班后却落到了小李的后面呢？

案例分析：第一印象对职场新人来说非常重要。整洁适宜的职业着装作为事业成功的助推器，是职场人都应当认真对待与把握的，它关系到大家未来职场的走向，对于完善个人职业形象，提升个人职业素质大有裨益。

礼仪专家周思敏说："一个人能有良好的礼仪、仪容、仪表等方面，会给你创造一个非常好的人际关系，学礼、知礼、懂礼，而且也要应用礼仪，你会有很好的人缘。"在职场中，职业形象职业礼仪是十分重要的，是除了工作实力和能力外，最重要的方面。

一、职业形象

在市场经济的大背景下，职业形象已成为单位用人的重要依据之一，职业形象不仅关系到个人，更关系到企业单位的长久发展。

（一）职业形象概述

1. 职业形象的含义

职业形象是指职业人在职场在中公众面前树立的印象，它是通过职业人的衣着打扮、言谈举止反映出职业人的专业态度、技术，是职业人外在、内在的综合表现和反映。外在的职业形象指职业人的仪容（外貌）、仪表（服饰、个人气质）以及仪态（言谈举止）等他人能够看到、听到的东西；内在的职业形象指职业人所表现出来的学识、风度、气质、魅力等他人看不到，却能感受到的东西。职业形象与个人的职业发展紧密相连，在人的求职、社交活动中起关键作用，良好的职业形象对职业成功具有比较重要的意义。

2. 职业形象对职业发展的影响

大学生毕业进入社会后，就要选择一个职业从事某项工作，这里面就涉及有关于职业形象的问题，每个职业都有其特定的职业形象，职业形象与个人的职业发展紧密相连。良好的职业形象不但能够展示个体的能力、专业水平和社会地位，还可以使人在求职、社交活动中彰显自信与尊严，对职业成功具有比较重要的意义。而不适合的职业形象则会给职业发展带来负面影响。职业形象和个人的职业发展有着密切的关系。

（1）展现性格特征。企业在招聘员工时对应聘者职业形象的关注程度远远超过我们的想象，职业形象方面在许多公司的面试中占很大比重，他们认为那些职业形象不合格、职业气质差的员工不容易在众人面前获得较高认可度，在与人合作过程中工作效果会打折扣。

（2）影响工作业绩。沟通所产生的影响力和信任度是来自语言、语调和形象三个方面，其中形象所占的比例最大，影响最深。如果自己的职业形象不能体现专业度，不能给人带来信任感，所有的技巧都是徒劳，极有可能破坏良好的合作，影响工作业绩。塑造和维护良好的个人形象就成为当今即将步入职场的高职院校学生的必修课程。

（3）助推职业生涯。职业形象越来越密切地和个人职业成功挂钩，忽略职业形象在自己职业生涯中的重要作用将会使职业人失去很多成功的机会。就个人而言,职业形象会影响个人晋升;就企业而言,员工的职业形象在很大程度上影响着企业的发展和进步。只有真正意识到了个人形象与修养的重要性,才能体会到高雅文明的个人形象在职业中所带来的美好精神风貌和现实意义。

3. 塑造良好的职业形象

良好的职业形象需要与个人职业气质相契合、与个人年龄相契合、与办公室风格相契合、与工作特点相契合、与行业要求相契合。因此,要想塑造良好的职业形象,需要注意以下几方面。

(1)清楚地了解所从事的职业特点、要求,熟练地掌握所从事的职业的知识和技能要求和标准;个人的举止更要在标准的基础上,在不同的场合采用不同的表现方式。

(2)尊重区域文化,遵从公司文化。不同文化背景的公司对个人的职业形象有不同的要求,绝对不能我行我素破坏文化的制约。

(3)对一些原则性尺度要严格遵守,职业形象只有在符合主流趋势才能促进自己职业的升值。

(二)职业仪容

仪容是指一个人的自然外观容貌。仪容包括发部、面部、颈部、手部等。仪容反映了一个人的精神面貌、朝气活力,是传递给接触对象感官的最直接最生动的第一信息。仪容的修饰与一个人的道德水平和审美情趣有关。讲究仪容就是对外观容貌进行必要的整理和修饰,使得仪容符合职业活动要求和礼仪规范。例如航空公司要求空乘专业乘务员上岗前化职业妆,是为了体现空姐职业的统一性、纪律性,为了展现航空公司的整体形象,体现对职业的尊重,对乘客的尊重。通过化职业妆,帮助找到职业的感觉,更好地规范乘务员的行为举止。

在政务、商务、事务及社交场合,一个人的仪容不但可以反映他的审美,也可以体现他的修养。

1. 发型修饰

发型是仪容的重要组成部分,也是他人第一眼关注的地方,整洁得体的头发不仅令人心情愉悦,也能给人留下美好的印象。修饰头发应做到以下几点。

(1)头发整洁。头发要常梳、常洗和常理,以保持头发整洁光亮有弹性。切忌使用异味洗发护发用品,确保头发不粘连、不板结、无头屑,一定要选择适合的洗护用品及时打理。

(2)长短适中。在塑造职业形象时,头发的长短和发型要符合职业、身份、个人条件、工作环境等因素,不同职业的按照不同的标准和要求,以端庄、典雅为宜。男士头发的标准是前不覆额,侧不掩耳,后不及领;女士头发长度不宜超过肩部,必要时盘发、束发,不宜披散。

(3)适度美化。头发要勤于梳洗,可根据自己的发质和工作环境以及气候决定。清洗头发的时候要注意洗发用品的选择,应选用高品质的弱碱性洗发用品,避免使用碱性过大的洗发用品。

2. 面部修饰

在职业中，仪容多指人的面容，作为最令人注目最多的地方，其美化修饰是非常重要的，必须予以重视。干净整洁的面部辅之以适当的修饰，通常会给人清爽宜人、淡雅美丽之感。

（1）修饰眼部。眼睛是心灵的窗户，是人际交往中被人关注最多的地方。修饰眼部要注意清洁眼睛。及时清除眼部分泌物，注意用眼卫生，预防眼部疾患。选择与佩戴眼镜时，应注意保持眼镜的清洁。

（2）修饰眉毛。眉毛应以自然美为主，依据脸型修理不同样式的眉形能使人的脸部显得轮廓分明。个别眉毛较粗浓的女生，或者眉毛较淡形状不太理想者，可以请专业修眉师帮助美化修饰。

（3）修饰口部。要坚持早晚刷牙，消除口腔异味。与人交谈时要保持一定的距离，切勿口沫横飞。即将进入公共场合前，不要吃有刺激性气味的食物，必要时，可口含茶叶、口香液以祛除气味。适当呵护自己的嘴唇，防止嘴唇干裂、起皮和生疮。

3. 肢体修饰

（1）修饰手部。在日常生活中，手需要与人接触或经常触碰物品，是与外界进行直接接触最多的一个部位。从清洁、卫生、健康的角度讲，餐前便后、外出回来及接触各样物品后，都应及时洗手。手指甲应定期修剪，长度以不能从手心的正面看见为宜。

（2）修饰腿部及脚部。腿部的曲线美也是在近距离之内为他人所注视，在修饰仪容时自然不能偏废。修饰腿部，应当注意细节的重要性。工作场所忌光腿和穿搭破损的丝袜，不暴露腿部。修饰脚部应注意三点：不裸露脚部；勤洗脚、勤洗鞋、勤洗袜，勤剪脚趾甲。

4. 化妆修饰

化妆是生活中的一门艺术。进入职场，适度而得体的化妆，可以更好地展现职业人员的风采，特别是对于女性职员更是尊重别人的礼貌行为。职业妆需要塑造的是淡雅、自然、优雅、知性、颇具亲和力的整体造型，切忌过于前卫另类。面部化妆以眼部化妆为重点的重点、关键的关键。

（1）化妆品的类型。化妆品可以分为护肤品和彩妆两大类。护肤品包括洁面、化妆水、乳液、面霜、精华、隔离、防晒等；彩妆包括粉底液、遮瑕笔、粉饼、散粉、眉笔、眉粉、睫毛膏、眼线液、眼影、腮红、口红等。

（2）职业妆的基本要求。职业妆是适用于职业女性的工作特点或与工作相关的社交环境的妆容。其基本要求如下。

① 修饰得体。在化妆时要注意适度矫正，以使自己化妆后能够恰当得体的提升美感，扬长避短。

② 真实自然。化妆要求美化、生动，更要求真实、自然，淡妆为主，少化浓妆。化妆的最高境界，是没有人工修饰的痕迹，显得天然美丽。需要注意的是，"淡妆"不等于

"简单化妆",而是更细心地、更留意地化妆。是使人看起来不像化过妆,却比没有化妆更美,更动人。

③ 整体协调。高水平的化妆,强调的是整体效果,妆面的设计,用色应同化妆对象的发型、服装及服饰相配合,使之具有整体的美感,还应考虑化妆对象的气质、性格、职业等内在的特征,取得和谐统一的效果。

④ 修饰避人。应当避免当众化妆或补妆。化妆应在无人之处,可在化妆间或洗手间进行。

⑤ 避免残妆。在工作岗位上,假如自己适当地化了一些彩妆,那么就要有始有终,努力维护妆面的完整性要及时地为自己补妆。要是妆面深浅不一、残缺不堪,必然会给他人留下十分不好的印象。

⑥ 饰物适宜。遵守以少为佳、同质同色、符合身份的原则。佩戴饰物要考虑人、环境、心情、服饰风格、妆容等诸多因素的关系,力求整体搭配协调。

⑦ 忌劣质、过量芳香。使用任何化妆品都不能过量,就芳香型化妆品,尤其是这一类型的代表香水而言,更应当铭记这一点。化妆与为人处世一样,都要含蓄一些,才有魅力,才有味道。通常,自己身上的香味在一米以内能被对方闻到,不算是过量。正确使用香水的位置有两个:一是离脉搏跳动比较近的地方,如手腕、耳根、颈侧、膝部、踝部等处;二是既不会污损衣物,又容易扩散出香味的服装上的某些部位,如内衣、衣领、口袋、裙摆的内侧,以及西装上所用的插袋巾的下端。

(3) 化妆的原则。

① 符合美化的原则。化妆意在使人变得更加美丽,因此在化妆时要注意适度修饰,扬长避短。在化妆时不要自行其是、任意发挥、寻求新奇。

② 符合自然的原则。自然是化妆的生命,化妆的最高境界是"妆成有却无"。要井井有条;讲究过渡,体现层次。

③ 符合协调的原则。高水平的化妆,强调的是整体效果。使妆面协调、全身协调、场合协调、身份协调。

(4) 化妆的基本步骤。面部底妆(粉底、遮瑕、定妆)→眼妆(画眉、涂眼影、画眼线、涂睫毛液)→面颊彩妆(涂腮红)→唇妆(画唇线、涂唇膏)→卸妆(眼部卸妆、唇部卸妆、面部卸妆)。

(三)职业服饰

服饰是一种无声的语言,体现了一个人的社会地位、文化品位、艺术修养,以及为人处世的态度。正确得体的着装,能体现个人良好的精神面貌、文化修养和审美情趣。良好职业形象的树立与正确着装有着密切的联系。在人际交往中,着装,直接影响到别人对你的第一印象,关系到对你个人形象的评价,同时也关系到一个企业的形象。

1. 着装场合区分

职业交际中所涉及的场合有三种:公务场合、社交场合、休闲场合。因每个人在年龄、性别、形体、职业等方面都有所不同,着装时必须考虑根据自己的个性选择最适合的服饰。不同的场合对服饰的要求有所不同,应视具体情况而定。

（1）公务场合。公务场合是指工作时涉及的场合,一般包括在办公室、会议厅及外出执行公务等情况。工作场合着装宜选择套装、套裙、工装、制服,也可以选择长裤、长裙、长袖衫。公务场合着装的基本要求是:端庄大方,得体保守。

（2）社交场合。社交场合是指在工作之余和共事伙伴或商务伙伴进行交往应酬的场合。社交场合着装的基本要求是:时尚得体,个性鲜明。宜穿礼服、时装、民族服装。这种社交场合所选择的服饰最好衬托周围的环境,不宜过分庄重保守。

（3）休闲场合。休闲场合是指工作之余的活动场合,如健身运动、观光游览、购物休闲等场合。休闲场合着装的基本要求是:舒适自然。适合选择的服装有运动装、牛仔装、沙滩装及各种非正式便装,如 T 恤、短裤、凉鞋、拖鞋等。

2. 着装"三服"要求

在职业往往涉及较多的三类服装是:制服、西服和女士服装,简称"三服",都有其不同的着装礼仪。

（1）企业制服。企业制服是指由某个企业统一制作,并要求某一个部门,某一个职级的员工统一穿着的服装。穿着制服时要保证制服的干净、整洁、完整,不允许出现又脏又破、随意搭配、制便混穿的现象。

（2）男士西服。男士穿着西装时,衬衫的领子要挺括,不可有污垢、汗渍;下摆要塞进裤子里,系好领口和袖扣;里面的内衣领口和袖口不能外露。穿西装一般应系领带,领带结要饱满,与衬衫领口要搭配;长度以系好后大箭头垂到皮带扣为宜;领带夹夹在衬衫的第三粒与第四粒纽扣之间。皮鞋的颜色不应浅于裤子,最好选深色,黑皮鞋可以配黑色、灰色、藏青色西服,深棕色鞋子配黄褐色或米色西服,鞋要上油擦亮。袜子一般应选择黑色、棕色或藏青色,与长裤颜色相配。三件套的西装,在正式场合下不能脱外套。

（3）女士服装。办公室服饰应尽量考虑与办公室色调、气氛相和谐,并与具体的职业分类相吻合。服饰的质地应尽可能考究,舒适方便,以适应整日的工作强度。较为正式的场合,应选择女性正式的职业套装或套裙;较为宽松的职业环境,可选择造型感稳定、线条感明快、富有质感和挺感的服饰。坦露、花哨、反光的服饰是办公室所禁忌的。

3. 职业姿态

姿态是人们在外观上可以明显地察觉到的活动、动作,以及在动作、活动之中身体各部分呈现出的样子。在人际交往中,优雅的仪态可以透露出自己良好的礼仪修养,增加不少好印象,进而赢得更多合作和被接受的机会,创造财富。

（1）站姿。站立是人体最基本的姿态,也是职业交往中一种最基本的仪态,最基本也最常见。优美的站姿是保持良好体型的秘诀,也是训练优美体态的基础。男士站姿总要求是姿势挺拔,刚毅洒脱;女士则应秀雅优美,亭亭玉立。保持站立的姿势与他人谈话时,切记不要把手插在口袋里或双手抱胸,显得不礼貌,有拒绝亲近的意思。

正规式站姿是抬头挺胸、立腰收腹、目视前方、双臂自然下垂、肩平、双腿并拢直立、两脚尖张开 60°，身体重心落于两腿正中；男性也可两脚分开，比肩略窄，将双手合起，放在腹前或背后。如图 8-1 所示。

工作场合站姿包括：垂直站姿、前交手站姿、后交手站姿、单背手站姿、单前手站姿。

（2）坐姿。坐姿是静态的，指人在就座以后身体所保持的一种姿势。对大多数人而言，不论是工作还是休息，坐姿都是其经常采用的姿势之一。坐姿的标准要求是身正腿直，神态从容自如，全身自然放松。男士一般把双腿平行放好，不要把腿向前或向后伸，双手可自然放在双腿上，也可以搭在椅子扶手上。女士坐下后，上身也要挺直，目光平视前方，可以采取双腿自然并拢脚、脚尖略向前的正坐式，也可以采取重叠式。坐下和起立时都要保持轻稳，在接待客人或参加公司会议时要遵循尊者先入座（离座）的原则。

图 8-1　标准站姿

常态坐姿是入座时要轻要稳；面带笑容，双目平视，嘴唇微闭，微收下额；双肩放松平正，两肩自然弯曲放于椅子或沙发扶手上；坐在椅子上，要立腰、挺胸，上体自然挺直；双膝自然并拢，双腿正放或侧放，双脚平放或交叠；坐椅子上，至少要坐满椅子的三分之二，脊背轻靠椅背。如图 8-2 所示。

图 8-2　标准坐姿

工作场合坐姿包括正襟危坐式、垂腿开膝式、双腿叠放式、双腿斜放式、双脚交叉式、双脚内收式、前伸后屈式。

（3）走姿。在职业交往过程中，端庄文雅的走姿是最引人注目的身体语言，也最能展示一个人的气质与修养。走姿是流动的，呈现出动态美，可以体现一个人的精神面貌。在行走中，要抬头、挺胸、收腹，步伐轻盈、速度适中。女性的走姿以轻松敏捷，健美为适，男性的走姿以协调稳健刚毅为宜。

走姿的基本要求包括身体重心稍前倾，抬头挺胸收腹，上体正直，双肩放松，两臂自然前后摆动，脚步轻而稳，目光自然，尽量走出从容、平稳的直线。行走时应遵守行路规则，行人之间互相礼让。男女一起走时，男士一般走在外侧。

走姿规范标准：头正收颌，双目平视，表情自然。两肩平稳，防止上下前后摇摆，双臂前后自然摆动。上身挺直，收腹立腰，重心稍前倾。两脚尖略开，脚跟先着地，两脚内侧落地。行走中两脚落地的距离大约为一个脚长，即前脚的脚跟距后脚的脚步一个脚的长度为宜。步速平稳。行进的速度应保持均匀、平衡，不要忽快忽慢。如图8-3所示。

图 8-3　标准走姿

（4）蹲姿。蹲姿是由站立的姿势转变为两腿弯曲和身体高度下降的姿势，是人在处于静态时的一种特殊体位。虽然是暂时性的体态，仍需特别注意，女性应靠紧双腿，男性则可适度的将其分开。臀部向下，基本上以后腿支撑身体。

正确的蹲姿有如下两种（见图8-4）。

① 高低式蹲姿。男性选用这一方式时较为方便。其要求是：下蹲时，左脚在前，右脚在后。左脚应完全着地，小腿基本上垂直于地面；右脚则应脚掌着地，脚跟提起。此刻右膝低于左膝，右膝内侧可靠于左小腿的内侧，形成左膝高右膝低的姿态。臀部向下，基本上用右腿支撑身体。

② 交叉式蹲姿。交叉式蹲姿通常适用于女性，尤其是穿短裙的女性，它的特点是造型优美典雅。其特征是蹲下后两腿交叉在一起，其要求是：下蹲时，右脚在前，左脚在后，右小腿垂直于地面，全脚着地，右腿在上，左腿在下，二者交叉重叠；左膝由后下方伸向右侧，左脚跟抬起，并且脚掌着地；两脚前后靠近，合力支撑身体；上身略向前倾，臀部朝下。

女士蹲姿要特别注意：无论是采用哪种蹲姿，都要切记将双腿靠紧，臀部向下，上身挺直，使重心下移；女士绝对不可以双腿分开而蹲；速度不可以过快或过猛。在公共场所下蹲，应尽量避开他人的视线，尽可能避免后背或正面向人。

图 8-4　标准蹲姿

二、职业礼仪

职业礼仪是人们在职业场所应当遵循的礼仪规范。职业礼仪有助于提升个人的职业形象。作为高职生,在踏入职场前,应该了解掌握基本的职业礼仪。

(一) 职业礼仪概述

1. 职业礼仪的含义

职业礼仪是指在职场环境中人际交往需要遵循的客观规律,以用来表现律己、敬人的一整套行为准则。职业礼仪不仅可以有效地展现一个人的教养、风度、气质和魅力,还能体现一个人对社会的认知水平、个人的学识、修养和价值,因此职业礼仪的高低往往反映出一个人教养、素质的高低。掌握并恰当运用职场礼仪规范,将有助于完善和维护从业者的职业形象。

2. 职业礼仪对职业发展的作用

(1)营造良好人际关系。在人际交往中,本着真诚友善、和谐平等、互帮互助、自信自律、诚实守信的职场礼仪原则,自觉地执行礼仪规范,可以使交往双方的感情得到有效沟通,在向对方表示尊重、敬意的过程中,同时也能获得对方的理解和尊重。在职场交往过程中学会遵循社会礼仪的基本原则,有利于建立友好合作的关系,营造良好的人际关系。

(2)提高社会适应能力。职业礼仪教育可指导从业者换位思考处理问题,强化个人自我约束和自我管理能力,规范个人职场行为,多考虑他人心理反应,学会如何做人做事,从而提高个人社会适应能力。

(3)促进事业和谐发展。当代社会对礼仪素养的高低要求也逐渐成为用人单位在招聘过程中综合素质考核的重要因素。求职者除了要具备良好的专业素养外,掌握一些职业礼仪的起码要求也是非常必要的,在应聘过程中得体的着装与谈吐、优雅的举止与风度,无疑是应聘者迈向工作岗位的有利基石。在工作中,良好的职业礼仪是从业者进从事活动的"通行证",有利于工作的开展和效益的提高。

(二) 社交礼仪

1. 沟通礼仪

沟通作为两人及多人交流的基本方式,是社会交往最广泛使用形式之一。沟通的底线原则是尊重他人与自我谦和,一个善于沟通交流且熟练掌握沟通礼仪的从业者,本身就具备了取得职场成功的先决条件。

(1)语言恰当。语言表达清晰流畅,准确表达思想意图;沟通过程亲切友好,给沟通双方良好体验;谈话有节,适度幽默,时间把控有度。

(2)举止得体。适度修饰仪表,保持整洁外表;姿态优美放松,手势运用适当;礼貌进退,表情得当,无过分多余动作。

（3）距离适当。社交距离为 0.5～1.5m；礼仪距离为 1.5～3m。

（4）沟通原则。正确使用规范化交流语言，淡化双方之间的陌生感，消除对方的抵触情绪；认真倾听交谈者的表述，不随意打断他人谈话。

2. 称呼礼仪

称呼礼仪是在对亲属、朋友、同事或其他有关人员称呼时所使用的一种规范性礼貌语，准确的称呼能恰当地体现出当事人之间的角色关系与权势关系，同时也反映出了人与人的亲疏远近，恰当的称呼是语言交流得以顺利进行的重要条件，相反则会造成阻碍，给以后的交往带来不良的影响。

（1）符合身份。当清楚对方身份时，可以以对方的职务或身份相称；如不清楚对方身份，可以以性别相称，如"某先生""某女士"。

（2）符合年龄。称呼长者时，务必尊敬，不可直呼其名，也不可以直呼"老张""老王"等；称呼同辈人时，可称呼其姓名，熟识后也可去掉姓称其名；称呼晚辈时，可在其姓前加"小"字，如"小张""小李"，或直呼其名。

（3）顺序原则。同时与多人打招呼，应遵循先长后幼、先上后下、先近后远、先女后男、先疏后亲的原则。进行人际交往，在使用称呼时，一定要避免失敬于人。

3. 介绍礼仪

介绍作为日常交流与社交活动的重要方式，是人与人沟通的第一步环节。正确利用介绍，一方面可扩大朋友圈、交际圈范围，另一方面更有助于进行自我展示和自我宣传。

（1）介绍顺序。

① 先幼后长。要先把资历浅、年纪轻的一方介绍给资历深、年纪长的一方认识。

② 先男后女。要先把男士介绍给女士认识。

③ 先下后上。介绍上下级认识时，先介绍下级，后介绍上级。

④ 先亲后疏。介绍同事、朋友与家人认识时，要先介绍家人，后介绍同事、朋友。

⑤ 先主后宾。介绍宾客和主人认识时，要先介绍主人，后介绍宾客。

（2）自我介绍。在社交场合要寻找适当时机进行自我介绍，应突出自己的优点和特点；自我介绍时，语言应简单流畅，切勿自吹自擂，保持谦逊有礼；应以站立姿态为佳，举止端庄大方，表情友好亲切（见图 8-5）。

4. 名片礼仪

（1）出示名片。男性递给女性，职务低的人递给职务高的人；如多人在场，应按照顺时针方向依次递送，切勿越过他人；递送名片时，应保持微笑，上身前倾，注视对方，双手奉上（见图 8-6）；递送名片应把握好时机，初次见面时，边自我介绍边出示名片，双方交谈时，主动奉上名片表示希望日后联系，结束会面时，送上名片可加深对方印象。

图 8-5　介绍礼仪

图 8-6　名片礼仪

（2）接受名片。接受名片时，应起身相迎，双手接过，态度恭敬；接受名片后，仔细浏览一遍，以表示对对方的尊重；浏览名片后，要在现场妥当收藏，切勿随手一放或随意把玩；在接受对方名片后，要回敬对方一张名片。如当时未携带名片，应表示歉意后，及时做出解释，切莫没有反应。

（3）索要名片。向他人索取名片时，可主动提议交换名片，并先将自己的名片递出，态度要诚恳主动；面对他人索取名片时，一般原则是不应直接拒绝，如确有必要，可委婉表达，同时需注意分寸。

（4）注意事项。名片是否存在残缺褶皱；不宜涂改名片，印刷字迹清晰；不宜头衔过多，内容真实可靠。

（三）办公礼仪

1. 办公室基本礼仪

办公室是一个处理单位业务的场所，办公室的礼仪不仅是对同事的尊重和对公司文化的认同，更重要的是每个人为人处世，礼貌待人的最直接表现。从业者严格遵守办公室礼仪规范从事职业活动，既能展示职业形象，同样还可以折射出自身良好职业素质。

（1）办公室礼仪要求。办公室陈设应以整洁、便捷、高效为标准；保持办公室、办公桌清洁；保持办公桌面码放整齐，非办公用品不外露；文件按时分类归档，做好个人计算机的保密工作。下班离开办公室前，关闭电源，将台面的物品归位，锁好贵重物品和重要文件。

（2）办公室言谈举止。姿态端庄优雅，精神积极向上；遵守规章制度，注重文明礼貌；讲话音量适中，严禁嬉笑打闹；区分私事公事，恪守职业道德。

2. 办公区域内基本礼仪

相对从业者而言，办公环境较为固定。无论是在办公区域还是使用办公设备都应遵守礼仪规范，以便更好地展示个人素养与企业形象。

（1）电梯礼仪。遵循次序，切勿强挤；帮助他人，展现风度；侧身挪动，保持安静。

（2）会议室礼仪。提前预约，及时归还；保持整洁，恢复陈设；清理资料，关闭设备。

（3）使用办公设备礼仪。节约使用，杜绝浪费；先后有序，公私分明；避免遗失，严禁泄密。

（4）食堂用餐礼仪。按时就餐，选取适度；轻拿轻放，保持卫生；餐具归位，清理残食；相互礼让，及时离位。

3. 办公人际关系礼仪

办公室人际关系是指办公室内部工作人员之间的相互关系，良好的办公室交往关系有利于整体团队建设，同样是从业者提升修养的有效手段。

（1）与上司相处的礼仪。尊重上级领导，不越权不越级；注重场合礼节，把握适度原则；汇报及时准确，内容条理清晰；及时完成任务，主动反馈信息。

（2）与同事的相处礼仪。尊重他人隐私，保持平等谦虚；注重交往分寸，切莫谈论私事；尊重他人成果，借物及时归还；处理负面情绪，清晰个人往来。

（3）与下级的相处礼仪。尊重独立人格，听取意见建议；批评就事论事，帮助改正错误；宽容胸怀以待，切勿迁怒他人；勇于承担责任，培养提携下属。

（4）与宾客的相处礼仪。主动热情接待，谈吐大方有节；确认访者身份，明确来访意图；按照职责分配，协助办理事宜；拒绝收受礼赠，恪守保密原则。

（四）通信礼仪

1. 传统通信工具礼仪

（1）电话礼仪。

第一，接听电话。三声之内接起电话，主动问候，报部门介绍自己。如果电话内容比较重要，应做好电话记录，包括单位名称、来电话人姓名、谈话内容，通话日期、时期和对方电话号码等。如对方要找的人不在时，不要随便传话以免不必要的误解，如必要，可记下其电话、姓名、以便回电话。当手机出现未接电话时要及时回复，询问是否有要事等。

第二，态度礼貌。通电话时要注意尽量使用礼貌用词。说话态度和蔼，语言清晰，语调平稳柔和、亲切礼貌。

第三，时间选择。打电话时，应礼貌地询问："现在说话方便吗？"要考虑对方的时间。往办公室打电话，以上午十点左右或下午上班以后为好，因为这些时间比较空闲，适宜交流。严格地讲，晚上10点之后，早上7点之前，如非急事不要打电话。应急事打电话，最好要先说"抱歉，事关紧急，打搅你了！"，就餐时也尽量别打电话。

第四，结束通话。通话完毕应该由上级先挂，客人先挂。如遇特殊情况，即通话双方职务一样，性别相同，年龄相仿，此时一般就是谁先拨打谁先挂断。

第五，私人电话。办公场合尽量不要打私人电话，若在办公室里接到私人电话时，尽量缩短通话时间，以免影响其他人工作和损害自身的职业形象。

（2）邮件通信礼仪。

第一，标题主题简明。邮件标题要简短，要注明邮件出处。主题提纲挈领，简洁明了。

第二，内容得体。正文条理清晰明确，标点符号运用得当。除"您好"和"谢谢"要用感叹号以外，其他都不用感叹号。

第三，称呼准确。写称呼一定要把对方的职位和姓氏要写出来，如果不清楚职位，可以用姓氏加先生或者小姐，如果是十分熟悉的情况下，可以用双方都习惯的称呼方式，但这种称呼方式仅限于非正式邮件，正式邮件必须要姓氏加职位，通常要用您好，而不是你好。

第四，结束落款。写完正文之后，落款一定要写上自己的部门和日期，该说的一些感谢的话也要说，加上落款，就是一个完整的邮件。

2. 新型通信工具礼仪

（1）QQ 通信礼仪。

第一，工作 QQ 与私人 QQ 相区分，办公 QQ 只从事办公交流事宜，且不可发布于工作无关的个人信息。需添加他人为好友时，应备注好个人信息，以方便对方确认同意。

第二，使用 QQ 工作群时，应按群名片要求填写，更改群昵称，一般格式为："部门＋真实姓名"，与其他群能成员交流时，应文明礼貌，相互尊重。

第三，及时查看 QQ 消息并给予回复，发送消息前应仔细检查，以免造成不必要的误解。

第四，主动与对方发起对话时，应以"您好"或"请问"等礼貌用语作为开始，在简单做完自我介绍后，和盘托出要说的事情或问题，发送内容应简洁、明了。对方回复后，应第一时间表示感谢。

第五，发送文件时，应提前告知对方，确认对方方便接收的情况下，再进行传输。如发送大文件时，应将文件压缩后传送，以便节省对方接收时间。

（2）微信通信礼仪。

第一，使用微信作为办公交流工具前，应提前整理个人信息，展示自身较高职业素养的一面，还可设置一张职业感强的本人照片作为头像，增强辨识度。

第二，虽然微信沟通即时便捷，但在发送微信也应尊重对方作息时间，同时控制数量；如有紧急问题需要及时处理，应采取电话沟通方式，切勿一味等待，以免耽误重要事情。

第三，及时查看消息并给予回复，文本内容应简洁、有针对性，发送前要检查无误后发出，尽量避免撤回。如发送文本出现错误，发现后应第一时间补发一条信息作为说明解释。

第四，发送工作信息时，最好避免使用语音功能，如一定要使用，请选择安静的环境,并做到口齿清晰,语速得当。在接受语音消息应尽量减少使用外放功能,严禁泄露交谈信息。

第三节　职业技能

【案例引入】

专家型技师张雪松

张雪松某高职院校毕业,高级技师。先后自学了液压传动、电力拖动、数控机床的原理与维修等专业知识,并不断运用所学知识进行设备改进攻关,20多次排除各类疑难故障,攻克设备安装设计隐患等8项难题,修复10多项重要设备配件,被工友们称为"洋设备的保健医生"。2005年,磁悬浮铝合金车体制造技术引进初期,他带领的铆钳班被委试制的重任。最终攻克了技术难题,成功完成了试制任务。攻克了连西门子公司都不能生产的流线型动车组司机室制造难关,使我国完全拥有了自主铝合金车体制造核心技术。他在平凡的岗位上不断实现着超越,被评为"河北省十大金牌工人",2010年被评为"全国劳动模范"。

案例分析：在知识经济时代,树立远大的职业目标,奋发学习,坚持岗位成才,是技术型工人实现超越发展的关键,不仅科技工作者需要技术和知识,一线工人也需要用知识武装自己。没有不断学习,不断攀登,就无法超越自我取得成功。

党的二十大报告强调要坚持尊重劳动、尊重知识、尊重人才、尊重创造。同学们要对自己的发展前景充满信心,要多学习钻研,努力成长为工匠人才。同学们不但要在学校努力学习,还要提高自己的职业技能,给自己增加竞争的砝码。学习有关职业技能的知识,掌握提高职业技能的途径和方法,可以帮助同学们获得择业上的成功,使自身的职业发展道路更加顺畅。

一、职业技能的主要内容

（一）职业技能的含义

职业技能是从业者就业所需具备的专业知识和技术能力,是职业素质构成中的外在表现,可通过学习、培训获得。比如,计算机、会计、机械维修等属于职业技术范畴的技能,学生可以通过在校学习和实践掌握入门技术,在企业工作实践中会日渐成熟并且成为专家。职业技能具有时代性、专业性、层次性、综合性的特点。

（二）职业技能的体现

职业技能主要通过职业资格来体现,所谓职业资格就是指对从事某一职业所必备的学识、技术和能力的基本要求。当前,除了国家职业资格制度外,国家完善技能人才职业技能等级认定及享受相应待遇政策,做好职业资格制度与职业技能等级制度的衔接,建立职业资格和职业技能等级与职称、畅通技能人才职业发展通道。

1. 职业资格[①]

职业资格包括从业资格和执业资格。从业资格是指从事某一专业(工种)学识、技术和能力的起点标准。执业资格是指政府对某些责任较大,社会通用性强,关系公共利益的专业(工种)实行准入控制,是依法独立开业或从事某一特定专业(工种)学识、技术和能力的必备标准。

职业资格分别由国务院劳动、人事行政部门通过学历认定、资格考试、专家评定、职业技能鉴定等方式进行评价,对合格者授予国家职业资格证书。从业资格通过学历认定或考试取得。执业资格通过考试方法取得。

2. 职业技能鉴定[②]

职业技能鉴定是一项基于职业技能水平的考核活动,属于标准参照型考试,职业技能鉴定的主要内容包括职业知识、操作技能和职业道德三个方面,是国家职业资格证书制度的重要组成部分。具有以职业活动为导向、以实际操作为主要依据、以第三方认证原则为基础的特点。它是由考试考核机构对劳动者从事某种职业所应掌握的技术理论知识和实际操作能力做出客观的测量和评价。

3. "1+X"证书[③]

国务院于 2019 年年初印发了《国家职业教育改革实施方案》,在该文件中明确要在职业院校中试点启动"学历证书+若干职业技能等级证书"("1+X"证书)制度。就是学生在获得学历证书的同时,取得多类职业技能等级证书。

(三) 职业技能的提升补贴

2017 年 6 月,国家人力资源和社会保障部、财政部发布了一个引人注目的通知:取得职业资格证书或职业技能等级证书的企业职工,最高可申领 2000 元技能提升补贴。随后各市相关机构开始受理职业技能补贴申请业务。就北京市而言,2019 年 9 月北京市人民政府办公厅印发了《北京市职业技能提升行动实施方案(2019—2021 年)》的通知,围绕大力开展企业职工职业技能提升培训、加强重点产业重点领域职业技能提升培训、加强重点群体就业创业培训等方面进行了部署并对如何申请补贴进行了说明。

1. 可申领的职业技能证书范围

《国家职业资格目录》中涉及的共 139 项职业技能证书均可申请。其中专业技术人员职业资格 58 项,技能人员职业资格 81 项。

---

① 职业资格. https://baike.baidu.com/item/%E8%81%8C%E4%B8%9A%E8%B5%84%E6%A0%BC.
② 职业技能鉴定. https://baike.baidu.com/item/%E8%81%8C%E4%B8%9A%E6%8A%80%E8%83%BD%E9%89%B4%E5%AE%9A/5117371?fr=aladdin.
③ 1+X 证书制度. https://baike.baidu.com/item/1%2BX%E8%AF%81%E4%B9%A6%E5%88%B6%E5%BA%A6/51157941?fr=aladdin.

2．申请条件

申请技能补贴需同时符合以下三个条件。

（1）在北京市依法缴纳社保12个月及以上的。

（2）自2019年1月1日起取得职业资格证书或职业技能等级证书，证书下发1年内可申请。

（3）取得证书和申请补贴时均属于企业职工的。

3．补贴标准

个人技能提升补贴标准按照取得证书的等级分为五档。

- 初级工（五级）：补贴标准为1000元。
- 中级工（四级）：补贴标准为1500元。
- 高级工（三级）：补贴标准为2000元。
- 技师（二级）：补贴标准为2500元。
- 高级技师（一级）：补贴标准为3000元。

同一职业（工种）同一等级只能申请并享受一次补贴。每人每年最多可享受3次。

4．操作指南

第一步，微信搜索公众号"北京人社"并关注。

第二步，点击公众号进入，点击微服务目录下的办理服务。

第三步，点击技能提升补贴。

第四步，注册并登录个人账号。

第五步，录入证书信息。

第六步，录入银行账号信息。与本市社保经办机构签约银行有16家，请选择其中一家银行的银行卡，作为补贴发放账号。

第七步，提交完成技能提升补贴的申请。

第八步，查询申请结果。

也可登录北京市社会保险网上服务平台（http：//fuwu．rsj．beijing．gov．cn/jntsbt/web/index．html）进行操作。

（四）职业技能与就业

开展职业技能培训是实施就业优先政策，实现更高质量、更充分就业的重要举措，是贯彻人才强国战略和创新驱动发展战略的重要支撑，是推动"六稳""六保"任务的重要抓手。2019年，国务院明确提出实施职业技能提升行动，用2019—2021年三年的时间，从失业保险基金结余中拿出1000亿元，用于5000万人次以上的职业技能培训。职业技能教育培训在提高劳动者素质、促进就业、实现经济增长方式转变和延迟就业、缓减就业压力、促进地方经济社会发展、增进社会和谐稳定中所起的作用日益明显。

就高职学生来看，拥有过硬的职业技能对实现就业及高质量的就业，有着显著的作用。

（1）职业技能是做好职业应该具备的专业知识和能力，是就业所需的技术和能力。没有过硬的专业知识和职业技能，就无法做好岗位工作。它是求职简历中非常重要的一部分，是企业非常关心也一定会去看的一部分。所以求职者一定要如实详细地填写好职业技能方面的资料，将自身的综合能力展现给企业，让企业更加了解求职者的能力及职业素质，提高求职成功效率。

（2）职业技能培训能够提高大学生实践技能、职业能力、职业素质，提高就业信心和职业技能，提高毕业生的就业率。学习成绩是企业衡量大学毕业生的一项重要标准。熟练掌握或精通某项专业技能，打下坚实的专业知识基础，永远都企业是对大学毕业生最基本的要求之一。刚刚毕业的学生只能称为"人材"，掌握了一定的专业技能的毕业生可称为"人才"，而能为企业和社会创造财富的毕业生方能称为"人财"。学生应该从自身能力出发，与社会实际相结合，自觉降低求职预期，通过职业技能培训努力提高自己的被录取的可能性，并在职场中不断充实完善自己。

（3）掌握一门专业技能是就业的根本，也是顺利就业的途径之一。学生树立正确的职业意识，引导学生选择适合自己又对就业有帮助的职业技能培训，精选职业资格证书考试，制订和落实好个人职业生涯发展规划。学生必须刻苦认真学习，提高综合素质；正确认识自我，明确职业目标，转变就业观念，做好职业生涯规划；在学习专业理论、专业知识的同时，还要注重通用技能和专业技能的学习，特别是熟练掌握和灵活运用的能力；拓展学习渠道，积极参加社会实践活动，提高人际交往与社会适应能力；利用各种渠道和机会了解自身所学专业、与专业相关的行业及市场需求信息，结合专业参加一些职业技能培训，考取职业资格证书。

二、职业技能提升途径与方法

高等职业教育就是要培养具有很强实践能力的应用型人才，掌握专业技术技能是高等职业教育学校学生的基本任务和基本素质。没有本事，没有专长的人，生存的空间将会越来越小。在一个工作岗位离开钻研业务谈进取，那是一句空话。提升职业技能是实现个人发展的必由之路。

（一）就学生个体而言

（1）建立合理的知识结构。当今科学技术飞速发展，社会生产发生着日新月异的变化。就知识结构而言，不仅对知识技能共性的要求越来越多，而且对就业者知识和技能的适应性要求也越来越强。大学生要具备：第一，宽厚扎实的基础知识。特别是随着科技和经济的高速发展，社会的产业、行业、职业结构调整的速度必然加快，高职学生在择业、就业上已不可能从一而终，职业岗位经常变动的状况不可避免。要适应这种变化，必须靠扎实宽厚的基础知识，只有把基础知识面拓宽，毕业后才能有后劲。第二，大容量的新知识储备。现代各类职业要求从业者的知识：程度高、内容新、实用性强。"程度高"指知识量大，面宽；"内容新"指从业者的知识结构中应以反映当今科学技术发展状况的新知识、新信息为主；"实用性强"指从业者的知识在生产、工作中有很强的实用价值。第三,扎实的专业知识。专业知识是择业的基础。随着社会的发展,学科专业越分越细,专业知识成为一个人成才的必备知识。高职院校毕业生的就业,是以生产、建设、服务一线岗位为主,这要求高职学生了解行业状况,能够适应行业发展需求,具备扎实的专业理论知识,不断学习新知识掌握新技术。

（2）培养较强的实践能力。实践能力是评价高职学生职业素质高低的重要标准。高职学生应当把积累知识、建立合理的知识结构和培养实践能力结合起来。一般来说,不同的学科和专业对其毕业生有着不同的能力要求,即要求具有从事本专业活动的某些专门能力。但是,无论什么专业的高职毕业生要想顺利就业并尽快有所成就,都必须具备一些共同的基本能力。这些基本能力包括:表达能力、动手能力、外语能力、计算机操作能力、学习能力、适应能力、人际交往能力、组织管理能力、创新能力、信息收集与处理能力、决策能力等。

（3）掌握专业技术技能,一方面应该认真学习专业技术理论知识,做到"应知";另一方面必须加强职业技能训练,做到"应会"。高职学生要主动作为,刻苦认真学习,积极参加实践活动,多动手,勤操作,重理论联系实际,提高自己运用知识的能力与实际技术水平。利用各种渠道和机会了解自身所学专业、与专业相关的行业及市场需求信息,结合专业参加一些职业技能培训,考取职业资格证书,掌握真正的实践操作技能;注重理论联系实际,提高自己运用知识的能力与实际技术水平。为求职立业做好必要的准备,适应未来的职业要求。

（4）对于毕业生来说进入职场绝不意味着学习的终止,恰恰相反是新学习阶段的开始,岗位工作对知识的不断更新以及技能的不断提升更加看重,因此,树立终身学习观念必不可少,自身不断地学习与提高是提升职业质量的保证,高职学生要运用已知的知识,不断学习。勤于钻研,并将所知所学运用到工作中去。

（二）就学校而言

（1）帮助学生树立职业意识,完善就业指导机构与制度,指导学生选择适合自己又对就业有帮助的职业技能培训,精选职业资格证书考试,制订和落实好个人职业生涯发展规划,为学生提供优质服务。

（2）职业技能培训的目的是让学生符合企业的要求,因此职业技能培训必须与企业需求相结合。学校教育的知识一般比较固定,具有一定的滞后性,而企业的工艺和知识在不断地更新。所以要加强校企合作,聘请企业家、企业管理人员、企业高级工程师参与到实践教学中,同时建立实训基地让学生接受最新的知识技能培训。例如,北京某高职院校与用友新道开办的新道特训营,与华财合作的"会计工厂",课程内容全部由企业根据实际业务内容和业务流程来安排,教师全部由企业资深会计人员担任,通过商贸行业、文化传媒行业、服务业等多行业的真实业务、真实场景的实训教学,让学生系统掌握多行业的真账实操业务技能,提升实践能力和业务处理水平。

（3）做好对毕业生就业质量的跟踪、分析、评价,从影响就业质量的要素入手,分析哪些要素与职业技能培训相关,有针对性地调整职业技能培训的政策和工作内容,提高培训质量。

（4）职业技能培训与大学生的职业生涯规划相结合。要考虑到学生未来的发展。现在很多学生参加职业技能培训的目的就是为了就业，找到满意的工作，没有考虑到未来的发展。但职业技能培训在人发展的整个过程中都很重要。职业技能培训的为了职业发展，职业发展就离不开清晰的职业规划，所以职业技能培训要与职业生涯规划相结合。

第四节　终身学习与素质提升

【案例导入】

教授的提问

当大学同学十年后到母校相聚时，教授对他们的成就很不满意，以前他认为其中几个弟子具有杰出才干，想不到十年过去了，他们却表现平平。教授问弟子们："你们当中有谁在毕业后平均每月看过一本书的请举手！"弟子们脸上都露出惭愧之色，没有一个人举手。教授说："一个月看一本书，对任何人都不困难，为什么你们一个人也做不到呢？难道你们认为在学校学习的那点知识已经够用了吗？难道你们工作中没有遇到任何问题，不需要学习新的知识来解决吗？"

案例分析：学一时，用一生。其实不是某个人的问题，几乎可以说是很多人共同的习惯。拿到某个文凭后，就认为自己已经具备了该门专业知识，不再下苦功去精进一步，只是顺便学习，也就是在工作中自然积累某些知识和经验，但是没有主动学习的劲头。他们的进步肯定不如那些不断学习的人快，在职业生涯竞争中也必然落后于人。

一、终身学习理论

党的二十大报告提出，"要建设全民终身学习的学习型社会、学习型大国。"教育从来没有像今天这样成为关系人类生存命运的重要前提，学习也从来没有像现在这样成为一个人最基本的生存能力。人人需要生存的智慧，学习生存之道。学习的能力，就是将来生存的能力、获取收入的能力。对所有人来说，终身学习都将成为一种回报无限的投资。在当今社会，若要说到何种教育理论或是何种教育思潮最令世界震动，则无疑当数终身教育。

（一）终身学习理论的形成

终身学习的思想由来已久。孔子认为："吾十有五而志于学，三十而立，四十而不惑，五十而知天命，六十而耳顺，七十而从心所欲不逾矩。"日本著名学者佐藤一斋的名言"少而学，则壮年有为。壮而学，则老而不衰。老而学，则死而不朽"，也是对终身学习思想的有力诠释。1994年，"首届世界终身学习会议"在罗马隆重举行，终身学习在世界范围内形成共识。

（二）终身学习理论的内涵

1. 终身学习的含义

终身学习是指社会每个成员为适应社会发展和实现个体发展的需要，贯穿于人的一生的、持续的学习过程。即我们所常说的"活到老学到老"或者"学无止境"。

在特殊的社会、教育和生活背景下，终身学习理念得以产生，终身学习提出后，各国普遍重视并积极实践。

2. 终身学习的特点

（1）终身性。这是终身学习最大的特征。它将学习看成是个人一生中连续不断的学习过程，学习的行为贯穿人的一生。

（2）全民性。终身学习的全民性，是指所有人都能够进行终身学习。当今社会中的每一个人，都要学会生存，而要学会生存就离不开终身学习。

（3）广泛性。终身学习既包括家庭教育、学校教育也包括社会教育。可以这么说，它包括人的各个阶段，是一切时间、地点、场合和一切方面的教育。终身教育扩大了学习天地，为整个教育事业注入了新的活力。

（4）灵活与实用性。任何需要学习的人，可以随时随地接受任何形式的教育。学习的时间、地点、内容、方式均由个人决定。人们可以根据自己的特点和需要选择最适合自己的学习。

3. 终身学习的意义

终身学习能使我们克服工作中的困难，解决工作中的新问题；能满足我们生存和发展的需要；能使我们得到更大的发展空间，更好地实现自身价值；能充实我们的精神生活，不断提高生活品质。学习是人类认识自然和社会、不断完善和发展自我的必由之路。无论一个人、一个团体，还是一个民族、一个社会，只有不断学习，才能获得新知，增长才干，跟上时代。

终身学习，讲的是人一生都要学习，学习将伴随人的整个生活历程并影响人一生的发展。人类从诞生之日起，学习就成为整个人类及其每一个个体的一项基本活动。不学习就无法认识和改造自然，无法认识和适应社会；不学习，人类就不可能有今天达到的一切进步。

当今世界正经历百年未有之大变局，我国正处于实现中华民族伟大复兴的关键时期，正向着第二个百年奋斗目标迈进。"当代中国青年生逢其时，施展才干的舞台无比广阔，实现梦想的前景无比光明。"作为新时代青年，我们要树立远大理想，锤炼意志品质，提升实践本领，要适应不断发展变化的客观世界，把学习从单纯的求知变为生活的方式，努力做到活到老、学到老，勇担时代重任，让青春在全面建设社会主义现代化国家的火热实践中绽放绚丽之花。

二、终身学习与职业素质提升

职业素质是一个人内在素养和品质的综合反映,是一种良好的职业精神和职业修养。一个人的工作能力由多方面的因素组成,既有"硬能力",也有"软能力"。所谓"硬能力",是指知识、经验、技能等。所谓"软能力",则是指创新意识、团队精神、处理突发事件能力等。"硬能力"的培养来源于专业学习,"软能力"的形成则更多地依赖于自我修炼。不管是"硬能力"还是"软能力",都与学习息息相关,离不开从业者持之以恒的学习。

(一)终身学习是时代发展的需要

(1)终身学习是时代对我们提出的要求。21世纪,知识总量翻了一番。过去一个人凭着从学校学得的知识,在工作岗位上就基本够用,但现在如果仅仅满足于在学校学到的知识,而不注意及时"充电",则远远不能满足职业发展的需要。

(2)当今社会,技术更新换代的速度让人目不暇接,信息技术的发展快速改变着世界,在经济发展的大潮中,随着制造经济转变为服务经济,知识的价值将越来越多地取代物质的价值,体力劳动者(生产型工人)转变为脑力劳动者(知识型工人)。为了生存,人们必须通过学习努力让自己成为复合型人才,以适应社会发展的需要,学习将成为时代的主题。

(3)终身学习是飞速发展的时代向我们提出的要求,21世纪是知识经济的时代,高新技术带动生产力突飞猛进,不断改变着我们的生存环境和生存方式,因此需要我们不断提高对新知识、新科技、新技能、新理念、新观点的掌控能力,通过学习跟上时代变化的步伐。

(二)终身学习是职业发展的需要

(1)随着社会主义市场经济的快速深层次发展,职业分类也越来越细化,越来越规范,出现了很多新的行业职业和领域。在工作中只靠原来学习的专业知识是远远不够的。只有不断地充实和完善自己的知识领域,适应新的职业和岗位要求,才能跟上时代进步的步伐。每个从业者都必须明白终身学习对自身成长和发展的重要意义,自觉地树立终身学习的观念,不断地通过各种学习提高自身的素质,以适应职业发展的需要。

(2)终身学习理念强调学习活动应贯穿人的一生,强调学习的连续性和一贯性。人的职业生涯是一个连续不断的发展过程。只有在工作中不断地进行学习,只有做好充分的准备,才能从容应对职业发展所遇到的各种挑战。

(3)时代在改变、社会在进步,每个人都身处这股革新的浪潮中。唯有学习才能使人成功,但一次成功并非终点,必须为获得下一次成功而不断学习。不懈怠地学习才是百战百胜的利器。如果我们不能紧跟时代步伐更新知识结构,不能对新知识、新技能保持好奇与敏锐,就可能落后于时代的脚步,成为别人眼里的"过去时",甚至被职场和社会淘汰。

（三）终身学习是实现人生价值的需要

（1）新时期社会的、职业的、家庭日常生活的急剧变化，导致人们必须更新知识观念，以获得新的适应力。

（2）终身学习可使我们紧跟时代的脚步，获得社会的认可、提高个人存在感、获得感，实现人生价值，个人生活的满意度也会随之提升，从而提升幸福指数。

（3）我们通过学习，是想要达到获得知识、技能、认知的目的，进而实现生活更幸福、人生更成功的目标。只有通过不断地学习，才能提高自身的各方面素质和能力，实现这个目标。

三、职业习惯养成[①]

（一）职业习惯的含义

职业习惯是指一个人长期从事某种职业而养成的极富职业特点的言谈举止。良好的职业习惯，并不是在短时间的入职培训就可以训练而成的。作为大学生，在做你的职业生涯规划的同时，就要注意培养良好的职业习惯。

（二）良好的职业习惯的培养

良好的职业习惯是职业发展的重要的因素。良好的职业习惯的形成是一个循序渐进的过程，必须从点滴做起，从每一件小事做起，从细节开始。

1. 在校阶段

作为高职学生，我们需要做到以下方面。

（1）强化良好的职业习惯意识。高职生在向社会职业人过渡的过程中，对未来从事的职业认识比较模糊。我们在校期间在明确职业发展方向的基础上要结合自己的技能和兴趣，及时调整自己的职业习惯，树立职业意识，为将来职业发展提供专业的保障。

（2）加强职业行为养成。学习专业知识，了解专业发展方向，提高职业技能，增强岗位适应能力，积极参加实习实训活动，深化对职业道德和职业精神的理解。同时加强自律，认真对待自己的一言一行，在日常生活的各个方面严格要求自己妥善解决日常事务，认真做好每件事。

（3）培养良好的思想道德素质。有正确的理想和信念，学会诚实，学会敬业，有爱岗敬业、乐于奉献的品格。还要培养良好的心理素质，豁达开朗、有高度的责任心，具有良好的人际关系和团结协作精神。

2. 进入职场后

当高职生毕业进入工作岗位后，又该从哪些方面来培养良好的职业习惯呢？

---

① 职业习惯. https://baike. baidu. com/item/％E8％81％8C％E4％B8％9A％E4％B9％A0％E6％83％AF/10407096?fr＝aladdin.

（1）时刻将自己行业的职业道德严格遵守。

（2）明确自己职业的岗位职责，依据工作内容认真做好每部分工作，在做工作中不断地完善工作方法，让自己的本职工作能够高效保质保量地完成。这是对自己岗位一个负责的态度。

（3）培养自我管理。可以分这五点。

一是心态的管理，工作中时刻保持积极的心态，因为消极的心态不会让自己的工作获得成功。

二是目标的管理，这一点很重要。将工作，自己的职业规划设定一个远期、中期、近期的目标，将自己的目标分解成年度、季度、月、周、日，明确明晰自己的工作内容和目标，这样的行为习惯会让你尽快到达成功的终点。

三是学习的管理，不断地学习进步，让自己在本岗位有所提高。

四是时间的管理，将时间分配好才能将工作效率搞上去，做工作分清轻重缓急、要事第一，这样既不会耽误工作又能在繁杂的工作中尽快地完成。

五是行为的管理，什么该为什么不该为是一个职业生涯中的关键。做好自己的本职，不断地将自身完善，少说多做多看。

（三）终身学习的习惯

在信息社会中，学习成为个人、组织，以及社会的迫切需要。努力建成"学习型社会"是我国全面建成小康社会的重要目标。只有整个社会成员都积极形成终身学习的习惯，才能真正地建立起学习型社会，并发挥出学习对社会发展的推动功能。以下对于如何养成终身学习的习惯，有 10 项具体的建议。

（1）养成阅读的习惯。阅读能够让你收获知识，收获经验，收获成长，能够为你答疑解惑。要找到每天适合自己的阅读时间，哪怕几分钟也可以，只要你空闲的时候就可以阅读。慢慢地积累，就会有所收获。

（2）制订适合自己的学习计划。根据自身的需求列出自己应该努力去实现的目标。可以是对一门新知识的学习计划，也可以是学习一项新技能，还可以是提升自身的某项能力等。学什么都可以，只要是想学的、需要的就可以列入学习计划，并按计划推进学习。

（3）结交更多的朋友。与那些有知识、有能力、有想法、有进取心的人多接触。这些人对自己有更高的要求和追求，会主动接受新事物、新观念、新知识。他们身上的进取心和学习习惯会互相影响。

（4）多思考多总结。对自己的学习和工作要多总结，找出不足之处便于下次达到更好的学习和工作效果。

（5）学以致用。学习要带着目的和需求去学。学到的知识要主动加以运用，这样才能让知识保值增值。

（6）与别人分享学习成果。将学到的知识分享给别人。如果能将学习到的东西用来引导别人，那么就可以巩固所学到的东西。

（7）温故知新。有些知识是很容易理解的,但是我们又会觉得很难抓住其本质内容,很难运用。因此,每隔一段时间就需要对所学的知识进行整理和二次吸收,这样可以使学习效果最大化,总结出更实用的知识。

（8）集体学习。终身学习并不意味着就非得自己学习,可以加入学习团体,既可以让学习变得有趣,还可以结识更多的人,获得他人的经验。

（9）利用哲学角度看问题。要学会用辩证的角度去看问题。不妨换一个角度换一种思维方式,大胆接受一些颠覆原有世界观的理论和知识,定会收到意想不到的效果。

（10）做没做过的事。做一件不擅长的事情,从而强迫自己去学习这方面的知识,会发现自己的潜力,体会一份成功的喜悦。

【技能训练】

训练项目1　工作责任意识训练

训练目的：理解工作责任感对职业活动顺利进行的重要作用,对个人职业生涯发展的重要影响,帮助树立工作责任意识。

训练内容：

（1）如果你的上级不在,需要你做出一些并不属于你职权范围内的决策时,你会怎么做?

（2）你在一家公司实习,在近期公布的实习考核中,你都未能继续留用,1个月后将离岗,你将如何面对这样的情况?

训练形式：学生分小组讨论,做出书面整理。

训练过程：

（1）教师做出训练布置和说明。

（2）学生分组讨论,整理成稿。

（3）各组学生汇报。

（4）教师点评总结。

训练结果：小组代表汇报。

训练项目2　服务意识训练

训练目的：建立服务意识,理解并体验优质、便捷、及时的服务是任何一个组织生存和发展的前提,对个人职业生涯发展起着重要作用。

训练内容：重要客户张经理（女士）及其秘书李女士乘坐飞机来京,与你公司进行业务洽谈,公司派你负责接待及后续的会务工作,你该如何开展工作。

训练形式：学生分小组讨论,做出书面整理。

训练过程：

（1）教师做出训练布置和说明。

（2）学生分组讨论,整理出方案。

（3）各组学生代表汇报方案，说明原因。

（4）教师总结点评。

训练结果：小组代表汇报。

训练项目 3　团队合作训练

训练目的：培养团队合作意识，认识到团队合作对企业发展的重要意义。

训练内容：模拟组建公司，并提交一份公司推广的广告创意，并现场推介，整理创意方案。

训练形式：学生分组进项，整理创意方案，并现场推介。

训练过程：

（1）教师做出训练布置和说明。

（2）学生分组讨论，商讨所组建公司的基本情况，整理创意方案。

（3）学生代表现场推介。

（4）教师总结点评。

训练结果：小组提交创意方案。

训练项目 4　职业素质分解对比表

训练目的：学会分析一个职业及所需要的素质，掌握职业素质提升的方向和方法。

训练内容：选定 2～3 个职业方向和未来的就业岗位，进行职业分析，总结出职业素质，增强职业修炼意识，梳理出职业素质提升的内容。

训练形式：每个学生单独进行，填写职业素质分解对比表（详见附件 5）。

训练结果：填写职业素质分解对比表，作为今后职业素质养成的指导方案。

训练项目 5　工作态度测试

训练目的：了解你目前的工作态度，并在此基础上不断地培养和树立良好的工作态度。

训练内容：根据个人情况填写工作态度测试问卷（详见附件 6）。

本 章 小 结

　　把握了解提高职业素质的路径和方法是开启职业生涯的必由之路，有利于同学们自我定位，提高就业竞争力；职场形象与职场礼仪的重要性在每个行业都有具体体现，良好的职业形象无异于赢在就业的起跑线上，良好的职业形象也会使得我们更容易在职场中收获成功。同学们要及时更新自我，不断学习新的技能、不断提升自身价值，才能增进自己的竞争优势。

第九章

职场适应与职业发展

📌【知识目标】

1. 学会适应职业环境；
2. 学会时间管理；
3. 学会目标管理；
4. 学会解决工作中的问题；
5. 提高职业发展力。

📌【技能目标】

培养环境适应能力；学会有效沟通；学会有效利用时间；通过称职度测评，发现优势和不足，学会对自己进行客观判断，扬长避短，适应新环境，早日实现从学生身份到职业人的转变。

📌【训练项目】

1. 环境适应训练；
2. 人际沟通训练；
3. 时间管理能力训练；
4. 职业称职度测量。

📌【案例导入】

人际关系的烦恼

下面是一个走上工作岗位不久的毕业生的一封来信，诉说了她踏上社会所遇到的在人际关系上的烦恼。如果是你，你会如何做呢？

敬爱的老师：

您好。我去年大学毕业，在您的帮助下，很顺利地就业了。由于我在学校时学习成绩很好,各方面都比较优秀,没有费力就被您介绍的一家比较大的公司录用做文员工作,我很喜欢这份工作,也喜欢公司的办公环境,薪水也不低。同学们都很羡慕我,我也很兴奋,下决心要好好干,早出成绩。所以,一到单位,我就表现得很是积极主动,早晨早到,打水扫地,领导交给的工作保质保量地做好,同事有事或不愿干的活儿,我也主动去帮忙,节假日值班,只要有人说一句"我有事",我就立刻表示我可以替她,我觉得我年轻,生活没负担,多干点没什么,这也是您常教导的。我父母也这么要求我,从小他们就教育我做人要踏实,对人要诚恳,我也确实一直是按照您和父母的教导去做的。可是,一年多下来,我觉得我的所有付出却根本没有得到应有的回报,反而在很多方面感觉自己很失败,尤其是在人际关系方面,我逐渐发现同科室的几位同事(三位大姐)总是在人前人后对我颇有微词,她们认为我太好表现自己,想踩着别人肩膀往上爬。所以,她们平时对我总是一副爱答不理的样子,有时甚至冷嘲热讽,特别是最近发生的两件事,更是让我气愤不已。第一件事,是我的一位主管领导由于我工作热情高、有成绩,找我谈了几次话,并且在全体会议上口头表扬了我几句,她们就讽刺我会拍马屁,而且和其他科室的人说我是在向领导施"美人计",气得我回家哭了一场。再有就是上个星期,领导向我们布置任务,别人都不表态,我就说"让我干吧",领导走后,一位大姐阴阳怪气地说:"这年头有饭吃也要分给别人一点,别吃独食太多把自己撑坏了。"气得我当时就摔门而出。老师,我就是不明白,我一颗纯洁的心对别人,我只想趁着年轻多干点,我从来不想伤害别人,为什么在实际生活中那么难得到同事的理解?现在,我很是心灰意懒,不知道怎么做才能让大家喜欢我、认同我,难道就只能放弃自己的理想去像别人一样混日子吗?

期待老师的回信,帮我解开这个难题,我到底应该怎么办?

您的学生:×××

案例分析:此案例比较典型地说明了社会是复杂的,职业竞争是客观存在的,仅凭自己的良好愿望是不能在社会上立足的。同时也说明,有些知识和能力在学校里和书本上是学不到的,即使理论上明白了,也需要在社会这所大学里进行实践和亲身体会才能化为自己的真本领。

很显然,这位同学是个心地善良、积极热情,但又太单纯的幼稚青年,现实生活的残酷性和自己没有经历风雨的稚嫩,使这位初涉职场的同学不知所措。她必须经历这一关,才能成熟和坚强起来。

后来,她接到了老师的回信,并按照老师的指点,很快改善了她和同事们的关系,现在同事们心悦诚服地接受了她。原来,她的同事们,有一位比她才大一岁,早一年到公司,有两位和她同龄,比她早来半年。论能力、气质、形象和敬业态度明显不如她,只不过又都是年轻气盛,又有点嫉妒心理,加上这位同学没有社会经验和心理准备,处理社会关系的能力当时较弱,就被孤立了起来,就感到委屈和无奈了。得到老师的指点后,她主动与她们接触,尊重她们,并诚恳地求得她们的帮助,很快她们成为好朋友。

记住那句话:社会总比我们想象的要复杂,但也比我们想象的要简单。大学生们在学校里不常说一句话吗，不经风雨怎能见到彩虹！你们要实践这句名言才能见到真正的彩虹！

职业是关乎人的生存、人生幸福、人生成功的试金石，是创造和实现人生价值的载体。不管上多少年学，最终也要走入职场，世上有许多路可以不走，但职业生涯的路不能不走，否则人生就失去了应有的意义。

作为职场新人，大学毕业生面对当前严峻的就业形势，如何应对和抉择职业，如何使自己的人生价值目标和社会的需求目标实现和谐统一，希望能通过本章学习有所启迪和帮助。

第一节 环 境 适 应

由于企业目标与高校教育目标的差异，习惯了校园生活的毕业生进入企业后，或多或少会出现一些不适应。请记住，社会不会因为适应你而改变，你必须提高环境适应能力，学会尽快融入企业环境，融入得越快，成长得越快。

一、融入新的环境

（一）团队更会令你光彩夺目

一个企业、一个集体就是一艘船，就是一个利益共同体，这艘船行驶得如何取决于船上的人是否各尽其责、各尽所能、同心协力。那么，这艘船上的人的命运也要受这艘船的命运所影响和左右。因此，同舟共济、合作共事就是对这艘船上的人的共同要求，谁影响或者破坏这艘船的正常行驶，谁就是这个命运共同体的叛逆，就会受到排斥、谴责，甚至驱逐。谁不能融入这个团队，谁不能和这个团队形成合力，那这个人即使再有本事也不会被欣赏和接受，也不可能有用武之地，更不可能取得事业上的成功。

因此，毕业生刚进公司，埋头苦干未必就好，融入团队更重要。个人与集体，就像一个音符与一篇乐章的关系，就像一个细胞与一个生命体的关系，就像一颗星球与宇宙的关系——只有尽快地体现自己适应和融入团队的能力，才能增加生存下来的砝码。有人说，如果把个人的光彩融入团队中，那么，你会发现，团队更会令你光彩夺目。如果想把事情做好、做成功，就要学会尽快融入一个团队中，在这个团队中找到自己的角色和职责。

（二）爱心和真诚——融入新团队的出发点

俗话说："路遥知马力，日久见人心。"正如林肯所说的："虚伪，只能骗人于一时，但无法欺骗所有人于长久。"如果仅仅为了功利的目的，只讲求技巧，耍耍嘴皮子，不真心诚意地与同事交往，人际关系无法长久维持。每个人的气质、性格各有差异，但只要始终用一颗真心、诚心去待人，总有一天别人会被你的真诚所打动。

（三）如何巧妙适应新环境，融入新团队

1. 先摸清所在单位、部门的情况

要做有心人，利用一切机会多看、多听、多记，尽快熟悉所在单位的组织架构、人际关系、规章制度、业务流程，这些是适应新环境的关键点，提前掌握这些关键点，可以让你在新环境里如鱼得水。

2. 调整自己的职业心态

踏入社会，你的"孩子、学生"的身份已经不复存在，应该学会调整职业心态，将大学时一些不适应社会的东西改掉，完成从校园人向社会人的转变，转变得越快、越彻底越好。

3. 调整自己过高的期望值

现实生活中，人们几乎出于本能地不断提高自己的人生期望值，这自然有其积极的一面，但一味不切实际地对现实和自己过于理想化，就陷入了自我期望值过高的心理误区，也许这就是有些人经常产生一种失落感，感到处处不如意、不顺心的心理根源。因此，职场新人在踏上工作岗位后，要能够根据现实的环境调整自己过高的期望值，尽量把期望值定的现实一些，与实际接近一些，这样，才容易与整个社会接轨，适应新环境。

4. 要尽快"入乡随俗"

入乡随俗是适应新环境的一种经验性要求。乍到一个新环境，你还没有能力改变它，只能适应它。再说，有些"俗"也不一定非要改变，它既然能够形成和生存，自然有它形成和生存的道理。有些礼仪、习惯，专门用语和术语、做事方式、交往方式是约定俗成的，你要尽量适应，而不要刻意改变。这样你才能产生归属感和亲切感，才不至于有局外人和另类的感觉，你心里才踏实放心。

5. 主动制造与周围同事接触的机会

（1）融入同事的爱好之中。俗话说"趣味相投"，只有共同的爱好、兴趣才能让人走到一起。应该对周围同事感兴趣的问题有所了解并尽量也感兴趣，这样同事也会对你变得很有兴趣，你们的思想感情就会自然靠拢，心就容易亲近，就会得到同事的尊重和接纳。

（2）多增进与同事的交往和沟通。在工作中，与同事、领导的交往与沟通可以分为两种：工作中的正式交往和工作之外的非正式交往。工作中的正式交往和沟通是"以工作为中心"，其特点一般是感情成分较少，工作成分较大，原则性较强，有相应的规章制度加以规范制约。工作之外的非正式交往和沟通也称"非工作角色交往与沟通"，它是同事之间、上下级之间以个人身份彼此进行的非工作性质的交往和沟通。如在一起打球、打牌、聊天、聚会、联谊、跳舞、唱歌、郊游等。其特点一般是感情成分多，工作成分少，交往的程度取决于个人的喜恶和价值标准，仅以道德规范加以约束。这两种方式，都要好好利用，多给同事和领导了解和接受你的空间和时间。

没有好人缘，好事也会和你无缘。美国行为科学家 F. 席尔说："成功往往是以'你认识多少人'而不是'你知道多少人'来衡量的。"只有融入了才能享受。

二、进入职业角色

当你被某个企业招聘并有志于成为其中一员时，就应当对自己有一个准确的定位，找准自己的坐标和角色地位，明确与自己的位置和地位相应的身份，尽快地认同并进入自己的职业角色。在分工越来越细、职责越来越清的现代社会，大家普遍认同一种工作法则，即工作到位而不越位。不到位你可能失去晋升的机会，而越位你可能失去工作的机会。

那么，怎样才能找准自己的位置，尽快进入职业角色，做到"到位"而不"越位"呢？

（一）明确常规性工作的职责权限

每一个岗位都有自己的工作职责和工作权限，必须明确并认真履行，只有这样，才能按角色规范行事。

（二）遵守角色规范，到位而不越位

工作到位，即遵照职责分工，按数量与质量标准、按时间要求和一定的工作规范完成工作任务。一般来说，领导当然喜欢工作能马上到位的新员工，如果不是工作态度问题，因能力和熟练程度的因素，工作中稍有些不足，领导也会宽容和理解，但不能令领导和同事容忍的是"越位"和"侵权"。那么，如何才能防止"越位"和"侵权"呢？

1. 不要自作主张越位决策

有些情况下，你作为新人只可参与意见，但涉及决策时还是以不插言为妙。即使是自己管辖范围内的事，也要慎重行事，在向师傅或领导请教后再做决定。

2. 不要急于进言越位表态

职场的情况是复杂的，作为职场新人经验不足，切不可自恃高明、喧宾夺主地轻易表态，尤其是超越了自己身份的表态，不仅是不负责任的，也是无效的。有时一个随意的表态，会使领导陷入被动，并给工作带来损失。

3. 守住自己的"阵地"，不要越位和侵权

主动抢着干自己分外的工作，有时未必是好事。因为，有的工作不该由你去做，你做了就会扰乱秩序、打破了规则，使工作陷入混乱。有的工作并不是所有的人都可以去干的，你去干了，无意中就干扰了别的部门或同事的工作，造成了你工作的越位并侵犯了他人的职权。这是典型的费力不讨好的事。做一个好人和做一个好的职业人有不同的标准，千万不能混淆。

4. 明确自己的身份，不要场合越位

上下级或新老同事共同出现在某些公共场合，要适当突出上级和老同事，不要张罗过度，更不要抢风头。有时需要退一步、慢半拍。

5．明确地位，沟通交往时不越位

工作上的地位是职责的不同、分工的不同，千万要有自知之明。如向上级请示、汇报，要态度谦虚，注意礼节，尊重上级。向上级提建议、出主意、提意见时要讲究措辞，切不可摆出比上极高明的姿态。

（三）对非常规性工作先请示后行动

对一些非常规性的、职责界限模糊的工作最好先请示上级自己是否该做，怎么做。否则往往会不自觉地造成越权行为，好心办错事，即不可轻易越"雷池"。

三、人际关系适应

（一）认识职场人际关系

人际沟通能力是日常生活中最基本、也是最重要的能力之一。近年来，随着"00后"大学生进入校园，人际交往的问题愈发突出，成为目前大学生公认的最难解决的问题之一。据调查结果显示，人际交往能力的提升已经成为当代大学生最为迫切的需求。在新媒体时代的大背景下，人们轻轻拨动手指就能和认识的或是陌生的人沟通、交往，然而人们经常沉浸于虚拟世界中的互动，却缺乏在现实生活中的正常交流，导致出现人际关系紧张的状况，这种紧张又加重了沉浸于网络虚拟交流中的愿望，由此形成恶性循环。

职场人际关系，是指在职场中各类人际关系的总和，也是个人职业生涯的重要组成部分。美国心理学家马斯洛认为，如果一个人被别人抛弃或被拒绝于团体之外，便会产生孤独感，精神会受到压抑，严重的还会产生无助、绝望的情绪。职场人际的好坏直接关系到个人的工作效果、工作满意度、工作幸福感、工作稳定性。每个人终究都要进入职场，工作将成为一个社会人最重要的生活内容，和领导、同事、下属关系处理得好坏，直接关系到每个人的生活幸福感。

（二）人际交往的原则

1．尽可能多交朋友

朋友是每个人人生中很重要的财富。"这些年，一个人，风也过，雨也走，有过泪，有过错，还记得坚持什么"，周华健的一曲《朋友》当年火遍大江南北，这首歌道出了朋友在一个人人生当中的重要位置。真正的朋友，能够让你看清自己，能够在面对人生重大决策时给你最真诚的建议，在面对挫折时给你最坚定的支援。

2．尊重他人，才能自重

我们和任何人交往的前提都是互相尊重，无论这个人是否贫穷、是什么职业，都应该尊重他。尊重别人是别人尊重你的前提，试想，如果你和别人对话时傲慢无礼，对方怎么会和你笑脸盈盈呢？尤其在职场中，因为来自不同的地域、学校，成长环境不同、家庭环境不同，每个人都有自己独特的个性和特点，首先要尊重他人的行为习惯、他人的不同生活方式，才能为开展良好的人际交往打下基础。

3．人与人之间需要距离

任何人都有自己的安全距离，有的距离大一些、有的距离小一些，就像每个人都有自己的心理舒适区一样，这是人的本能反应，当别人靠近并越过安全距离时，会觉得不舒服、不安全，甚至有被侵犯的感觉。职场中有些新人非常热情，他们通常不会注意到与其他同事的安全距离的问题，容易踏入别人的区域内而让人感觉不舒服。对此要学会看明白，有些关系亲密的朋友，安全距离会相对小一些；但如果是一般同事，还是要考虑对方的安全距离，不要越矩。

（三）人际交往的策略

1．找到自己的圈子，成为团队中的一员

生活中有很多圈子。圈子对个人的发展至关重要，俗话说"近朱者赤，近墨者黑"，如果想让自己变得优秀，就要学会找到优秀者的圈子，并让自己融入这样的圈子。优秀的人往往有个共识，就是和比自己更优秀的人成为朋友，进入共同追求的圈子，让自己成为圈子中的一员，这样自己也会变得更加优秀，同时这样的圈子也能够成为自己背后的力量。

2．避免以自我为中心

以自我为中心的人，会经常以自我的经历、自我感受的发泄为中心，很难考虑别人的感受，会让对方觉得自己的存在和立场被忽视，产生厌烦的情绪。试着多以"你"开始谈话，站在他人的角度去交往，这样开始的交谈才会让对方觉得自己被尊重，才能有一个愉快的开始。

3．放下手机

手机已经成为现代人生活离不开的必需品之一。它成为人们主要的社交内容和社交形式：用微信与同学和朋友进行沟通、用手机玩游戏、使用淘宝购买生活用品、用微博了解这个世界随时发生的各种事件……但由于手机使用的频率过高，对人们的生活造成了很多不利的影响：减少了人与人之间直接的沟通、占用了大量碎片化的时间、沉迷手机游戏而耽误工作学习……手机在慢慢成为影响人们人际交往的罪魁祸首，但究其根源却不是手机本身的问题，而是人们使用习惯的问题。我们可以通过手机了解外部世界，但手机决不能成为我们生活的主角。

4．在团队中建立良好关系

现代社会的发展模式早已成为"项目化""团队化"，任何一家企业、任何一项工作，离开团队的配合都完成不了。因此，无论是在大学生活中，还是在职场中，都要学会如何在团队中建立良好的人际关系。在团队合作中，要找到适合自己的位置，并尽力发挥自己的作用；要学会尊重别人、站在别人的立场考虑问题；要善于思考，能够提出有建设性的意见；要有大局意识。只有建立了良好的人际关系，才能为自己未来顺利走入社会、走好职场路奠定基础。

第二节 时间管理

每个人的生命都随着时间河流的昼夜奔腾而日渐消逝。可见，时间就是生命，时间就是效率，时间就是财富，时间就是商机。尊重时间就等于尊重自己和他人，时间管理的重要性不言而喻。苏联教育学家苏霍姆林斯基认为："促进自我教育才是真正的教育。"最基础的自我教育就是"珍惜时间"，最基础的管理就是时间管理。

一、认识时间管理

（一）时间管理的概念

时间管理是对时间的利用和运筹，包括需要确定的过程、设置目标满足需要、建立优先级和计划达到目标的任务。在这个定义的基础上，产生了现代的时间管理思想。时间管理不仅是一个概念，它更是一个方法，能够让我们变得更高效、防止内心产生失落、走出迷茫，同时能够认识到生活的真正意义，实现内心的平静。

（二）时间管理是事业成功的关键

每一个人都应该了解时间管理对自己事业的重要性，具有一个良好的时间管理习惯不仅能够提高自己的工作效率，还能够促进自己事业的发展。因为人一旦有了时间管理的概念，就会具备珍惜时间的意识，并且会尽可能早地完成自己的工作，以腾出更多的时间，做更多有利于工作的事情。因此，有效的时间管理无论是在校园还是职场中都是很有必要的。

但是，在实际工作中，许多人对于时间管理了解的并不是很多，甚至没有将其放在心上。他们经常出现下面的情况：做事没有轻重缓急之分，经常本末倒置，忙碌于无关的事情上；喜欢事事向上级或下属请示汇报，大部分的时间花费在无意义的事情上，大幅降低了工作效率；对自己熟悉和喜欢的事情尽快做完，对难度较大的、不感兴趣的事情则拖延处理。

以上是没有时间管理概念的人经常会出现的状况，对于他们而言，总认为耽误的是自己的时间，通过延长自己的工作时间来解决同样的问题，对于公司而言并没有造成损失。实则不然，自己的时间也是有成本的，同样的事情，一个小时可以做好，但是却花费了两个小时，甚至更多，尽管最终事情都同样处理了，但是却浪费了更多的时间，即自己投入了更多的时间成本。

时间是有价值的，因此，强化时间管理对于自己而言是非常重要的。简单来说，管理是人们为了能够达到某个预期性的目的或某类活动所进行的决策、计划、组织以及控制的总称。而时间管理则是在同样的时间消耗之下，为提高时间的利用率和有效性而进行的一系列控制工作。也就是说，进行时间管理就是拒绝时间浪费，通过一些科学有效的方法来管理自己的时间，以趋近于预期目标。

在这个飞速发展的新时代，谁能用同样的时间做更多的事情，谁就比别人更具优势,发展得也会更好,而一味地停滞不前,或没有时间观念、前进缓慢的人最终会被时代抛弃。因此,任何人都要正确看待时间,并进行时间管理。

二、时间管理的困惑

为什么会出现经常感到很忙碌,但却没有收获的状态?

首先,缺乏目标。中学时代,学生唯一的目标是考上大学,每天的学习虽然很辛苦,但是却很充实。来到大学后,失去了考大学的目标,面对学习、人际交往及提升能力的各种活动,学生们不知道什么是自己想要的、什么才是重要的。

其次,欠缺科学合理的时间规划教育。文化课的学习是上大学之前教育的主要内容,其中往往缺乏时间规划教育。来到大学后,经常有忙不完的作业、参加不完的活动,有时又会出现大把的空闲时间,感觉一下子闲下来不知道该干什么。很多同学为了打发时间而开始沉迷游戏,整日窝在宿舍里,即使还有没写完的作业,也觉得时间来得及而放在一边,拖沓、懒散,导致所有的事攒到了一起,容易产生不能按时完成工作的后果。这样一来,不仅打击了自信心,降低了工作热情,也阻碍了发展。

三、时间管理的方法

（一）设定目标

俗话说,"好的开始是成功的一半。"目标就像河对岸的灯塔,为了到达灯塔我们会沿着这个方向不断地努力,一段时间后就到达了彼岸。哈佛大学曾经对毕业生做过一项调查,发现只有3%的人有远大并明确的目标,而这些人后来成为各个领域的精英。所以说,合理的目标设定可以直接影响计划的成功与否。

（二）解决"拖延症"

百度百科对拖延症的解释是自我调节失败,在能够预料后果有害的情况下,仍然把计划要做的事情往后推迟的一种行为。拖延是一种普遍存在的现象,一项调查显示大约75%的大学生认为自己有时会拖延,50%的认为自己一直拖延。严重的拖延症会对个体的身心健康带来消极的影响,如出现强烈的自责情绪、负罪感,不断地自我否定、贬低,并伴有焦虑症、抑郁症等心理疾病,一旦出现这种状况,需要引起重视。

要想解决拖延症,就要在原本的截止日期之前,给自己设置一个截止日期,这个日期不能太靠近原定的截止日期,否则就失去了它存在的意义;还可以把我们的任务加些游戏元素,把本来无趣的任务变得有趣,如果完成了还可以给自己一点小小的奖励,可以给自己加个鸡腿,或者奖励自己一场电影之旅;如果你同时要完成很多事项,在众多事项中先把它们按照你的喜好进行排序,把最不想做的事情排在前列,首先攻克这些事项,再做自己感兴趣的事项,心情会有很大的不同。

（三）解决干扰事项

在学习生活中,很多时候我们已经安排好了一天的内容,但总是被众多事项干扰,比如你已经安排好下课去图书馆自习,突然同学约你打球、社团的部长让你开会、宿舍同学请你帮忙拿快递,你怎么做呢?

首先,要有自己的计划,除去一天中必须做的事项,如上课之外,剩下的时间要安排好自己的计划,几点开始写作业、几点去吃饭、几点要和同学打球、几点要去图书馆看书,根据自己一天的任务列好时间表。在执行过程中,会有不同的事项干扰我们,对于不必要的干扰要学会拒绝;必要的干扰要立刻处理好,不占用太长的时间;必要的、但不合时宜的干扰,要学会转移,将其列在其他时间的安排里。做计划的好处是可以帮助我们高效率完成任务,同时提高我们的收获感和成就感,提高生活质量。

(四)学会区分事项的重要优先级

生活中充斥着众多的生活事件,有时候忙于低头工作,经常忘了去区分这些事情哪些是重要的、哪些是紧急的、哪些是不重要的、哪些是不紧急的。如果你是一个完美主义者,你会要求自己把生活中的每一件事都做到井井有条、高质量、高评价,但这样做的后果是经常不能按时完成计划或者丢掉了某事。

实际上,在工作和生活中,可以根据事件是否紧急、是否重要来给众多生活事件排序。以紧急程度为横坐标,以重要程度为纵坐标,可以看到四个不同的象限,如图 9-1所示。

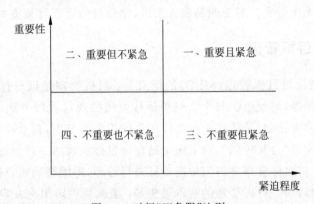

图 9-1 时间"四象限"法则

第一象限是重要且紧急的事项,一般包括突然接到的重要任务、快到截止时间的任务或燃眉之急的任务,这类事情会让人感到压力很大,要立即、尽快去做,不要拖沓。第二象限是重要但不紧急的任务,一般包括提升自己的计划、和朋友的情感沟通等,对我们来说很重要,但不急于一时,对于这样的事项要制订好计划,按照计划淡定从容地完成。第三象限是不重要但紧急的事项,比如突然出现的干扰电话、需要尽快回复的QQ 或微信,对于这类事项要学会快速完成或直接拒绝。第四象限是不重要也不紧急的事项,一般包括日常生活中的闲谈、应酬、看热闹等,要尽量减少在这类事项上的时间投入。总的来说,我们要区分好周围的各类事项属于哪一类,自己要根据轻重缓急排出顺序,做好计划,才不会方寸大乱、碌碌无为。

（五）找到核心价值观

我们总是迫切地专注于我们认为很重要的事，这些事后来却被证明一点都不重要。在设置目标的时候我们经常发现，不知道如何判断哪些事情是重要的、哪些事情是不重要的；在生活当中，我们经常忙来忙去，却不知道最后为了什么而忙，感觉没有任何收获和成就感。学会时间管理的目标不仅是为了使我们的学习工作更高效，更是为了幸福的生活。所以，在设置目标之前，要考虑清楚你的核心价值观是什么，你追求什么，你想要什么。如果你的大学规划是为了升学，为了更加深入地学习本专业，那么你的核心价值观应该是学习，应该在设置目标时把学习效率放在第一位；如果你的追求是提升自己各方面的综合能力，能够在未来谋求一份高质量的工作，那么你在设置目标时应该给自己腾出时间来参加实习和实践。价值观不同，未来你要走的路也不尽相同，努力的方向也不同，但是有一点还是要提醒大家：在学生时代，学习永远是第一位的，不要本末倒置，耽误学业。

第三节 目标管理

人是不能没有目标的，缺少目标的生活，犹如失去马达的小船，会让我们失去前进的动力，让我们无所适从。对于职场新人来说，学会目标管理意义重大。

一、认识目标管理

经典管理理论对目标管理（MBO）的定义为：目标管理是以目标为导向，以人为中心，以成果为标准，而使组织和个人取得最佳业绩的现代管理方法。目标管理也称"成果管理"，俗称责任制，是指在企业个体职工的积极参与下，自上而下地确定工作目标，并在工作中实行"自我控制"，自下而上地保证目标实现的一种管理办法。

一般的概念将目标管理理解为根据目标进行管理，即围绕确定目标和实现目标开展一系列的管理活动。目标管理的基本思想是：根据管理组织在一定时期的总方针，确定总目标。然后将总目标层层分解，逐级展开。通过上下协商，制订出各层次、各部门以至每个人的分目标，使总目标指导分目标，用分目标保证总目标，从而建立起一个自上而下层层展开，自下而上层层保证的目标体系，最终把目标完成的情况，作为考评管理绩效的依据。目标管理作为一种完整的管理思想和管理方法，是以往管理理论的历史延续，同时也是在管理实践中逐步发展完善起来的。

目标管理起源于企业管理，但目标管理同样能够作用于我们的日常生活。

二、目标的分类

根据不同的行业、不同的用途，目标可以分为多种类型。对于大学生来说，最有效的目标分类可以根据时间的长短来划分，一般分为长期目标、中期目标、短期目标。

长期目标是我们的最终目标，时间跨度比较大，一般为 5～10 年。长期目标并不是清晰的具体事项,而是一种实现难度较大,同时对自己有方向性和激励性的追求。

中期目标是我们根据长期目标而制订的、时间跨度一般为 5 年之内的目标。中期目标较之长期目标更加清晰,但又不具体,它反映的是你一个时期之内的奋斗追求。

短期目标是十分具体的、清晰的目标和任务,它将长期目标和中期目标分解,是长期目标和中期目标的一部分,同时它的不断完成又能推进中期目标和长期目标的达成。

需要注意的是,长期目标并不是一种愿望和希望,不是一种幻想,而是具有可实现的现实性,是通过我们的努力能够达成的目标。目标,就是我们的奋斗方向。一个目标并不只是一个设想,而是一个能够得以实施的设想。长期目标、中期目标和短期目标没有严格的时间界限,5 年、10 年甚至 20 年都是我们根据自己的人生规划而设定的符合自身情况的目标。对于现阶段的高职大学生来说,可以根据自己大学三年的规划,以大学三年为节点,设置长期和中期目标,但短期目标应该根据大学生的自身特点,设置可操作性强的计划和任务,以一周或一天为界限,便于实现和总结。

一个目标不只是模糊地"希望我能",而是明确的"这是我的奋斗方向"。设定明确的目标,是所有成就的出发点,那些 98% 的人之所以失败的原因,就在于他们从来都没有给自己设定明确的目标,并且也从来没有踏出他们的第一步。从明确目标中会发展出自力更生、个人进取心、想象力、热忱、自律和全力以赴,这些都是成功的必备条件。

三、设定目标的原则

(一)SMART 法则

参见第三章第二节中的"确立职业生涯目标的原则"内容。

(二)知己知彼

在确定目标之前,还要做一项基础工作,即知己知彼。

知己,即了解自己的初衷,即为什么要设立这个目标,自己目前的能力和水平,为了达到目标自己的毅力和努力程度。了解自己是开展一切计划的前提,要实事求是,不好高骛远,也不妄自菲薄。

知彼,即分析你要完成的目标。设定的目标首先不能脱离实际,要符合自身发展的程度和规律。脱离了实际的目标就是空谈,即使付出了再多的努力也不能实现,容易挫伤主动性和积极性。其次,要达成的目标是理性的决策,而不是出于一时的冲动和热情。大学生们正值意气风发、激情四射的青春时期,容易受多种因素的影响只凭一时的热情做出决定,这样的目标在执行过程中容易出现"三天打鱼两天晒网"的现象,同样不能顺利达到目标。

四、执行目标

目标设定后,接下来要实施目标。设定目标容易,但执行起来就不容易了。俗话说，好的开始是成功的一半，做任何事最大的困难往往不是这件事的难度，而是缺乏开始的勇气。为什么很多同学明明按照目标设定的原则去做了，但还是收效甚微或失败了？原因有两个，一是在目标制订环节出了问题；二是在执行过程中出了问题。

目标制订后要严格按照设定的规则和要求执行。在执行过程中有几个小方法可以帮助我们顺利地完成目标。

（一）把目标时刻呈现在自己的眼前

把今天要完成的任务和目标写在纸上，或者找一个自己喜欢的彩色便利贴，或者写在自己的日程表里，把这些可视化的提醒贴在宿舍书桌上，或者制成图片作为自己手机和计算机的桌面，当你松懈时可以随时提醒你。注意力有助于保持长期的热情——一旦失去注意力就会丧失热情，因此用一些办法让你的目标牵住你的注意力将帮助你保持热情。

（二）给自己一些奖励

很多时候我们往往容易被惰性打败，要适时给自己一些奖励。奖励能够使人获得成就感，重拾信心，继续上路。小小的奖励发挥着大大的作用。每个小目标都应有相应的奖赏。把小目标排列成表，在每项的旁边写上合适的奖励。"合适"是指符合现阶段的实际情况，不能把完成最终目标的奖励放在前面，一旦获得了这样的奖励，则容易失去后面前进的动力；还有别让这样小小的奖励毁了最初设定目标的初衷，如果你正在减肥，就别用一顿暴饮暴食奖赏一天的健康饮食，这会有违初衷，结果必然是失败的。

（三）为执行目标找一个训练伙伴或志同道合者

靠自己保持热情是艰难的，可以找一个目标相仿的人（升学、健身、减肥等），看看他是否愿意成为你的搭档。你可以选择你的宿舍同学、同班同学或者自己的其他朋友作为实现目标上的搭档，互相激励、共同进步、迈向成功。

有一个训练伙伴或志同道合者很棒，因为你不仅要检视自己——你还得向另一个人汇报，每周或每天你都可以和搭档碰面，所以必须坚持训练、坚持目标，没人愿意让别人失望或在别人面前丢脸。

（四）为目标建立友好互助的竞争机制

人类或多或少都具有竞争的天性，而我们则可以利用这一天性来激发自己实现目标。如果你有一个训练伙伴或志同道合者，你们应尽力建立一种友好的竞争机制。每周或每月看看谁走得更远，看看谁的复习进度更快，看看谁的努力更有效果。

当然，如果你们并不势均力敌，建立竞争是不公平的。你的伙伴可能比你跑得快或更具经验，那么就分别设定目标，或者量化各自的表现。或者，让弱势者先启动——另一方试着赶超，关键在于，改善竞争中的实力不均，使之保持平衡，否则激励效果在双方身上都不会显著。

建立双方都将迎难而上的挑战，然后行动。各人的挑战会有所不同，而竞争的意义在于看谁能完成自己的挑战。

如果竞争的确是友好的,你会希望对方表现得同样好。因此即使在竞争中你也会帮助对方。你在给予对方鼓励时,自己也在给自己加油打气。虽然在竞赛,但是我们也都希望对方能坚持到底。谁先冲线并不那么重要,只要我们都尽了全力,最终能够完成比赛。

补充技巧:同自己竞争。如果你已经开始实施目标,比如健身,那么同每过去一周里的自己比较,这同样很有意思。

(五)定下执行目标的规则,绝不连续两天停滞不前

这不是指每天都有所行动,而是在为目标所制订的计划日中不要停滞。比如,周一、周三、周五是计划日,不要在这些天里连续两天无所作为(错过周一,务必在周三有所行动)。所有为目标制订的任务日程都要切实得到执行。

这条规则是考虑到我们总是时不时地放自己几天假而制订的。人无完人,停滞一天不会意味着永远脱轨。而一旦连续两天停滞不前,那么不久两天就会变成三天,如此便会使计划不断滑坡,要杜绝发生这种情况。长期停滞后重整旗鼓比只跳过一天要难得多。比如只错过一次练习,能量还会延续,要将它保持住。一旦长期坚持从而见证自己取得的进步,坚持就将变得更容易,如此便进入良性循环,成功便会水到渠成。

第四节　提升问题解决能力

问题是工作中需要解决的矛盾。矛盾的普遍性原理告诉我们,任何事物都充满了矛盾,而事物的不断发展变化,决定了矛盾也总是无处不在、无时不有。习近平总书记指出:"问题是事物矛盾的表现形式,我们强调增强问题意识、坚持问题导向,就是承认矛盾的普遍性、客观性,就是要善于把认识和化解矛盾作为打开工作局面的突破口。"解决问题的能力是员工最关键的能力。

一、发现问题

古往今来,人类总是在不断发现问题、研究解决问题的过程中前进的。发现问题,是解决问题的良好开端。那么,怎样才能做到善于发现问题呢?

(一)增强问题意识

所谓问题意识,是指人们对待问题的态度和认识问题的感悟性,从哲学角度讲,是人们对存在问题的能动性、探索性和前瞻性反应。唯物辩证法告诉我们,矛盾无处不在,问题无处不在。工作的过程就是不断发现问题、解决问题的过程。作为职场新人,一定要有问题意识。增强问题意识,目的在于解决问题,核心在于分析问题,关键在于认识问题。问题作为一种客观存在,有的显而易见,有的深藏于复杂的表象之中,有的则通过别的形式反映出来,只有保持强烈的问题意识,才能增强洞察问题的敏锐性。

问题的形成和发展，必然要具备一定的条件，经历一个时间过程，越早发现问题越小，越晚发现则问题越大，解决的难度也就越大，甚至会吃大苦头。有了强烈的问题意识，才能及早发现问题。

（二）发现问题的方法

1. 调查问卷法

调查问卷法就是通过设计问卷的方法收集工作中的相关问题，比如，员工培训需求调查问卷、员工满意度调查问卷、企业文化调查问卷等。通过问卷的发放、填写、回收和统计，发现工作中的问题。

2. 访谈（询问）法

访谈（询问）法就是先设计访谈提纲，然后调查人员对相关人员进行电话访谈、面谈、会议讨论，从而收集工作中存在的相关问题。

3. 现场观察法

现场观察法就是调查人员到工作现场通过实际观察的方式对工作人员的工作态度、工作行为、工作效率等进行观察，从而发现存在的问题。

4. 指标分析法

指标分析法就是通过对相关指标的数据统计、分析发现某些指标存在的问题，比如，通过对月度销售额指标、利润指标、客户满意度指标、员工流失率指标统计，然后与目标/标准对比，从而发现问题。

5. 小组讨论法

小组讨论法就是通过进行小组成员头脑风暴的方式提出工作中存在的相关问题，然后再经过分类整理，确定需要解决的问题。

6. 关注他人的抱怨

关注他人的抱怨就是通过关注领导、上级、员工、客户等相关人员的抱怨，进而作为计划解决的问题。

二、问题解决策略

（一）消除

所谓消除，即尝试消除某个问题，这是最常见的思路之一。比如，当你工作中遇到某个问题或麻烦时，你第一时间想到的是如何将这个问题或麻烦消除。问题或麻烦就像阻挡在我们前进道路上的石头，我们首先想到的是如何将这块石头挪开，以便自己能够顺利通行。

（二）避让

所谓避让，可以理解为绕道而行，暂时阻止问题蔓延。比如，一块大石头挡住了我们的去路，如果我们无法搬开大石头，也可以选择直接从石头上跳过去，或踩在石头上走过去。如果两种办法都行不通,还可以选择绕开大石头。

当然,避让问题的思路并不是从根本上解决问题的策略,而是针对那些不紧急、不重要的问题,当我们时间不允许时,我们可以暂时避开它,把时间和精力用在紧急且重要的工作上。等我们处理了紧急且重要的工作后,再回过头处理它。

(三)转用

所谓转用,是指有没有其他的使用方法。路上有块大石头挡住了你的去路,在你无法搬动它、无法绕开它的时候,你可以打个电话给朋友,看看谁家需要大石头?或建房子,或拿去修路、填坑,只要有人需要,马上叫他过来将石头运走,这样你不就把问题解决了吗?

对于企业里的问题,我们也可以用这种思路寻找解决问题的对策。比如,火电厂会产生大量余热,包括烟气和循环水等,如果把这些余热排入大气或江河,不仅会造成余热被大量浪费,同时还会造成环境热污染。于是,人们把火电厂的余热加以回收利用,给城镇居民集中供暖,这样既能达到节约能源、保护环境的效果,还能保证火电厂的安全稳定运行。原本是废弃物,但转换思路,立刻就找到了"变废为宝"的妙计。

(四)借用

所谓借用,是指能不能借用类似的方法。比如,借鉴同行的成功模式、成功经验,借用本公司曾经成功的解决方案。当然,借用还指自己无法解决的某个问题,通过聘请专业机构、专业人才来解决。比如,有些大企业遇到了疑难问题,自己解决不了,就向麦肯锡公司咨询,请他们的管理咨询顾问给出解决方案。

(五)变更

所谓变更,是指通过改变原来的事物形态达到解决问题的目的。比如,某部门主管能力有限,管理成效较低,自从担任主管后,部门问题层出不穷。公司经多方研究,撤销了他的主管职务,重新任命了一位有能力的员工担任该部门主管。结果,由于新主管能力出众,很快就解决了部门的问题。再比如,原来的产品卖得不好,厂家就改变产品的颜色、外形等因素,从而达到提高产品销量的目的。

(六)扩大

所谓扩大,是指尝试扩大或者延长。比如,将工作空间或者工具扩大、将传送带延长、延长工作时间、增加频度等,都属于扩大的方法。比如,某地小商店随处可见,其中一家商店老板见自家生意惨淡,就想到了扩大商店规模,把自家商店扩张为周边 3 公里范围内的大超市。与此同时,增加超市经营的产品种类。这一举措很好地吸引了周边的消费者,超市生意十分兴隆。

(七)缩小

所谓缩小,与扩大相对,是指尝试缩小、缩短或减少。比如,将仓库与卖场的距离缩短,以减少运输费用和运输时间;缩小店面空间,以减少店面租金的压力;减少会议的次数和缩短每次会议的时间,以降低时间成本,从而提高大家的工作效率。

（八）代替

所谓代替，是指用某些物品或材料代替原来的物品或材料。比如，企业在生产某种产品时，发现使用 A 材料的成本太高，于是积极思考对策，后来想到用材料 B 代替材料 A。如此一来，产品功能没有变化，但材料成本却大幅降低，这样就提高了企业的利润率。再比如，有些企业原来是产销一体的，后来，他们将产品制造业务外包给其他公司，自己只做产品销售这块业务。

（九）颠倒

所谓颠倒，并非完全的本末倒置、因果倒置，而是指把工序进行调整，或将产品配件所在的位置加以改变。比如，将职务权力加以颠倒，让一线员工遇到问题时，自行决策。再比如，将生产线上的生产工序颠倒，把原来处于三道工序的工作，调整到第二道工序做，以达到提高生产效率、提高产品生产质量的目的。

（十）组合

所谓组合，是指进行有效结合，手机和相机组合，产生了拍照手机；手机与计算机组合，产生了智能手机，这就是典型的代表。再比如，企业将组织和人员重新组合，将员工按照兴趣和特长组合成一个个工作小组，使每个小组的成员之间能够实现优势互补、性格互补、老少互补、男女搭配。这样彼此之间相互促进，就更利于提高工作效率。

三、行动力

（一）认识行动力

所谓行动力，是指一个人将目标用高效的行动转化成结果的能力。行动力是职业典范最为明显的特质，它和执行力、创新力一样，都是高效工作必不可少的要素。

马克思有句名言："哲学家们只是用不同的方式解释世界，而问题在于改变世界。"事实上，人的一生中能取得什么样的成果，能取得多少成果，并不完全在于是否有思想、有头脑，也不完全在于一个人的家庭条件是否优越，而在于是否具备行动力。具备行动力的人，无论从事什么样的工作，都可以在工作中取得一番成绩。

2022 年世界技能大赛特别赛冠军，来自广东省机械技师学院的周楚杰，从 2016 年暑假进入数控铣项目竞赛小组，开始了与数控设备为伴的日与夜。每天除去午休和吃饭时间，开启了 12 小时训练模式。有时，完成一个模块需要 5 个小时，中间不能间断，他常常会错过饭时。新型大国工匠周楚杰用自己的行动力，把零件做得漂漂亮亮，赢得了世界赞誉。

（二）提高行动力的方法

1. 设定目标，制订计划

"伟大的目标构成伟大的心灵，伟大的目标产生伟大的动力，伟大的目标成就伟大的人物。没有远大的目标会使人失去动力，没有具体的目标会使人失去信心！"所以，人生一定要有目标,没有目标,就像无头苍蝇,迟早迷失方向。作为职场新人,不但要有清晰的目标,还要讲求科学合理地制订目标,同时制订实施达到目标的计划。工作计划就是明确自己要做什么事,以及完成这些事的方法等。工作计划是提高工作效率的前提,也是完成工作任务的重要保障。成功的职场人,是心中有数、计划性特别强的人。因此,做任何工作都应有计划,以明确目的,避免盲目性,使工作循序渐进、有条不紊。

2. 坚定信心,忠于工作

首先,当我们开始行动的时候,要在心底坚定自己所许下的诺言,而且每天必须付出百分之百的努力让自己保持足够的动力,只有这样我们才能完成工作。其次,要对自己所做的工作保持忠诚,这样才能以正确的心态面对自己的行动。

3. 克服懒惰,积极行动

古往今来,成功人士都是雷厉风行,做任何事都不会拖泥带水。他们在实现梦想的过程中,从来不会放过任何机会。一旦机会出现,哪怕只有千万分之一的希望也会努力地展开行动,将其握在手中。与之相反,懒惰的人往往做事拖拉,在机遇面前懒于行动,从而让机遇白白从手中溜走。在日常工作中,要行动起来,克服惰性,养成勤奋的好习惯。因为,行动是实现梦想的唯一途径。

4. 顾全大局,勇于担当

优秀的员工能从大局出发,在事关大局和自身利益的问题上,能以宽广的眼界审时度势,以长远的眼光权衡利弊得失,自觉做到局部服从整体,自我服从全局,眼前服从长远,立足本职,甘于奉献。愿意在岗位上从小事做起,把个体长远发展目标建立在大局发展的基础之上,以公司整体利益为重。这种统观全局、服务大局的优良素质,带给员工工作的动力。

5. 注重细节,精益求精

"天下大事,必作于细;天下难事,必成于易。"无论是做事还是做人,都要注重关键,把握细节。随着现代社会精细化程度和专业化程度发展越来越高,要想使整个社会体系都能正常运转,就需要每个人努力培养自己关注细节、把事情做精做细致的能力,只有把每一件小事做好、做精、做到位,才能做大事。在工作中,细节有助于提高职业素养,有助于个人在激烈的职场竞争中立于不败之地,细节也是帮助职场新人在工作中做出一番成绩的法宝。

第五节　提高职业发展力

"物竞天择,适者生存"这句话很好地说明了适应能力的重要性。世界上的万事万物都在不断地变化,要想在如今竞争异常激烈的时代中成为一名成功者,唯有不断地加强自己,提高自己的适应能力;唯有较强的适应能力才能适应现实生活中的变化,才能在各种不同的工作交际环境中如鱼得水、从容自如。

一、建立积极心态

（一）认识你的心态

"心者,形之君也,而神明之主也。"说的是心态和情绪对人的影响非常大。同样,在未来的职场里,绝大部分的痛苦和纠结都来自没有正确的心态、无法管理自己的情绪以及由人际关系产生的问题。无数成功的范例告诉我们,建立积极的心态是快乐工作和做事成功的起点。

心态即人的心理状态。没有谁能够决定整个世界,但人人都能决定自己的心态。你自己的心理、思想、感情、精神完全由你自己的心态创造。人的心态分为积极的心态和消极的心态两方面。那么,这两种不同的心态各有什么作用呢?

积极心态是做事渴望成功的人必须具备的心态,积极心态具有惊人的力量:它能创造健康和快乐、创造成功、创造财富;它能获得朋友、消除烦恼;它能使你的人生充满辉煌。

消极心态同样具有惊人的力量:它拒斥健康和快乐,拒斥财富,使你远离成功;消极心态使你的朋友离你而去,使你愁上加愁、苦中添苦,它只会使你的人生黯然失色。

（二）培养建立积极心态的好习惯

古希腊哲学家亚里士多德给习惯下的定义是:"所谓习惯就是不停重复的动作。"积极的心态不是一朝一夕突然练就的,所以我们就得用心去不断地重复训练,让好习惯真正代替坏习惯。

1. 习惯1:心中永葆爱

爱可以让自己充满活力,爱会让你从一个利己者变成利他者。一个人真正的快乐源于他对这个世界是有用处的,也就是说他是能为世界做些事的,有人需要他,此时这个人一定会有一个良好的心态。而一个人只有在充满爱的前提下,才能做出对他人、对世界具有利他特质的行为。

2. 习惯2:好奇和挑战

一个孩子为什么有希望?就是因为他是一张白纸,他的人生有太多的空白处,可以任由自己去涂画。但这幅图画美不美,就看这个孩子对这个未知世界的好奇程度如何。好奇心越重,他的人生画卷就越富有思想,并美轮美奂。如果在年轻时就养成挑战新事物的习惯,他就会发现自身才华施展的机会会随之增加。那么,如此充满好奇和勇于挑战的一生,必然看见无数次繁花盛开的风景。

3. 习惯3:训练专注力

是什么让你为喜欢的电视或电影一坐就是两小时而不打盹的?是什么让你坐在计算机前半天,只为了一款你喜欢的网络游戏?是专注力。所以,如果你不能专注于一件事,那就先排除你作为成人而具有的多动症。那接下来的诊断就是,你无法专注的事是你"不感兴趣的事"。所以,培养你对某件工作的专注力,首先就要让自己去爱上这件工作,同时还要做好迎接挑战和竞争的准备。当你在工作中出现专注力不够的烦恼时,应该试想一下,是不是你的工作目前没有挑战和竞争所致。如果是这样的话,让自己赶紧从无聊并容易分心的工作中找到新的刺激,如果没有人和你竞争的话,你就开始自我竞争,提高自己的工作标准和目标设置,这样你就可以改变不够专心的糟糕状态。

4. 习惯4:树立心中的榜样

美国著名心理学家班杜拉是社会学习理论的创造者,他提出了组织内榜样的力量这个概念,根据他的"榜样模仿实验",我们可以知道"一个人的积极或消极,都是从别处学习来的,而这个学习的过程,就是'榜样化'的过程"。班杜拉认为,通过对榜样的设置和控制,就能够达到强化他人某种行为的目的。在管理上,这就是人们常说的"榜样激励"。榜样的力量是强大的,却也是脆弱的,如果没有持续的强化作用,原先设定的榜样模式就容易消失,也容易被新的榜样力量(可能是好的榜样,也可能是坏的榜样)所替代。所以每个职场新人去寻找你生活中出现的一个榜样并去学习和模仿,是非常有意义的,这会成为激励你持续行动的动力。

5. 习惯5:感受他人的心情

"一个人只有深入去感受他人的内心,才能真正地接纳、确认和了解他人,才能与他人形成共鸣。感受他人的心情,其实是在滋养双方的心理,就如我们所知道的和珍爱的东西,没有它们,人们的生活就无法维持。"这是心理学家科胡特所说的关于感受他人心情的一句话。如果我们把这当成自己必然的习惯,那我们在任何场合都不会孤独和迷惘,也不会痛苦和纠结,因为我们总在相互扶持和关怀,我们共同呈现真实的心态,并随时得到细腻的关爱。在相互的感受中,得到一份慰藉和休憩;我们恢复疲惫的心,振作精神继续完成人生的各种目标和使命。

二、增强职业责任意识

企业欢迎对工作负责的人,什么是对工作负责?如何对工作负责?在实际工作中,对工作负责主要表现在四个方面,即责任意识四要素,如图9-2所示。

(一)做事认真,不敷衍

做事认真,不敷衍是责任感的核心,表现在三个方面:一是对职责内的工作,尽力完成、做好。而要完成任务,往往需要付出艰辛的劳动,需要吃苦精神和奉献精神,包括加班加点、主动地学习等,而这些都是靠自觉做到的;二是做好小事和细节。初入职场的毕业生,在没有熟悉环境和工作前,往往要先做

图9-2 责任意识四要素

一些具体的日常工作乃至杂务，如果在这个阶段不能认真地做好，而是敷衍了事，领导是不敢交给重要任务的；三是在原则问题上不让步，勇于坚持正确的意见。

（二）工作主动，不拖沓

工作中，主动主要表现在两方面：一是主动汇报，在完成领导交给的任务的过程中，要按照要求或根据工作阶段、出现的变化、发生的问题等，定期或随时向领导汇报，不可拖延，更不能等领导催促；二是完成工作后，及时报告领导，主动请求新的任务，而不可借机偷懒，更不可虚报工作量，要知道，领导对各项工作，心里都很有数，是瞒不了的。

（三）敢于担当，不推卸

工作中，担当主要表现在两方面：一是自己在工作中出现差错，或导致损失，要勇于承担责任，切不可找借口、编理由，试图推卸、蒙混过关；二是对领导交给的任务，比较艰苦或困难较大时，要勇于接受任务，并按时完成任务。要明白，每完成一次这样的任务，就是一次提高、一次成长，也是领导和同事认可你的机会，必将为日后的发展奠定基础。

（四）工作热情，不冷漠

高度的责任感，在工作中表现为高昂的工作热情。李开复在给大学生的一封信中这样讲述比尔·盖茨的工作热情："每天早晨醒来，一想到所从事的工作和所开发的技术将会给人类生活带来的巨大影响和变化，我就会无比兴奋和激动。"这种工作热情不仅是干好工作的基础，也将焕发青春的光彩。职场上，有些人在工作中表现得无精打采，混日子，"过了星期三，盼着礼拜天"，其发展状况不言而喻。

大学生步入职场，经过若干年之后，同班同学的发展状况经常差别很大，而这种状况，虽然有复杂的社会原因，但对多数人来说，则是其工作中的责任感决定的，因为这种态度不仅是对工作负责，更是对自己的人生负责，二者是统一的。

根据责任心的强弱以及工作表现，可以将责任表现分为如下七个等级，而这个等级，也经常与个人的发展状况相联系，这七个层级，如图 9-3 所示。

三、职业发展路径

从"适应"决定前程的理念梳理和分析职业发展或成功案例，其成长路径可以归纳为以下七类。

（一）目标型职业发展路径

目标型职业发展路径的特征是以某一职业为人生发展目标，长期坚持，得以实现。这是职业发展、事业成功的重要途径，也是职业生涯规划教育的基本任务。

职业生涯规划教育，我们可以把这个舶来品的内涵归纳为中国本土的八个字：知己知彼，有的放矢。

"知己"即认识自己，了解自己的个性、优势；"知彼"即了解职业，了解职业内容、

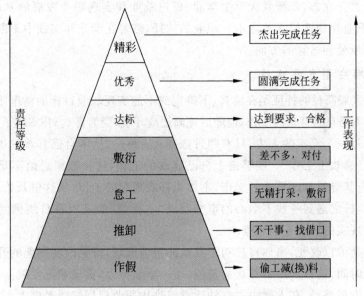

图 9-3　职业发展状况层级示意图

环境、用人要求等。在"知己"和"知彼"的基础上，寻找"的"，即标的、靶子，也就是职业目标。"矢"是箭，箭的行程即职业规划或发展的路径。职业发展规律就是这样一个"知己知彼，有的放矢"的简单道理。

"的"是职业规划理论的核心所在。种类繁多的测评工具，各式各样的抉择方法，都是为了解决这个"的"，即适合自己的职业。有了"的"，接下来是规划，再坚持，以实现目标。这是一条重要的职业发展或事业成功的路径。

大学生需要解决两个问题：一是没有目标，不确定目标；二是有目标，也做了规划，但没有采取行动。为什么不能实现目标呢？归根结底是不能适应环境和变化了的情况。这种适应职业的能力，是比规划更重要的能力。有一种职业韧性理论，就是从职业适应的角度分析职业规划的现实问题，指出在不断变化、激烈竞争和处于各种压力的环境下，适应能力是决定职业发展的关键。

（二）志向型发展路径

志向型发展路径的特征是立志。立志是干成事业的前提，宋张载在《正蒙·至当篇》中说"志大则才大，事业大"，是说志向远大，才干就会大，就能干出一番大的事业来。

志不同于职，职业规划解决的是"职"的问题，即从事什么职业，经常借助测评工具帮助寻找到适合的职业，实现人职匹配。志虽含有具体化的职，但比职具有更广泛、更宏大的含义，如理想、梦想、愿景等比较宽泛和长远的人生追求。人生有志，是职业发展、成就事业的基石。

志如同树根，它决定着树的粗细、吸收水分和养分的能力，决定着抗御风霜雨雪的强度。职业如同大树上的一片叶，它的长势取决于根和干。对大学生来讲，立志是根，不立志，则枝叶摇摆。许多学生在选择职业上不能确定，其根源在价值观的偏颇和理想信念的缺失。立志,是激发大学生学业、促进就业和实现职业发展的基础。不解决志向问题,职业规划就如无本之木。职业的选择,需要在学业和实践中不断探索,最终找到自己的所爱和适宜的方向。

（三）顺应型发展路径

顺应型发展路径的特征是在没有、不确定或不能实现职业目标的情况下,出于各种原因选择了不是自己喜欢的工作,但随后逐渐适应环境,变为喜欢,并实现了职业发展。

要想度过一个充实的人生,只有两种选择:一种是"从事自己喜欢的工作";另一种是"让自己喜欢上工作"。能够碰上自己喜欢的工作,这种概率恐怕不足千分之一、万分之一,与其寻找自己喜欢的工作,不如先喜欢现有的工作,从这里开始。这种对待工作的态度,较之遇到一些不顺心的事情就以"不喜欢"的理由盲目跳槽的行为,显然是更理性和现实的职业发展思维。

人的兴趣可以改变,当你将起初不喜欢的事情做好,就是改变兴趣的开始,这种状况持续一段时间,就会走出不喜欢的苦闷,通过继续努力,实现职业发展。这种类型的职业适应型发展路径,在人群中占有的比重或许比职业规划成功者更大。

（四）机会型发展路径

机会型发展路径是指在职业生涯或日常活动中,被偶然的事件吸引、激励(刺激)而抓住时机顺势发展,或抓住时机从事新的职业(事业)并取得成功(成就)。

比尔·盖茨在中学、大学一直酷爱计算机软件。1977年年初,盖茨在从哈佛大学退学之前,微型仪器公司生产的价格便宜的阿尔塔计算机诞生。当订单像雪花一样飞来的时候,盖茨意识到,新的软件市场具有无限发展空间。面对这一形势,他当机立断,把握机遇,力排亲人阻拦,果断退学。当时,他母亲请有名望的企业家斯托姆与盖茨聊,劝其读完大学,而盖茨聪明地取得了斯托姆的支持,由此拉开了他开创软件王国的序幕。

每个人都会有许多选择的机会,而机会经常就在身边,关键的问题是,有没有人生理想,能不能看到这种机会,能不能抓住这种机会。

（五）逆境型发展路径

人生变幻莫测,不适者,一蹶不振;适应者,转逆境为机遇,顺势而为。在逆境中发展,将逆境作为一种有为的必要条件,也是一条职业发展或成功的路径。

司马迁因为李陵案辩护,被处以宫刑。面对奇耻大辱,他之所以在"回肠九转"中活了下来,正如给自己的故友任安的信中说的:我之所以忍辱苟且偷生,困居粪土污秽之中而不忍离去,是怨恨自己的心愿没有实现,鄙视过世而文章著作不能向后人发表。实现父亲遗愿的强烈愿望,使他战胜了轻生的念头。他忍受了种种屈辱,战胜各种困难,在逆境中顽强生存、搏斗,终于完成了始于皇帝,下至当时,浩瀚130篇,52万余字的千古名篇《史记》。

同任何事情都具有两面性一样,逆境是一种挫折,但也是一种锻炼、一种机遇。适者生存,适者成功,在茫茫人海中,将在各种境遇中演绎多彩人生。这种成长、成功路径,将激励更多的人拼搏、奋斗,并取得成功。

(六)岔路型发展路径

人的一生中,时常会处于十字路口,这一刻的选择将决定人生方向,决定荣辱成败。1948年11月初,辽沈战役胜利结束,解放军的战略决战方向迅速移向华北战场。身为华北"剿匪"司令部总司令的傅作义面临两种选择:一是执行蒋介石的指令,顽抗解放军进军华北;二是率部起义,和平交出北平政权,避免重大伤亡和对古都的破坏。

蒋介石许傅作义以东南行政长官职务,美国太平洋舰队司令白吉尔也表示如傅作义撤退,美国海军可在沿海施以援助。最终傅作义在解放军强大的军事压力以及亲友、社会进步力量的影响下,顺应社会发展大势,理性而坚定地选择了和平解放北平的道路。

这一重大人生选择,不仅加速了全国的解放进程,而且改变了他的后半生。后来,他积极参与中华人民共和国的建设事业,并担任国防委员会副主席、水电部部长、全国人大代表、全国政协常委等职务。

(七)挑战型发展路径

根据形势发展或需要,主动做不熟悉、具有挑战性的事情,实现更为丰富多彩的人生。职业规划教育中,通常引导人们做熟悉、做擅长的事,因为这样容易取得成功。但在现实生活中,由于环境所迫、事业需要、制度规定和个体不安于现状的个性等因素,通常会主动或被动地从事不熟悉、更具挑战性的工作。这就要求具有更强的适应能力。

适者成功,这个"适",既有目标清晰的适应,也有没有和不确定目标的各式各样的"适"。在志向的指引下,人们不必拘泥于具体职业,或随遇而安,或抓住机会,或做好当前的事情,美好的人生掌握在自己手中。

四、学会管理压力

压力是当人们去适应由周围环境引起的刺激时,人们的身体或者精神上的生理反应,它可能对人们心理和生理健康状况产生积极或者消极的影响。压力可以是一种驱动力,适当的压力就是动力,可以发掘人的潜能、寻找更多的方法来完成工作,从而让自己变得更加优秀,但压力过大则会对人的身体产生危害。

(一)职场新人工作压力来源

1. 工作负荷

工作的要求已超过你能做的,例如工作量、效率、达标率、跨领域能力等。为了达成超过自我认知的要求,人必然会产生压力,导致身心失衡。虽然人们从小接受的教育就是面对困难要全力以赴,但人要知道自己的极限。这就是一个倒U形图,适当的压力可以提高一个人的工作绩效,如果一旦压力突破你的极限,压力就会与工作绩效成反比。此时,你要适时向同事求助或说不,否则,无法负荷的压力将成为持续痛苦的来源。

2. 人际关系

很多人都带着个性生活在职场中，人生不可能一帆风顺，别人对你更不可能百依百顺，而人们个性中的完美主义倾向就成了社交活动中最大的阻碍。职场人际关系十分微妙复杂，稍有不慎，就会陷于被动，这无疑给人增添了新的压力。所以在职场中想拥有良好的人际关系，就要先预设，你将面对一个充满压力、挑战和挫折的人际圈，而且你无处遁形，一定要坚持面对。这就得在建立良好的认知的情况下，迅速从对方的角度看问题，而不是仅关注自己的感受，从而在繁忙的工作中建立和保持良好的人际关系。

3. 工作不确定感

当今世界变化很快、职场变动也很大，一些诸如被收购、裁员等未来可能发生或根本不会发生的重要事件，经常引发上班族的焦虑情绪。对未来的期待与莫名的担心就像是一对孪生兄弟，在人生的路上总是如影随形。期待越多担心越多，从而导致压力增大。这样光去想，什么都不行动，就能让人消耗许多能量，这样做当然对事情的发展毫无帮助。俗话说，"艺高人胆大"，人的能力越大，或者说掌握的工具越多，当然他可操作的余地也越大，胆量也就随之而变大。所以面对未来的担心，更合适的方法就是把对未来的担心变成现实的努力，转化成学习更多技能的动力。这样在面对未来的不安时，也会因为自己能力的多样化，而可以很好地说服自己。

（二）压力应对策略

压力从时间上划分，可以分为近期压力、中期压力和长期压力，而三种压力在处理方式上都不太相同，如表 9-1～表 9-3 所示。这样的分类可以让人们有针对性地来处理这些恼人的压力。

表 9-1　近期压力应对策略

	情境	上台演讲、工作汇报、客户提案、重要谈判、面试、临近最后期限、突发情况抉择
	应对策略	稳住情绪以慢制快
具体方法	调整身体姿势	研究证实：某些特定姿势确实会对人的情绪变化有影响。例如，深呼吸可以舒缓紧张情绪、放松肩颈肌肉，从而减轻身心的焦虑
	记得保持微笑	微笑会控制住愤怒神经，大脑会发出指令，释放抗压荷尔蒙或称为内啡肽的大脑物质，让人感觉轻松愉快。紧张时要放慢说话速度，这样可以避免呼吸和心跳加快而导致更加紧张
	越紧急越要刻意延缓决策时间	可以学学美国前总统奥巴马。每当他要做出紧急而关键的决策前，均会闭眼沉思几分钟，好让自己的思绪静下来，然后再开始思考如何做出重大的决定
	越接近最后期限，越要放慢速度	一般人常犯的错误便是越接近最后期限，越是想要及早做完。然而，在极大的时间压力下，人往往无法清晰地思考，反而更容易出差错，拖累进度，导致心理压力更大，形成恶性循环

表 9-2　中期压力应对策略

情境		转换新工作角色、改变新工作环境、新主管上任、接下重要项目、组织变动等
应对策略		做好规划,降低不确定性,建立支持系统
具体方法	主动表达	中期压力多来源于转换新的角色或新任务,来自对新情境的陌生与无法掌控。这时不如主动表达,说出自己的担忧和压力所在,并获得上下级同事对你的期望及鼓励
	事先做好规划,越详细越好	为了降低不确定性所带来的压力,你得事先做好规划,详细列出每个阶段必须要解决的问题是什么? 解决的方式有哪些? 花费时间是多少? 这些都想清楚了,就可减少不必要的压力
	建立外部资源,协助解决问题	压力管理很重要的一点是建立有效的支持系统,动员可用的资源。你不需要把所有压力往自己身上压,每个人必定有能力不足、无法解决的问题,想清楚并列出来之后,再寻求外部资源,找出哪些人可以帮助你解决这些困难。而在过程中遇到难题,随时有人可以提出建议
	从"整体"进行考虑	人算不如天算,你要清楚任何决策都不可能令人百分之百满意,所以不用为了可能的问题而伤神;应该从长期且整体的角度来看待所有决策,不强求面面俱到
	保留弹性,做好最坏打算	你在做计划时,应当做一个假设,就是当"事先的计划有所变化或出乎意料时"你该怎么办? 所有防范措手不及之事的最好办法就是预先设立 A、B、C 或多套方案,准备充分才能提升应对压力的能力

表 9-3　长期压力应对策略

情境		工作性质导致长期处于高压环境,工作与生活的不平衡,职场人际相处遇到问题
应对策略		刨根问底,找到根本原因,解决根本问题,找到适合自己的减压习惯
具体方法	想清楚自己到底要的是什么	若长期处于高压下,你就得评估一下,是不是真正喜欢这个充满压力的工作。如果你喜欢这份有成就感的工作,那么压力就是你必须付出的代价,你就会去找到对应的减压方法。如果这份工作不是你真正想要的,那么就得认真思考是否有必要长期承受这么大的压力
	分辨清楚是你的问题,还是别人的问题	职场中人际关系属于长期压力的类型,你得面对同事间的人际矛盾,逃避只会延长压力的存在。先审视自己的问题,看清自己的人格特质,再设定止损点。然后去了解对方的需求和个性,最后再和对方沟通
	扭转性格缺点	压力往往来自自己的负面思考,凡事要求完美,或是缺乏自信等不良习惯。因此,要有意识地下定决心一步步修正自己,才有可能真正处理好压力
	减压应该成为你的好习惯	有压力不是问题,重要的是你如何找到适当的步调,适时排解压力。减压也可分短、中、长期规划,例如每天有多少时间让自己放松,一周或一个月可以规划什么样的放松活动,半年或一年又可以做哪些活动。事先拟好计划,可以让自己工作时更有冲劲,更能承受压力
	人们经常需要喘口气	把压力化为动力的关键,在于如何去面对它。假如工作就像一台计算机,当忙乱的工作让它突然卡住死机了,你再拍它也无济于事,那就请你重新启动吧。如果在职场中遇到类似情况,你需要做的也是"关机"一会,安静一下,再继续

【技能训练】

训练项目1　环境适应训练

训练目的：培养岗位适应、自我适应、现实适应、情绪适应、人际适应、生活适应等适应环境和职业必备的能力。

训练内容：

(1) 面对高强度的劳动，要有吃苦耐劳的准备。

(2) 面对不习惯的生活，要有坚持奋斗的准备。

(3) 面对重重困难，要有坚持到底的准备。

(4) 面对复杂的工作，要有勇于进取的准备。

(5) 面对突发事件，要有处变不惊的心理。

(6) 面对不同的人员，要有区分好坏的能力。

(7) 面对困苦的环境，要有忍受屈辱和寂寞的准备。

(8) 面对茫茫的前途，要有自信、自强、自立的精神。

训练过程：

(1) 教师案例导入。

(2) 新入职工作环境模拟表演。

(3) 学生进行小组讨论、发言。

(4) 教师进行讲评和总结。

训练结果：关于环境适应的感想。

训练项目2　人际沟通训练

训练目的：强化沟通意识，掌握沟通技巧，培养沟通习惯。

训练内容：通过案例讲解，沟通场景模拟，沟通技巧讨论，树立沟通意识，学习基本沟通技巧。

1. 案例

A、B两位学会计的同学到某企业去实习，带她们的师傅只给她们安排了一些端茶倒水、整理打印材料之类的工作，似乎没有让她们接触业务的打算。两人都很想早日接触业务，苦于没有机会。A同学干了几天就开始对师傅抱怨："我们是来实习的，老师说让我们学习使用专业知识，您老让我们打杂，我们什么时候能处理业务呀？"师傅听了很不高兴，还是让她继续原来的工作。B同学很机智，她留心观察师傅的工作，当师傅工作疲惫时，她主动对师傅说："您看您干了这么长时间，一定累了吧？我来替您干会儿，不放心的话，您看着我，我保证帮您干好。"结果师傅真的把工作交给她干了一会儿，就这样，没有多长时间，B同学就开始办理业务了。同样的处境，同样的愿望，不同的表达，效果迥然不同。

2. 沟通技巧

找出别人和自己的共同点　　　　表达对他人的关心

表现出良好的合作愿望	学会接纳别人
避免前言不搭后语	保持语言正确性
观察要清楚,意思要明确	知之为知之,不知为不知
承认自己的弱点	展示自己的才能
避免重复累赘,避免夸大其词	衡量他人判断标准,批评与反对是否有道理
对自己的决定负责	保持自信、诚恳的态度
维持优雅的风度与外部形象	正确、客观评价他人的知识与经验
在平等地位上进行沟通	认清那些比你弱势的人很想得到你善意的回应
尽量避免单向沟通	避免给人以巧言令色的印象
适当放低姿态	不要只当娱人的小丑,要能深入对方的思想
留意他人说话的弦外之音	记住,合乎逻辑的话未必打动别人的心
避免说教、避免使用支配性的语调	利用沉默作为有效沟通的武器
肢体语言较口头语言更可信	消除自相矛盾的语言和肢体语言
用审视的回答取代鲁莽的反应	避免情绪化的字眼
认清有些问题其实没有答案	不要随便给别人泼冷水
推敲别人的意思要格外审慎	用圆滑的态度沟通,避免冒犯或忽视他人的感受
引导对方说出真正意图	从事情发生的背景判断对方的意图
不要随便插话	听话要详尽,说话要避免提到不相干的事情
别人已经知道的事不要重复	要想让别人听你说话,就要设法引起他人的注意
不要为他人的无心之语钻牛角尖	培养记忆力,忘记他人说话的内容是令人气愤的
减少传话的中间人	使用术语必须先确定它的正确含义
选用有力的动词词汇	形容词能省就省
用字要诚实确切	促使对方明确地表达意见
在小争执中找大问题	记住,个人经验会影响当事人对语言的诠释

训练过程:

(1) 教师将案例导入,讲解沟通技巧。

(2) 学生练习并记忆本训练项目的沟通技巧。

(3) 假设工作场景,学生模拟表演。

(4) 学生进行小组讨论,发言。

(5) 教师进行讲评和总结。

训练结果:关于沟通技巧的练习体会。

训练项目3 时间管理能力训练

训练目的:通过进行时间管理能力训练,熟练掌握时间管理的基本法则和相关工具,制订出有效的时间管理计划表,提高时间利用效率,同时减轻压力和忧虑。

训练内容:

(1) 记录时间流水账,养成记录时间的习惯。

（2）整理时间流水账，从根源处改正浪费时间的坏习惯，同时发现自身优点。

（3）根据时间流水账，运用时间管理的基本法则和相关工具，制订出有效的时间管理计划表。

训练过程：

（1）复习时间管理的基本法则和相关工具。

（2）记录时间流水账（详见附件7）

（3）根据时间流水账制订每日时间管理计划表（详见附件8）

训练结果：强化时间观念，熟练掌握时间管理的基本法则和相关工具，制订出有效的时间管理计划表，提高时间利用效率，做时间管理的主人。

训练项目4　测量你的职业称职度

训练目的：通过进行职业称职度测量，帮助了解自身工作情况，帮助发现优点，改进不足。

训练内容：完成20道职业称职度试题（详见附件9），判断自己的职业称职度。

训练过程：按照答题要求、计分规则、统计方法，完成本测试。

训练结果：关于职业称职度的测量结果分析、设计改进工作方案。

本 章 小 结

通过本章的学习，学会树立正确的就业观，学会适应环境，学会时间管理，学会目标管理，学会解决问题，提高职场适应能力和职业发展力。正视初次就业中存在的问题，及时调整自我，一定要树立从基层干起，从基层牟取个人发展机会的理念。正确对待第一份工作，为将来走上工作岗位，顺利完成角色转变，铸就成功的人生和事业打下良好的基础。

参 考 文 献

[1] 苏文平.大学生职业生涯规划与就业创业指导[M].北京：中国人民大学出版社,2018.

[2] 胡培根.大学生就业指导与职业生涯规划[M].北京：北京邮电大学出版社,2012.

[3] 胡庭胜,廖锋.预则立——大学生职业发展指导教程[M].北京：商务印书馆,2018.

[4] 李琦.职业发展与就业指导[M].北京：清华大学出版社,2017.

[5] 曾增.管理者学自控——高效人士的时间规划和掌控方法[M].北京：中国铁道出版社,2018.

[6] 张英姿.学生职业素养基础教程[M].2版.北京：中国铁道出版社,2016.

[7] 吴承泽.简历写作与求职通关一册通[M].北京：人民邮电出版社,2020.

[8] 应届生求职网.应届生求职简历全攻略[M].上海：上海交通大学出版社,2009.

[9] 赵淑芳.15秒,让你的简历脱颖而出[M].北京：人民邮电出版社,2009.

[10] 通识教育规划教材编写组.职业生涯规划与就业指导[M].北京：人民邮电出版社,2010.

[11] 刘向明.超级面试官[M].北京：化学工业出版社,2019.

[12] 杨广文,许淳,郭玉莲.郭玉莲.大学生职业发展与就业指导(21世纪高职高专规划教材·公共
    课系列)[M].北京：中国人民大学出版社,2019.

[13] 张大生.面试王道[M].北京：中国社会出版社,2009.

[14] 李靖.面试官不会告诉你的那些面试技巧[M].天津：天津人民出版社,2018.

[15] 李培翔.管理就是解决问题[M].北京：金城出版社,2018.

[16] 杨阳.行动力比态度更重要[M].北京：石油工业出版社,2015.

[17] 顾歌.好心态成就好工作[M].桂林：漓江出版社,2019.

附件 1   社会职业情况调查

社会职业情况调查表

班级：   学号：   姓名：

调查对象	调查对象 1 工龄____年	调查对象 2 工龄____年	调查对象 3 工龄____年	调查对象 4 工龄____年	调查对象 5 工龄____年
职业名称					
收入水平					
职业技能					

职业优势				
职业劣势				
职业发展				

附件 2 设计我的未来职业岗位

岗位规范表

班级：　　　　学号：　　　　姓名：

基本情况	职位名称		职位编号	
	所属部门		薪金级别	
	直接上级		直接下级	
	设置目标			
职责	日常工作		定期工作	
职权				
工作条件				

关键业绩指标	考核指标	指标权重

内部工作关系	汇报	
	督导	
	协调	
外部工作关系		
学历		专业	
年龄		性别	
性格		
工作经验		
岗位知识		
岗位技能		
岗前培训		

可晋升职位		将可转换职位	
修订时间	修订内容	修订者	审核者

附件 3　气质测量及职业分析

气质测量试题

一、答题要求

1. 本测试共 60 道测试题,为了使测量结果更符合实际情况,请根据自己的平时表现和通常的行为方式进行回答。

2. 记分方法。认真阅读题目,把得分记清楚。

(1) 认为很符合自己情况的,记 2 分。

(2) 比较符合的,记 1 分。

(3) 介于符合与不符合之间的,记 0 分。

(4) 比较不符合的,记 -1 分。

(5) 完全不符合的,记 -2 分。

3. 把各题得分填入气质类型分类统计表,并进行统计。

二、测试题

1. 做事力求稳妥,不做无把握之事。

2. 遇到可气的事就怒不可遏,想把心里话全说出来才痛快。

3. 宁肯一个人干事,不愿很多人在一起。

4. 到一个陌生环境很快就能适应。

5. 厌恶那些强烈的刺激,如尖叫、噪声、危险镜头等。

6. 和人争吵时,总是先发制人,喜欢挑衅。

7. 喜欢安静的环境。

8. 喜欢和人交往。

9. 羡慕那种善于克制自己感情的人。

10. 生活有规律,很少违反作息制度。

11. 在多数情况下情绪是乐观的。

12. 碰到陌生人感觉很拘束。

13. 遇到令人气愤的事,能很好地自我克制。

14. 做事总是旺盛的精力。

15. 遇到问题经常举棋不定,优柔寡断。

16. 在人群中人不觉得过分拘束。

17. 情绪高昂时,觉得干什么都有趣;情绪低落时,又觉得什么都没有意思。

18. 当注意力集中于一事物时,别的事很难使我分心。

19. 理解问题总比别人快。

20. 碰到危险情景,常有一种极度恐怖感。

21. 对学习、工作、事业怀有很高的热情。

22. 能够长时间做枯燥、单调的工作。

23. 符合兴趣的事情，干起来劲头十足，否则就不想干。

24. 一点小事就能引起情绪波动。

25. 讨厌做那种需要耐心、细致的工作。

26. 与人交往不卑不亢。

27. 喜欢参加热烈的活动。

28. 爱看感情细腻、描写人物内心活动的文学作品。

29. 工作学习时间长了，常感到厌倦。

30. 不喜欢长时间谈论一个问题，愿意实际动手干。

31. 宁愿侃侃而谈，不愿窃窃私语。

32. 别人说我总是闷闷不乐。

33. 理解问题常比别人慢。

34. 疲倦时只要短暂的休息就能精神抖擞，重新投入工作。

35. 心里有话宁愿自己想，不愿说出来。

36. 认准一个目标就希望尽快实现，不达目的，誓不罢休。

37. 学习、工作同样一段时间后，常比别人更疲倦。

38. 做事有些莽撞，常常不考虑后果。

39. 老师或师傅讲授新知识、技术时，总希望他讲慢些，多重复几遍。

40. 能够很快地忘记那些不愉快的事情。

41. 做作业或完成一件工作总比别人花的时间多。

42. 喜欢运动量大的剧烈体育活动，或参加各种文艺活动。

43. 不能很快地把注意力从一件事转移到另一件事上去。

44. 接受一个任务后，就希望把它迅速解决。

45. 认为墨守成规比冒险强些。

46. 能够同时注意几件事物。

47. 当我烦闷的时候，别人很难使我高兴起来。

48. 爱看情节起伏跌宕，激动人心的小说。

49. 对工作抱认真严谨，始终一贯的态度。

50. 和周围人们的关系总是相处不好。

51. 喜欢复习学过的东西（知识），重复做已经掌握的工作。

52. 希望做变化大、花样多的工作。

53. 小时候会背的诗歌，我几乎比别人记得清楚。

54. 别人说我出语伤人，可我并不觉得这样。

55. 在体育活动中，常因反应慢而落后。

56. 反应敏捷，头脑机智。

57. 喜欢有条理而不麻烦的工作。

58. 兴奋的事常使我失眠。

59. 教师讲新概念,经常听不懂,但是弄懂以后就很难忘记。

60. 假如工作枯燥无味,马上就会情绪低落。

三、统计及分析

1. 分数统计

把各题得分按题号填入气质类型分类统计表,并把各栏的得分进行汇总,得出各气质类型的总分。

气质类型分类统计表

胆汁质		多血质		黏液质		抑郁质	
题号	得分	题号	得分	题号	得分	题号	得分
2		4		1		3	
6		8		7		5	
9		11		10		12	
14		16		13		15	
17		19		18		20	
21		23		22		24	
27		25		26		28	
31		29		30		32	
36		34		33		35	
38		40		39		37	
42		44		43		41	
48		46		45		47	
50		52		49		51	
54		56		55		53	
58		60		57		59	
总分		总分		总分		总分	

2. 气质类别判断

各种气质类型最好得分为 30 分。

(1) 如果某一栏总分大于 20 分,其他三栏得分较低,则属于典型该类型。如果多血质一栏得分超过 20 分,其他三栏得分较低,则为典型多血质。

(2) 如果某一栏总分为 10～20 分,其他三栏得分较低,则属于一般该类型。如多血质一栏得分为 10～20 分,其他三栏得分较低,则为一般多血质。

(3) 如果有两栏的得分显著超过另两栏得分,而且分数比较接近,则为混合型气质,如胆汁质多血质混合型、多血质黏液质混合型、黏液质抑郁质混合型等。

(4) 如果一栏的得分很低,其他三栏都不高,但相接近,则为三种气质的混合型,如多血质黏液质胆汁质混合型或黏液质多血质抑郁质混合型。

多数人的气质是一般型气质或两种气质的混合型,典型气质和三种气质混合型的人较少。

3. 气质类别分析

各气质类型适合的工作参照表 2-1 进行对照。气质特点主要来自先天的生理因素,气质在职业活动中虽然不影响工作的内容和方向,但却影响工作效率与工作安排的恰当性。不同的职业劳动,对从业者生理素质的要求也是不同的,如营销人员和银行柜员同为服务工作,其人员气质要求就有较大差别。目前,部分企业招聘活动中已经开始引入个性测评,作为员工入职筛选的考试形式。了解自己的气质类别,可以使同学们选择职业时,应尽可能创造条件,使个人的气质与从事的工作相适应,从而在今后的职业发展中因势利导,充分利用气质特点,充分发挥自己优势,创造出最佳业绩。

附件4 职业兴趣测试

职业兴趣测试问卷

一、答题要求

1. 本测试共45道测试题,为了使测量结果更符合实际情况,请根据自己的平时表现进行回答。

2. 对每题中认为喜欢的选项 A 或 B 上打"√",并把结果填入职业兴趣测试结果统计表。

二、职业兴趣自我测试题

序号	A	B	选择
1	写出一本书的梗概	出席讨论会	A B
2	分析决算书	构思新游戏	A B
3	解难题	假日做木工活	A B
4	操作计算机	研究害虫与杂草	A B
5	研究改良水稻品种	研究人体结构	A B
6	制作骨骼标本	绘制卡路里表	A B
7	选择窗帘布料	担任旅行干事	A B
8	跳集体舞	焙烧陶器	A B
9	在日记上画画	慢跑	A B
10	制作盲文书	与强盗搏斗	A B
11	熨东西	构思广告版面	A B
12	研究感冒药成分	记录比赛的分	A B
13	培育树苗	烤面包	A B
14	安装组合音响	帮助别人拍 X 光照片	A B
15	在实验室工作	当动物饲养员	A B
16	声援他人选举	编制微机程序	A B
17	欣赏电影	观测天体	A B
18	制作图书卡片	去参观工厂	A B
19	随卡拉 OK 唱歌	进行水质检查	A B
20	采集昆虫	学习人工呼吸	A B
21	调整大楼暖气设备	整理书架与影集	A B
22	搭乘远洋渔轮	照顾贫困户	A B
23	检查血型	画漫画	A B
24	改建房屋	参加越野长跑比赛	A B

25	解剖青蛙	节日去闹市区游览	A B
26	在牧场工作	在乐器店工作	A B
27	用圆规与直尺制图	制作同学会名册	A B
28	做统计表	制作生活日历	A B
29	思考新产品如何推销	看做手术的幻灯片	A B
30	归纳采访同学	训练猎犬与信鸽	A B
31	通读文学全集	帮助配药	A B
32	研究股票市场	访问亲戚家	A B
33	研究公害	读书给病人听	A B
34	办飞机驾驶许可证	参加合唱队	A B
35	设计庭院	练健美操	A B
36	拆装相机或钟表	出席冗长的大会	A B
37	参观科学博物馆	去听歌曲	A B
38	当电话服务员	当个人生活顾问	A B
39	记日记	哄孩子	A B
40	解综合字谜	教孩子唱歌跳舞	A B
41	参加电视表演	构思设计与装潢	A B
42	绘气象图	做体力测定记录	A B
43	写税金申报表	帮人搬家	A B
44	编辑剪报	装饰橱窗	A B
45	编辑杂志	当滑雪教练	A B

三、统计方法及分析

1. 记分方法

每题中画 A 者得 2 分,画 B 者得 1 分,请分别填入职业兴趣测试结果统计表中,统计结果。

职业兴趣测试结果统计表

序号	①	②	③	④	⑤	⑥	⑦	⑧	⑨	⑩
1	A	B								
2		A	B							
3			A	B						
4				A	B					
5					A	B				
6						A	B			
7							A	B		
8								A	B	
9									A	B
10								A	B	
11							A	B		
12						A	B			

序号	①	②	③	④	⑤	⑥	⑦	⑧	⑨	⑩
13					A	B				
14				A	B					
15			A	B						
16		A	B							
17	A	B								
18	A	B								
19		A	B							
20			A	B						
21				A	B					
22					A	B				
23						A	B			
24							A			B
25						A				B
26						A		B		
27				A				B		
28			A				B			
29		A				B				
30	A			B						
31	A					B				
32		A					B			
33			A					B		
34				A					B	
35					A					B
36				A						B
37			A						B	
38		A						B		
39	A						B			
40	A						B			
41		A						B		
42			A							B
43		A								B
44	A								B	
45	A								B	
合计										

2. 填表说明

将职业兴趣测试得分表中①～⑩各竖栏的得分累计起来,分别填入各行下面的合计栏中。如果填写正确,各项全部选 A,10 个合计栏中的总和应为 90 分。每项竖栏得分为兴趣得分。

(1) 每项竖栏得分在 13 分以上为你"特别感兴趣的领域"。

(2) 10～13 分为你"感兴趣的领域"。

（3）6～9分为"兴趣一般的领域"。

（4）6分以下为"不感兴趣的领域"。

3．职业兴趣10个类别

（1）人文科学：文学、宗教、史学、哲学、心理学、人际关系、教育行政等。

（2）社会科学：法学、政治学、经济学、商学、经营学、社会学等。

（3）理学：数学、物理学、化学、地质学、生理学、天文学、生物化学等。

（4）工科：机械、建筑、土木工程、应用化学、金属工程、航空工程、信息工程、环境工程、控制工程、通信工程等。

（5）农科：农学、园艺学、农用化学、农业经济学、林学、畜牧学等。

（6）医科：医学、口腔、药学、药剂学、生物医学、保健等。

（7）家务：家务学、家政学、食品学、儿童学、生活学等。

（8）教育：幼师、小学师范、中学师范、保健师范、特殊师范（音乐、美术、书法、护理、保健等）等。

（9）艺术：美术、造型、设计、雕刻、艺术、音乐、作曲、声乐、器乐、指挥、摄影、电影、表演等。

（10）体育：体育、武术、健康等。

附件 5 职业素质分解对比表

职业素质分解对比表

班级：　　　　　　学号：　　　　　　姓名：

你所期望的职业和就业岗位		这类职业和岗位需要的职业素质	你现在已经具备的职业素质	你所欠缺的职业素质和提高的方法	你最欣赏和希望成为的企业家榜样
职业	岗位				

附件6　工作态度测试

工作态度测试问卷

1. 你觉得推销员的工作辛苦吗?(　　)
   　A. 不辛苦　　　　　　　　B. 一般　　　　　　　　C. 辛苦

2. 你是否经常出现迟到、早退等怠工现象?(　　)
   　A. 经常出现　　　　　　　B. 偶尔出现　　　　　　C. 基本上没有

3. 上班时,你通常会向遇到的每一位同事亲切地问好吗?(　　)
   　A. 不会　　　　　　　　　B. 偶尔　　　　　　　　C. 经常

4. 你在工作中看到别人违反规定和制度,你怎么办?(　　)
   　A. 装作没看见　　　　　　B. 立即上告领导　　　　C. 给他做思想工作

5. 你经常对工作做改革或向领导提建议吗?(　　)
   　A. 从来不考虑　　　　　　B. 偶尔　　　　　　　　C. 经常

6. 你在工作中经常与主管沟通,并赂他汇报工作吗?(　　)
   　A. 从来不考虑　　　　　　B. 偶尔　　　　　　　　C. 经常

7. 你对自己瑞的工作状况满意吗?(　　)
   　A. 不满意　　　　　　　　B. 一般　　　　　　　　C. 比较满意

8. 如果我们聘用你,你准备为我们工作多少时间?(　　)
   　A. 3～5年　　　　　　　　B. 5～10年　　　　　　C. 不确定

9. 你如何看待超时、周末和休息日加班?(　　)
   　A. 赞成　　　　　　　　　B. 不赞成　　　　　　　C. 具体情况具体分析

10. 你认为一个在事业上的成功,主要取决于(　　)。
   　A. 命运和机遇　　　　　　B. 自身奋斗　　　　　　C. 两样都有

11. 当你在工作中遇到困难时,你会(　　)。
   　A. 选择逃避　　　　　　　B. 求助他人　　　　　　C. 想办法自己解决

12. 对于失败,你的理解是(　　)。
   　A. 羞辱、挫折　　　　　　B. 不巧,偏偏选中你　　C. 是一个教训

13. 以下哪种工作你最向往?(　　)
   　A. 轻轻松松下午5时下班
   　B. 有权有势做统帅
   　C. 新奇刺激,充满挑战

14. 你部门刚好有一个管理职位的空缺,你认为自己可以胜任,你会(　　)。
   　A. 有得做就做,没得做就算
   　B. 等上司钦点

C. 当仁不让,主动争取

15. 你推销产品的过程中,顾客抱怨你所推销的产品太贵,你会( )。

    A. 说顾客有眼不识货

    B. 对顾客的抱怨不理不睬

    C. 帮顾客提高产品的认知价值,使顾客觉得物有所值

分值结果:

A＝0 分   B＝1 分   C＝2 分

(1) 如果你的总分在 20～30 分,说明你的工作态度很不错。工作对你来说相当有意义,无论从事哪种工作,你都会干得非常出色,博得上级领导的好评。你会成为一个优秀的工作者。

(2) 如果你的总分在 12～19 分,说明你的工作态度一般。工作对你来说可有可无,不管你从事她的工作还是不好的工作,你都不会尽力而为之,所以,你的业绩并不显著。

(3) 如果你的总分在 11 分以下,说明你的工作态度实在太差了。不论是哪种工作,你都提不起兴趣,甚至对工作反感和不信任。因此,工作在你眼中变得毫无意义,你的人生观出了问题。

附件 7 时间管理能力训练：记录时间流水账

时间流水账记录表

班级：　　　　　学号：　　　　　姓名：

事　　件	每天所花费的时间（小时）	每周所花费的时间（小时）	备注
睡眠（包括午睡）			
吃饭（每日三餐）			
个人卫生（洗漱洗衣等）			
上课（上班）时间			
个人学习或工作时间			
上网时间			
阅读书籍报纸杂志			
运动锻炼的时间			
娱乐（看电视等）			
参加社团活动			
做社会工作和公益活动			
朋友聚会（聊天等）			
打电话发短信等			
兼职工作时间（或培训）			
其他			
总　　计	24 小时	168 小时	

附件8　时间管理能力训练：制订每日时间管理计划表

每日时间管理计划表

年　　月　　日　　星期　　　　完成人：

今日要完成的事项	重要性排序	计划完成时间	实际起止时间	是否完成	改进事项

附件 9　测量你的职业称职度

职业称职度测试

一、答题要求

以下是关于职业称职度的问题,请在每个问题符合自己实际情况的答案中划"√"。

二、测试题

职业称职度测量表

序号	问　题	答案选择 是	答案选择 不是
1	你与同事之间的关系和睦吗?		
2	你钦佩你的领导的品行吗?		
3	你认为你所做的工作与得到的报酬是否相称?		
4	你会在工作中想办法偷懒吗?		
5	你认为日后你能做到你现在上司的位置上吗?		
6	你认为最近你有增加工资的可能吗?		
7	你的领导经常接受你的建议吗?		
8	你的上司生病你会代做他的事情吗?		
9	你的上司和你一起商量过工作计划吗?		
10	你的下属或同事对你尊敬吗?		
11	你觉得你的工作能力在逐渐下降吗?		
12	在你忙不过来的时候你的同事会帮你的忙吗?		
13	你想升到更高的职位吗?		
14	你的下属或同事乐意接受你的命令吗?		
15	你曾被另外特别的工作吸引过吗?		
16	你在业余时间会忘掉所有工作吗?		
17	你的上司私下里对你表示过赞赏吗?		
18	你在工作结束时常常感到很累吗?		
19	你对自己的职业有长期规划吗?		
20	你现在的工作符合你从前的计划吗?		
合　计			

三、评价方法

15、16、17、20题选择"是"计 0 分,选择"不是"计 2 分。其他题选择"是"计 2 分,选择"不是"计 0 分。根据总分情况评价如下。

（1）分数为 2～10 分。现在的工作基本不适合你，你也不太称职，工作只是你的负担。

（2）分数为 12～20 分。现在的职业和工作基本适合你，你的表现也比较称职，只要继续努力，会获得较大的成就。

（3）分数为 20～30 分。现在的职业和工作适合你，你的表现很称职，你很有热情，而且可能小有成就了。

（4）分数为 30 分以上。现在从事的是理想的职业，在这个岗位上你游刃有余，富有创造力和激情。